디팩 초프라의 완전한 명상

Total Meditation

불안한 일상에서 완전한 행복으로 가는 7일 명상

디팩초프라의
완전한 명상

디팩 초프라 지음 | 최린 옮김

센시오

진정한 행복으로 가는 열쇠

당신은 왜 명상을 하려고 하나요?

아주 오래전부터 많은 사람들이 명상을 해야 하는 다양한 이유를 이야기해왔습니다. 하지만 나는 그 이유를 과거 사람들의 이야기가 아니라 미래에서 찾으려고 합니다. 그것은 바로 '깨어 있는 삶'입니다. '깨어 있는 삶'이란 빛 속에 있는 것, 품위를 찾는 것, 고통과 괴로움에서 벗어나는 것을 의미합니다. 다시 말해, 진정한 행복의 모습입니다. 그리고 완전한 명상은 그 모든 것을 여는 열쇠입니다.

이것이 바로 당신을 위한 삶이라는 걸 이해한다면, 당신 앞에는 상상 이상의 세상이 펼쳐질 겁니다. 또한 틀에 박힌 일상에서 벗어나 매일매일 새롭고 창조적인 경험을 하게 될 겁니다.

하지만 먼저 가장 근본적인 질문을 해야 합니다. 우리를 행복하게 만드는 것은 무엇일까요? 사랑하는 사람, 안정된 가정생활, 성공적인 직장생활일까요? 이 질문에는 아마도 세상 사람의 수만큼이나 많은 대답이 있을 겁니다. 행복을 찾아가는 오래된 방법이 이미 존재하지만 좀 더 근본적인 변화가 일어나고 있습니다. 무언가 새로우면서도 흥미로운 일이 벌어지고 있습니다. 그 변화의 일부가 되기 위해서는 일상생활보다 한 단계 아래를 들여다보아야 합니다.

모든 사람들은 각자의 생활방식 안에서 자신만의 행복을 만들어냅니다. 우리는 매일매일 자신이 하고 싶은 일을 선택합니다. 예를 들어, 오늘 저녁으로 중국음식을 배달시켜 먹으려 했나요? 그럴 수도 있고, 그렇지 않을 수도 있을 겁니다. 전자메일을 확인했나요? 아직 하지 않았을 수 있습니다. 그러나 곧 확인하겠지요. 이런 일상의 사소한 선택을 둘러싸고 있는 더 중요한 결정들이 있습니다. 지난 몇 십 년 동안 우리 사회는 행복이 각자의 생활방식에 의해 좌우된다는 사실에 주목하기 시작했습니다.

당신에게는 술과 담배를 즐기고 운동은 전혀 하지 않으며 가공식품 위주로 식사를 하는 그런 형편없는 생활방식을 선택할 자유가 있습니다. 그런데 당신은 정말로 이렇게 살기를 원하고 있을까요? 이런 무책임한 생활을 해서는 안 되는 근거에 대한 정보는 이미 차고 넘칩니다. 우리에겐 더 나은 선택을 할 수 있는 가능성이 있습니다, 우리는 건강을 위한 활동을 하고, 환경을 지키며, 좋은 식품을 고르는 것과 같은 좋은 생활방식을 선택할 수 있습니다.

어쩌면 당신은 이런 질문을 던질지도 모릅니다. 도대체 가장 좋은 생활방식이란 것이 무엇일까? 이것은 삶을 바꾸는 질문입니다. 그리고 조금만 진지하게 생각하면, 행복하다는 것이 무엇을 의미하는지에 대한 개념 자체가 바뀌게 됩니다. 점점 더 많은 사람들이 식단, 운동,

금연 등 더 나은 생활방식을 선택하고 있습니다. 하지만 최고의 생활방식을 위한 열쇠는 아직 발견하지 못했습니다.

현대의 세속적인 사회에서는 진실하고 지속 가능한 행복에 역행하는 흐름이 지배적입니다. 불안감이 많은 사람들의 삶을 갉아먹고 있습니다. 다음과 같은 원인들이 우리가 감당하기 힘들 정도로 스트레스를 유발합니다.

- 불안증과 우울증의 증가
- 가속화하는 삶의 속도
- 인터넷과 비디오 게임 등 정신을 산만하게 하는 것들의 범람
- 노화와 치매 발병률의 증가
- 점점 더 많은 국가로 확산되는 소비만능주의
- 전통 가정의 이탈과 붕괴
- 기후변화, 테러리즘, 전염병, 그리고 난민과 같은 전 세계적인 문제들
- 공공기관과 정치에 대한 신뢰 붕괴
- 빈부격차, 인종차별, 부정부패 등의 급증

이러한 문제들은 꾸준히 증가하며 우리의 삶에 더 많은 영향을 미치고 있습니다. 우리는 이런 문제들에 대한 이야기를 매일 듣거나 직접 경험하고 있습니다. 개인으로서 우리는 이런 거대한 문제를 피할 수 없습니다. 아무리 선한 마음을 갖고 있어도 이 문제들을 해결할 힘이 없습니다. 이런 문제와 거리를 두고 나에게 영향이 없을 정도만 관여

하는 건 불가능합니다.

행복을 위한 최고의 삶의 방식

나는 이 점을 염두에 두고 현대세계의 혼란스러운 상황 속에서도 행복을 보장하는 최고의 생활방식을 찾기 시작했습니다. 최고의 생활방식은 단 하나의 문장으로 표현할 수 있습니다. 그것은 바로 '깨어있는 삶'입니다. 또는 다른 말로 하면 주변의 모든 것을 알아차리는 겁니다. 깨어난다는 건 판에 박힌 일상을 살아가고 남에게 전해들은 신념과 의견을 따르고 어떤 희망에 집착하는 걸 뛰어넘어 자아의 안건을 초월하는 데 자신을 바친다는 걸 의미합니다. 깨어난다는 건 더 고양된 의식, 다시 말하면 더 깊은 자각에 다가가는 것을 의미합니다. 깨어난다는 건 저기 멀리 있는 목표가 아닙니다, 지금 여기에서 시작해야 하는 일상의 현실입니다.

사람들은 여전히 의식이 얼마나 중요한지를 깨닫지 못하고 있습니다. 의식한다는 건 이전에는 알아차리지 못했던 어떤 것을 알게 되는 겁니다. 방이 너무 덥다는 걸 알아차리면, 방 안의 온도를 낮추게 됩니다. 늘 전화를 해오던 친구가 오랫동안 연락이 없다는 걸 알아차리면, 그 친구의 안부가 궁금해서 전화를 합니다. 이런 몇 가지 사례만 생각해도 알아차린다는 것이 얼마나 중요한지 알게 됩니다. 의식하지 못하는 한 우리의 삶에서 아무것도 바꿀 수 없습니다. 의식 안에는 사람들이 좀처럼 이해하지 못했던 깊이와 힘, 가능성이 있습니다. 의식함으로써 우리는 말 그대로 삶의 모든 부분을 바꿀 수 있습니다.

우리는 마음으로 현실을 입증합니다. 당신이 진심으로 마음을 열고 혼란과 갈등에서 벗어난다면, 현실은 무한한 가능성의 장으로 인식될 것입니다. 이 말은 조금도 과장이 아닙니다. 우리는 아주 낮은 기대치를 갖고 사는 법을 배웠습니다. 자신의 인생이 아무런 문제 없이 잘 굴러가고 있다고 생각하는 사람조차도 혼란과 혼돈을 부추기는 의식의 단계에 갇혀 있습니다. 시간이 지나면서 신체적, 정신적, 심리적, 영적으로 나쁜 습관이 서서히 굳어지면서 스스로를 벽 안에 가두고 있습니다. 마음으로 쌓은 벽은 눈에 보이지는 않지만 튼튼하고 때로는 공략할 수 없을 정도로 견고합니다.

예를 들어, 인간 본성을 날카롭게 관찰하는 외계인이 하루 종일 당신을 관찰하며 당신의 행동과 정신 상태를 기록했다고 상상해봅시다. 그가 당신의 생활에 대해 다음과 같이 기록했다고 생각해봅시다.

오전 7:30   눈을 떠서 침대에서 일어나 생각을 하고 계획을 세우기 시작했다. 정신 활동은 90퍼센트로 어제와 동일하다.

오전 8:30   아침식사를 하며 판에 박힌 일상적인 내용에 대한 대화를 나누었고, 직장을 향해 집을 떠나고, 정신 활동은 중립이다.

오전 9:00   직장에 도착했다. 정신 활동은 익숙한 리듬을 보이며 오늘이 어제보다 더 흥미진진하기를 희망한다.

오전 11:00 동료와 사장, 근무환경에 약간 스트레스를 느끼며 일에 몰두한다.

정오	점심을 먹으러 감사하는 마음으로 이동한다. 즐거운 시간을 예상해서 정신 활동에서 긴장이 완화된다.
오후 2:00	점심시간에 느꼈던 좋은 기분이 사라졌다. 피실험자는 다시 열심히 일하기 시작한다. 정신 활동은 하루의 80퍼센트가 가동 중이다.

이런 식으로 나머지 하루도 채워집니다. 관찰을 마친 외계인은 당신이 고정된 틀에 얽매인 채 얼마나 자주 같은 말과 생각을 반복하고, 같은 의견을 나누고, 같은 방식으로 불쾌한 상황을 피하려 하며 똑같은 패턴으로 살고 있는지 설명할 것입니다. 불행한 소식은 당신을 포함한 대부분의 사람들이 하루의 상당 시간을 틀에 박힌 일상을 반복하며 습관적으로 살아가고 있다는 것입니다. 자신이 얼마나 고정된 패턴으로 살고 있는지 알아차리기 위해서는 통찰력이 뛰어난 관찰자가 필요합니다. 왜냐하면 일반적으로 우리는 자기 삶의 패턴을 알아차리기가 힘들기 때문입니다. 당신은 정말로 이런 삶을 원하나요?

명상은 편안하게 현실과 조우하는 것

깨어나는 과정, 정형화된 삶의 양식에 주목하는 과정, 삶에서 다른 무언가를 하는 과정은 지속적이어야 합니다. 그러려면 그 과정이 바로 생활방식이 되어야 합니다. 하지만 대부분의 사람들은 생활 속에서 무의식적으로 행동을 하는 경우가 너무 많습니다. 겉으로 보기에 모든 것이 우리의 의지대로 되어간다고 보이는 경우에도 그렇습니다. 사람들이 실제로 자신의 의식 상태에 관심이 없다는 사실은 수년 동안 나를 당혹하게 했지만, 나는 비로소 그 이유를 알게 되었습니다. 알든 모르든 우리는 모두 행운, 통찰력, 직관과 창조적인 사고를 위한 욕망, 두려움, 소망, 희망, 꿈, 계획, 기대의 끊임없는 흐름과 같은 마음의 활동에 매료되어 있습니다. 다시 말하면, 우리는 각자 생각에 유혹되고 있습니다. 이것은 매력적이지만, 마음을 심란하게 하고, 때로는 우리를 위험에 빠뜨리기도 합니다. 그에 비해 의식은 고요하고 정적입니다. 의식에는 우리가 매일 하는 틀에 박힌 사고방식 같은 것이 포함되지 않습니다.

우리는 의식의 움직임을 볼 수 없고, 의식이 다음에 무엇을 할지 파악할 수 없습니다. 의식은 한결같고 일정하기 때문에 사람들은 그것을 당연한 것이라고 생각합니다. 결과적으로 우리는 의식이라는 것에 거의 신경을 쓰지 않고, 이것은 다시 악순환으로 이어집니다. 의식과 멀어질수록, 우리는 자신의 개인적인 현실을 형성하는 힘을 갖지 못하게 됩니다.

과거에 인류는 오직 생존만을 위한 도움을 필요로 했습니다. 아픔과 고통은 일반적이었습니다. 충분한 식량을 확보하기 위해 매일매일 힘겹게 노력해야 했습니다. 질병, 사고, 폭력의 희생양이 될 확률이 매우 높았습니다. 그래서 마치 폭풍우가 몰아치는 바다에서 구명조끼처럼 의식을 이용했습니다. 이런 맥락에서 인도의 초기 베다 문명에서 꽃을 피웠던 영적 전통이 불교, 유대교, 기독교, 그리고 이슬람교의 순서대로 부상했습니다. 노골적으로 사실을 말하자면, 사람들은 위험에 가득 찬 삶 속에서 그 위험한 존재를 초월하기 위해 성적

자, 구루들, 성자, 현자, 아바타들에게 열성적으로 귀를 기울인 것입니다.

오늘날 현실 세계로부터 탈출하려는 시도는 급격히 줄어들고 있고, 의식으로 나아가기 위한 동기를 찾지 못하고 있습니다. 가장 기본적인 영적 실천은 선택사항이 되었고, 우리는 레스토랑의 메뉴처럼 다양한 선택지 가운데서 자신이 어떤 것을 실천할지를 선택합니다. 하지만 초월에 대한 열망은 여전히 우리의 내면에 있습니다. 사람들은 종종 세속적인 걱정에서 벗어나 '더 높은' 무언가를 찾기 위해 기도하거나 명상을 합니다. 하지만 "명상은 회피가 아닙니다. 명상은 현실과 평온하게 조우하는 것입니다." 틱낫한 스님의 이 말씀에 나는 깊은 감명을 받았습니다. 우리는 이 말을 깊이 새겨들어야 할 필요가 있습니다. 메뉴를 고르듯 선택하기보다는 명상을 하는 동기가 필요합니다.

깨어 있는 삶을 받아들이는 것은 과감하다고 할 정도로 삶의 방식을 바꾸는 것입니다. 틱낫한 스님의 말씀을 보면 그것을 잘 알 수 있습니다.

> 우리는 너무 많은 걸 합니다. 우리는 너무 빨리 달립니다, 상황은 힘겹습니다. 그리고 많은 사람들은 "거기에 그저 앉아 있지 말고, 무엇이라도 해라"라고 말합니다. 그러나 더 많은 걸 할수록 상황은 더 나빠집니다. 그러니 당신은 이렇게 말해야 합니다. "그저 무엇인가를 하지 마라. 거기에 그냥 앉아 있어라." 거기에 앉아서,

프롤로그

멈추어서, 우선 당신 자신이 되어야 합니다. 그리고 거기에서부터 시작하는 겁니다.

틱낫한 스님의 이 말씀 속에 있는 아름다운 간결함은 이 책을 가능한 한 간결하게, 한 사람이 다른 사람에게 말로 설명하듯이 쓰도록 많은 영감을 주었습니다. 그러니 한 페이지 한 페이지가 마치 여러분 한 사람 한 사람을 위해 쓰인 것처럼 이 책을 읽기를 바랍니다. 실제로도 그렇기 때문입니다.

이 책에서 강조하고 싶은 것은 가장 좋은 생활방식이 분명히 있다는 것입니다. 그것은 바로 깨어 있는 생활방식입니다. 현재의 삶에서 좋은 점을 희생시켜서는 안 됩니다. 깨어난다는 건 좋은 삶의 모든 측면을 확장하는 걸 말합니다. 정말로 중요한 것은 여기에서 지금 깨어나기로 결정하는 것입니다. 그것은 패배의 위험성이 있는 현재가 아니라, 정말로 효과가 있는 미래를 향해 내딛는 첫 발걸음입니다. 명상에 적용되는 건 변화에도 적용됩니다. 지금 그 자리에 앉아서, 멈추고, 우선 당신 자신이 되세요.

사랑을 담아,
디팩 초프라

Contents

완전한 명상,
깨어 있는 삶으로
가는 길

Total Meditation

chapter 1
완전한 명상에 대하여

누군가 나에게 명상을 하면서 기대하는 것이 무엇이냐고 묻는 다면, 나는 이렇게 대답하고 싶습니다. "아무것도 기대하지 않지만 모든 것을 기대합니다." 명상은 변화를 가져옵니다. 말하자면, 명상은 우리가 느끼는 행복의 모든 면에 영향을 미칩니다. 우리의 몸에 긍정적인 변화를 가져오고, 정신적인 영향을 미치며, 의사결정 능력을 향상시키고, 걱정과 불안을 사라지게 합니다. 명상의 방법은 너무나 다양해서 우리를 100여 개의 전혀 다른 방향으로 데려갈지도 모릅니다.

　　그러나 그 많은 방법들이 마음에 품은 목표는 단 하나, '존재가 스스로를 돌볼 수 있을까?'라는 상투적이지 않은 질문에 대한 답을 구하는 것입니다. 만약 그 대답이 '아니다'라면 일상생활에서 마주치는 모든 노력과 좌절은 이해할 수 있습니다. 자신 이외에는 아무것도, 그 누구도 자신을 돌보지 않는다고 믿을 테니까요. 이것이 우리가 그토록 스트레스를 받는 이유입니다.

그러나 만약 그 질문에 대한 대답이 '그렇다'라면 모든 사람에게 새로운 삶이 펼쳐질 겁니다. 존재한다는 것, 그저 지금이 순간 바로 이곳에 존재하는 것만으로도 만족을 느낄 수 있다는 생각은 그다지 유쾌하게 느껴지지 않고 오히려 생경하게 들립니다. 그러나 우리의 몸을 살펴보면 그 생각이 이상하지 않다는 걸 알게 됩니다.

우리 몸의 세포들은 힘들여 노력하지 않고도 그저 본성에 따라 자신의 일을 하고 있습니다. 그와 마찬가지로 우리 몸의 조직과 장기들도 힘들이지 않고 스스로를 지탱하고 유지합니다. 사람의 평균수명 동안 심장은 10억 번 뛰는데, 이는 당황스러울 만큼 엄청난 수치입니다. 특히 심장이 한 번도 고장나지 않고 멈추지도 않으며 혈액을 계속 온몸 구석구석으로 펌프질하는 기계라는 걸 생각하면 더욱 놀라게 됩니다. 어떤 컴퓨터도 10억 번이나 켤 수는 없고, 어떤 비행기도 고장날 위험 없이, 심지어는 확실하게 고장나지 않는다는 보장하에 10억 번이나 비행을 하지 못합니다.

그러나 생명의 연결망 속에서 건강한 심장은 큰 힘을 들이지 않고 그 노동을 견뎌냅니다. 우리의 심장은 1분에 평균 60회에서 100회까지 뜁니다. 그것에 대해 곰곰이 생각해보면 놀라지 않을 수 없습니다. 1분에 1,000회를 뛰는 뾰족뒤쥐의 심장이나 1분에 1,250회까지 뛰는 벌새의 심장을 한번 생각해보세요. 이 생명체들의 심장이 아무 문제 없이 작동한다는 걸 생각하면 더

1부_완전한 명상, 깨어 있는 삶으로 가는 길

욱 경이로울 뿐입니다.

심장은 이렇게 특별하지만, 그렇다고 심장이 특별히 예외적인 경우는 아닙니다. 건강한 정상인의 경우, 피부, 심장, 폐, 간, 뇌 등의 장기들은 어렵지 않게 서로 균형과 조화를 유지합니다. 그러나 일상생활에서 우리는 자신의 내부 혹은 다른 사람들과의 관계에서 힘을 들이지 않고 조화를 이루지 못합니다. 전쟁과 가정폭력은 조화가 깨졌다는 점에서 그 근원이 같습니다. 걱정이란 바로 이런 부조화로 인해 나타나는 하나의 증상이며, 걱정이 우울증으로 발전하면 삶의 모든 의욕마저 잃게 됩니다.

물론 존재만으로도 충분하다는 생각이 터무니없어 보일 수 있습니다. 그러나 우리는 평온의 순간을 경험할 수 있습니다. 심지어 몸과 마음과 정신이 조화를 이루며 평온의 순간이 최대한으로 확장되는 경험을 하기도 합니다. 이 짧은 평온의 순간은 그 시간이 더 오래 지속될 수 있음을 암시하고 있습니다. 이것이 명상이 그저 매일매일의 일상에서 잠시 고요한 휴식을 취하는 순간이 아니라 여행인 이유입니다.

만약 존재가 각자의 수준에서 스스로를 돌볼 수 있음을 인식하며 살 수 있다면, 우리의 삶에 근본적인 새로운 요소가 추가될 것입니다. 두려움과 분노와 같은 내면의 적이 우리의 통제를 벗어나 제멋대로 마음을 휘저어놓지 않는 세상에서 살 수 있습니다. 고통스러운 기억과 감당할 수 없는 감정들이 더 이상 무의식 속의 비밀스러운 장소로 밀려나지 않을 것입니다. 타성에 젖은 채 무뎌진 정신으로 사실상 수면 상태에 있는 마음에 파장이 일어날 겁니다. (만약 우리가 수면 상태에서 살고 있다는 데 동의할 수 없다면, 지하철 안이나 공항 대기실에서 스마트폰에 시선을 빼앗긴 채 앉아 있는 사람들의 무표정한 얼굴을 보십시오.) 반대로 깨어 있는 삶이란 삶에서 부딪히는 문제들을 우리가 의식하지 못하는 방법으로 해결하면서 활기차고 충분히 의식적으로 살아가는 삶을 의미합니다.

명상, 마음의 비밀을 풀다

명상이라는 여행을 떠나는 순간 개인적인 변화가 시작됩니다. 명상의 첫 번째 단계는 어떤 형태로든 의식이 항상 현존한다는 걸 깨닫는 것입니다. 생각, 좀 더 근본적으로 표현해서 판단은 마음의 진정한 특성이 아닙니다. 마음의 진정한 특성은 의식입니다. 우리의 모든 행동 뒤에 끊임없이 뛰고 있는 심장이 있는 것처럼, 우리의 모든 생각 뒤에는 끊임없이 우리를 지켜보고 있는 의식이 있습니다. 두 가지 모두 당연하다고 생각하지만, 그렇다고 그 신비로움과 동력이 없어지지는 않습니다. 심장세포 하나에 숨겨진 복잡함을 이해하려면 심장을 전공하며 연구 경력을 쌓아야 합니다. (최근 연구에서 밝혀진 바에 의하면, 놀랍게도 심장에는 보통 입에서 발견되는 12가지 종류의 미각수용체가 있으며, 이 수용체들은 대부분 쓴맛에 가장 강하게 적응되어 있다고 합니다. 합리적으로 설명할 수는 없지만, 중력의 작용에도 불구하고 어떻게 심장과 순환계가 발가락과 머리의 혈압을 같게 유지하는지조차 우리는 알지 못합니다.)

인류는 지난 수천 년 동안 인간 마음의 비밀을 풀려고 노력해왔습니다. 하지만 의식을 어떻게 설명해야 할지, 우리 자신과 주변 세계를 의식하는 능력에 대해 어떻게 설명해야 할지에 대해 합의를 이루지 못했습니다. 마음의 비밀을 푸는 데는 자신의 의식을 파헤치는 것 이외에 다른 방법이 없습니다. 이 지점에서 명상이 시작됩니다.

생각에서 벗어나 마음을 탐구하기 위한 사실상 유일한 인간의 노력이 바로 명상입니다. 철학이나 심리학 또는 다른 학문 분야는 모두 생각과 관련이 있습니다. 하지만 생각보다 우선하는 것이 의식입니다. 그러나 오늘날 생각과 의식의 관계는 완전히 뒤바뀌었고 우리는 생각이 어디에서 유래했는지도 알지 못한 채 정신 활동을 바탕으로 한 삶을 살고 있습니다.

생각이 뇌와 관련이 있다는 것은 분명하지만, 핵심은 뇌가 아닙니다. 우리 두개골 안에 있는 3파운드짜리 회색 덩어리를 이해하려는 노력이 큰 진전을 이루기는 했지만, 뇌세포가 우리의 생각, 감정, 감각을 처리하고 있다는 걸 증명하지는 못했습니다. 어린 시절에 뇌수종(뇌실 안이나 두개강 속에 뇌 척수액이 고이는 질병)으로 고도의 사고를 담당하는 대뇌피질에 큰 손상을 입었지만, 정신적으로 아무런 이상 없이 성장한 사람에 대한 놀라운 의학적 사례가 보고되기도 했습니다. 자신은 물론이고 주변 사람들도 그에게 그런 질병이 있다는 걸 눈치채지 못했습니다. 더욱 드문 사례이긴 하지만, 양성종양이 두개골 공간의 절반 이상을 차지할 정도로 자랄 때까지 정신적으로 아무런 문제 없이 생활한 사람도 있습니다.

생각이 어디에서 왔는지 알지 못해도 사는 데는 아무런 문제가 없다고 생각할 수 있지만, 사실은 그렇지 않습니다. 영국의 이론물리학자인 데이비드 도이치 박사는 2019년 4월 테드 강연에서 역사를 통틀어서 우주의 특징을 전쟁으로 규정할 수 있다고 이야기했습니다. 고대 사회에서 이 전쟁은 선과 악의 전쟁으로 그려졌고, 그것은 인간 내면의 선과 악의 충동으로 내재화되었습니다. 현대에 들어와서 과학이 발달하면서 옛 신화의 영향력은 사라졌지만, 선과 악의 전쟁은 질서와 혼돈 사이의 투쟁으로 모습을 바꾸어 지속되고 있습니다. 이 비유가 추상적으로 들린다면, 이 전쟁은 오늘날 인류가 직면한 기후변화의 위기 속에서 지구를 지속 가능한 행성으로 만들려는 힘과 폐허로 만들려는 힘 사이의 갈등으로 그 모습을 드러내고 있다고 할 수 있습니다.

하지만 결국 이런 갈등은 모두 정신의 모델입니다. 도이치 박사는 너무 오래 지속된 갈등 때문에 우리 모두가 "우주적 단조로움"의 희생양이 되었다고 말합니다. 과학은 자신도 모르는 사이에 태양 아래에 새로운 건 없다는 구약성서의 관념을 고수해왔습니다. 이에 대한 해결책은 무엇일까요? 도이치 박사는 새롭고 깊이 있는 이해를 통해 인류가 유래 없는 새로움을 만들어낼 수 있다고 말합니다. 그렇게 우리가 깨어날 때 우주도 깨어나게 됩니다. 사실 도이치 박사는 이미 우리가 수십억 년의 단조로움에서 깨어나기 시작했다고 믿고 있습니다.

인류가 우주를 깨울 수 있다는 도이치 박사의 발상은 매우 대담합니다. 그는 창조적인 과정에서 의식을 우선시하고 중심에 놓았습니다. 그리고 우리가 "참여하는 우주participatory universe" 속에서 살고 있다고 처음 언급했던 미국의 물리학자 존 아치볼드 휠러가 1950년대에 제시한 유명한 생각을 확장했습니다. 이는 다른 말로 하면, 우리가 '저기 밖에' 있다고 생각하는 모든 것들이 실제로 '여기 안에 있는' 우리의 믿음, 인식, 관찰, 해석 그리고 기대에 의해 좌우된다는 것을 의미합니다.

우주적인 의미는 차치하고, 인간은 분명 각자 자신의 개인적인 현실을 창조합니다. 원초적인 의식으로부터 당신이 만들어내는 것은 당신만의 독특한 것입니다. 그러므로 의식이 어떻게 작용하는지를 탐구하는 건 매우 타당한 행위입니다. 밝혀내야 할 법칙과 원리가 있고, 그 법칙과 원리가 우리가 삶을 살아가는 방식에서 매우 중요한 부분을 결정하기 때문입니다.

의식이 모든 것을 지배한다

의식은 깨어 있고 의식하고 있습니다.

의식은 마음과 몸, 물질과 마음의 경계를 넘나듭니다.

의식은 창조적입니다.

의식이 일단 무언가를 창조하면, 그것을 균형 있게 유지합니다.

의식은 역동적이며, 행동과 변화를 위한 에너지를 요구합니다.

의식은 온전하며, 존재하는 모든 것에 똑같이 스며듭니다.

의식은 스스로를 조직하며, 질서 있는 시스템과 구조를 감독합니다.

의식은 조화로우며, 자연의 모든 단계는 전체의 일부입니다. 한 올 한 올의 실가닥이 우주의 태피스트리를 만들어냅니다.

이 원리들은 추상적으로 들리지만, 우리가 생각하고, 말하고, 행동하는 모든 것을 보이지 않게 지배하고 있습니다. 횡설수설 이야기하는 정신분열증 환자와 달리 우리는 지적인 생각을 가지고 이야기합니다. 그것은 우리가 질서정연하게 조직적으로 생각을 통제하며 말하고 있기 때문입니다. 여섯 살 때 가족들과 함께 했던 생일파티에 대한 기억도 모든 기억들이 조각조각 저장되어 있는 각각의 뇌의 영역에서 찾아서 조합이 되어야 하나의 기억으로 완성될 수 있습니다. 순식간에 기억을 재조립해야만 일관된 기억력을 가질 수 있습니다. 말하자면 무언가를 기억할 때, 우리의 의식 속에서 정신의 조각퍼즐이 맞추어지는 것과 같습니다. 마찬가지로 원리로, 조직화된 뇌의 몇몇 영역 덕분에 우리는 다른 사람들의 얼굴을 인식할 수 있습니다. 훨씬 더 기본적인 단계를 살펴보면, 우리는 망막이 유일하게 반응하는 빛의 세 가지 파장인 빨강, 파랑, 초록에서 우리가 인식할 수 있는 200만 개 이상의 색조를 만들어내는 복잡한 과정을 거쳐 색의 세계를 보게 됩니다.

이 모든 일이 일어나는 과정에서 우리는 의식의 원리를 인식하지 못합니다. 우리의 몸을 구성하는 단백질은 10만 개 이상, 어쩌면 100만 개가 넘을 수도 있지만, 그 모든 것은 각각 뚜렷하게 구별됩니다. 하나하나의 단백질이 먼지 입자 같은 다른 수천 개의 단백질을 스쳐 지나며 자신에게 주어진 단 하나의 과업을 정확하게 해냅니다. 그리고 각각의 단백질은 인간의 정신으로는 이해할 수 없는 어떤 신비로운 방식으로 자신이 해야 할 일에 대한 지식을 습득합니다.

왜 이 모든 것이 명상을 하는 데 중요할까요? 의식이 어떻게 작동하는지를 직접 이해하면 상상도 할 수 없는 큰 도움을 얻을 수 있습니다. 의식의 원리를 이해하면 깨어난다는 것이 얼마나 특별한 일인지 알 수 있습니다. 깨어난다는 건 생각하는 것과 같지 않습니다. 깨어난다는 건 정신이 흐릿하지 않고 날카로운 것이 아니며, 둔하거나 멍청하지 않고 똑똑한 것과도 다릅니다. 깨어남은 의식이 어떻게 작동하는지, 어떻게 의식의 원리를 적절히 적용하는지를 배우는 것입니다. 이보다 가치 있는 지식은 없습니다.

세계의 종교, 영적 전통, 지혜의 학교 등은 엄청난 양의 글과 가르침을 통해 성장했습니다. 그러나 그중에서 의식에게 필요한 건 거의 없습니다. 의식적인 상태라는 건 아주 단순한 상태입니다. 태어난 지 하루밖에 되지 않은 아기는 아무것도 이해하지 못한 채 주위를 둘러보지만, 그럼에도 불구하고 그 아기는 의식하고 있습니다. 이제 막 태어난 아기는 자신의 삶에 대해 아직 아무것도 이해하지 못하지만, 앞으로 펼쳐질 모든 것들을 이해할 준비가 되어 있습니다. 많은 아기들은 얼굴에 도저히 거부할 수 없는 미소를 띠고 있습니다. 그들은 기쁨이 무엇인지 모르지만 기쁨을 알고 있습니다.

가장 중요한 것은 의식적인 상태에 있을 때 우리는 본성 안에 있는 창조적인 충동에 동조하게 된다는 겁니다. 명상이 의식의 전부라면, 우리가 성취할 수 있는 것에 사실상 한계가 없습니다.

완전한 명상, 삶의 변화를 위한 첫 걸음

이 책에서 이야기하고 있는 명상은 '완전한 명상'이라고 불리는 것으로, 우리가 이해하고 생생히 살아 있게 해야 하는 모든 의식의 원리를 수용하고 있습니다. '완전한 명상'은 대부분의 학

파와 영적 전통에서 가르치고 있는 일반적인 명상과는 다릅니다. 일반적인 명상의 경우 하루 일과를 시작하기 전에 특정 시간에, 특정한 방법을 이용하여 때때로 명상을 합니다. 이런 식의 접근은 마치 피아노 연습을 하거나 테니스 스윙 훈련을 하는 것과 같아서 많이 연습하면 더 잘할 수 있다는 희망이 있습니다. 이렇게 간헐적으로 하는 명상에도 그 나름대로 장점이 있습니다. 예를 들어 마음을 진정시키고 맥박의 속도를 일시적으로 낮출 수 있습니다. 하지만 그 영향은 매우 제한적입니다. 하루에 몇 분 정도 명상을 하는 것은 나머지 시간에 쏟아져 들어오는 경험의 홍수를 극복하기에는 부족합니다.

간헐적 명상은 간단하기는 하지만 그렇다고 명상의 과정이 훼손되는 것은 아니며, 이를 입증할 만한 연구는 매우 많습니다. 수세기 전 농장이나 사원, 가정생활에서 경험하던 상대적 정체에 대응하기 위해 고안된 명상이 현대인의 삶에 변화를 주지 못한다고 해서 비난을 할 수는 없습니다. 그러나 그 시대에도 명상을 통해 완전히 몰입하는 것이 자유를 향한 길이며 고통과 괴로움에 대한 궁극적인 해답이라는 것을 사람들은 알고 있었습니다. 인도의 힌두교 전통에서는 인생을 4단계로 나누는데, 이를 '아쉬라마Ashramas'라고 합니다. 그 마지막 단계로 중년 후반기에 해당하는 '사냐사Sannyasa'는 일종의 이중은퇴 시기라고 할 수 있습니다. 이 시기가 되면 일과 가족에 대한 의무에서 벗어나 은둔생활을 하며 명상을 통해 자신의 내면으로 은퇴를 하는 겁니다.

아주 소수이지만 가정을 유지하고 직장생활을 하면서 내면의 존재를 열망하는 타고난 수행자들에게는 완전히 몰입을 하는 것도 하나의 선택이었습니다. 그러나 어느 모델도 현대인의 삶이나 우리의 새로운 취향, 넓은 범위에서 개인적 영성을 추구하는 것과는 맞지 않습니다. 나는 이 책에서 전통적인 종교나 '영적인' 의미에서의 명상이 아닌, 완전한 몰입감을 위한 명상의 원칙을 제시하며 좀 더 깊이 들어가보려 합니다. 앞에서 이야기했듯이, 완전한 명상은 자신의 삶에 의식의 원리들을 적용하겠다는 목표를 갖고, 의식이 어떻게 작용하는지를 탐구해나가는 것입니다.

명상을 하려는 사람들 중 대부분은 명상을 통해 완전한 명상의 맛, 즉 고요함의 맛을 느낄 수 있다는 걸 알고 있습니다. 대부분의 사람들은 '고요한 마음'이 확장되는 경험을 해본 적이 없기 때문에 '완전한 명상'의 맛을 확실하게 느낄 수 있습니다. 하지만 많은 이들은 내면의 평화가 어떤 느낌인지 알아도 자신들이 원하는 순간에 그 느낌을 불러올 수 없습니다. 명상을 하면서 평화와 내면의 고요함을 찾는 것이 아무리 즐거워도 눈을 뜨는 순간 마음은 다시 걱정, 욕망, 요구, 의무, 소망, 희망, 두려움이 끊임없이 흐르는 삶으로 돌아갑니다. 가끔 하는 명상은 비록 제한적이기는 하지만 긴장을 완화하는 데 도움이 됩니다. 말하자면, 삶의 변화를 향한 첫걸음이 될 수 있습니다.

나는 1980년대 초반에 명상을 시작했는데, 그것이 내 인생의 전환점이 되었습니다. 그 시절 보스턴에서 의사생활을 하던 나는 동이 트기 전에 집을 나서서 해가 진 후에야 집으로 돌아오곤 했습니다. 항상 신경이 곤두서 있어서 매일 담배와 술로 스트레스를 풀곤 했습니다. 내 주변의 모든 의사들, 특히 과로에 시달리던 인턴과 레지던트들은 모두 그렇게 살았기 때문에 나 역시 자연스럽게 그런 습관에 빠져들었습니다.

그러던 중에 하루에 두 번씩 시간을 내어 간단한 만트라 명상을 시작하게 되었습니다. 명상을 시작한 지 1년 만에 나의 나쁜 습관들이 완전히 사라졌습니다. 누구에게나 일어날 수 있는 강력한 변화를 직접 경험한 순간이었습니다. 몇 년이 지나서 나는 내 능력이 닿는 한 많은 사람들에게 명상을 가르치는 것을 나의 사명으로 삼았습니다. 그 이후로 나는 많은 이들에게 명상을 위한 다양한 방법들을 전했습니다. 수많은 사람들이 나에게 명상을 배웠습니다. 내가 한 사람 한 사람에게 할애할 수 있는 시간은 아주 짧았지만, 명상이 그들의 삶을 바꿀 것이라고 마음속으로 확신했습니다.

하지만 유감스럽게도 나는 명상으로 얻을 수 있는 것과 실제로 사람들이 명상을 통해 얻은 것 사이에 커다란 간극이 있다는 걸 알게 되었습니다. 이런 간극이 벌어지는 이유 중 일부는 사람들이 명상에 단지 절반의 기회만을 주기 때문입니다. 사람들은 한동안 명상을 하다가 하루 일과가 너무 바쁘다는 이유로 건너뛰기 시작하고 얼마 지나지 않아 명상을 포기합니다. 때로는

"명상을 하려고 해봤지만, 별 효과가 없었어요"라며 핑계를 대기도 합니다. 또는 명상을 하면서 혈압을 낮추는 등의 특정한 효과를 기대하지만, 명상으로 그런 효과를 얻으려면 약을 먹는 것보다 훨씬 더 많은 인내심을 필요로 합니다. 다른 방해 요소들도 있습니다. 가족이나 친구들이 명상에 대한 거부감을 보이는 경우도 있고, 영성 시장을 떠돌며 그들의 목표물이 되는 이상한 사람으로 보여서 사회적으로 고립되는 것을 걱정하고 두려워하는 경우도 있습니다. (이건 30년도 더 된 일이지만 지금도 여전히 그럴 가능성이 있습니다.)

분열된 자아

결국 나는 사람들이 명상에 몰입하지 못하는 가장 중요한 원인이 현대의 생활방식이 아니라, 그런 생활방식으로 우리를 이끄는 분열된 자아라는 것을 알게 되었습니다. 우리 모두는 분열된 자아를 가지고 살아가고 있습니다. 가정에서의 자아와 직장에서의 자아가 다르고, 가족을 대할 때와 낯선 사람을 대할 때의 자아가 다르며, 직장에서 말하는 것과 사적인 생각이 서로 다릅니다.

명상은 험프티 덤프티(루이스 캐럴의 동화 《거울 나라의 앨리스》에 등장하는 달걀 캐릭터의 이름—옮긴이)가 깨지자 다시 붙이려고 애쓰는 왕의 말과 왕의 부하들과 같습니다.

우리 내부에서 서로 다른 힘이 다투고 있습니다. 3킬로그램 정도 살을 빼야겠다는 것처럼 간단한 결정을 내릴 때에도 우리 내면에서는 살을 빼고 싶다는 목소리와 왜 그 목표를 달성할 수 없는지 이야기하는 목소리(습관, 관성, 충동적 욕망, 강박적 행동, 유혹에 굴복하는 것 등) 사이에 싸움이 벌어집니다. 결국 분열의 힘이 승리하고 다이어트는 실패합니다. 험프티 덤프티가 조각난 자기 자신을 붙일 수 없는 것처럼, 분열된 자아가 너무 깊이 자리를 잡고 있을 때 우리는 스스로를 치유할 수 없습니다. 또한 외부에 있는 그 누구도 다른 사람의 분열된 자아를 치유할 수 없습니다.

대부분의 사람들은 '분열된 자아' 또는 '파편화된 자아'라는 용어를 알지 못하지만, 그 부작용에 대해서는 잘 알고 있습니다. 그중 하나가 집단적으로 명성에 집착하는 것입니다. 대중매체는 영화배우나 다른 유명인사들이 사랑스럽고 특별한 존재라고 믿도록 우리를 부추기고 있습니다. 그들은 아름다워 보일 뿐만 아니라 하나같이 완벽한 연애 생활과 화려한 일상을 누리고 있는 것 같습니다. 물론 현실은 상당히 다릅니다. 그들이 마약을 하거나 연인과 헤어지거나 그 밖에 다른 스캔들 때문에 추락하면, 그 기사를 읽는 것이 우리의 취미가 되었습니다. 사람들이 우상을 숭배하는 이유는 단지 그 우상을 무너뜨리기 위해서라는 이야기가 회자된 것이 최근의 일이 아닙니다.

우리가 연예인을 숭배하며 원하는 것은 그들이 무너지는 것을 보는 것입니다. 분열된 자아를 가지고 살아가는 우리는 완전체로서의 완벽함을 연예인에게 투영하고 있습니다. 그들이 현실에서 자유로운 특권적인 존재라는 환상을 품고 있는 겁니다. 우리의 삶은 항상 기복이 있고, 때로는 지루함에 한없이 늘어지기도 하며, 끝내 고치지 못한 나쁜 습관의 손아귀에 사로잡혀 있습니다. 이 모든 것들이 바로 분열된 자아의 산물이라는 것을 인식할 필요가 있습니다. 연예인들이 무너지는 것을 보는 건 자신의 삶을 직면하는 데 아무런 도움이 되지 않습니다. 자신의 삶을 직시하는 데 도움이 되는 것은 완전한 명상의 여정입니다.

분열되고 파편화된 자아는 스스로를 치유할 수 없습니다. 분열된 자아는 계속해서 여러 우여곡절과 내면의 모순, 혼란, 갈등을 마주하게 됩니다. 당신의 모습을 정직하게 바라보면서 발견하게 되는 당신의 결점은 아마도 수년 전부터 당신과 함께했을 겁니다. 오늘 하루를 불안하고 우울하게 보냈다면 아마도 그런 경험이 처음은 아닐 겁니다. 과식을 하는 것과 같은 나쁜 습관에 항복했다면, 그 습관은 행동과 결정의 이력을 갖고 있을 겁니다. 성격이 지나치게 급하거나, 다른 사람에게 너무 쉽게 굴복하거나, 자신을 희생양으로 생각하는 것 같은 부정적인 심리적 성향을 갖고 있다면, 그런 특징들에도 분명히 내력이 있을 겁니다. 몸에 밴 습관과 싸울 때 분열된 자아가 서로 대립하며 갈등이 일어나고 우리의 삶이 덜컹거리기 시작합니다. 사이에서 몸부림이 변화를 원하는 쪽과 완강하게 변화를 거부하는 쪽이 전면 대결을 벌입니다. 승자도 없이 계속 대결이 지속되는 겁니다.

내면의 분열된 자아로부터 자유로운 공간을 발견할 때 비로소 내가 명상을 하면서 처음 느꼈던 흥분, 수없이 많은 사람들이 명상을 시작하면서 느꼈던 흥분감을 느낄 수 있습니다. 고요함과 내면의 평화는 좋은 경험이지만, 그것이 중요한 진짜 이유는 내면의 갈등, 혼란, 두려움, 우울, 걱정, 당혹감, 자기 불신에서 벗어날 수 있게 하기 때문입니다. 조금만 연습하면, 누구라도 이런 내면의 공간을 발견하고, 그 공간에서 온전하고 문제없는 자아를 경험할 수 있습니다. 하지만 이런 경험을 계속 유지하는 건 또 다른 문제입니다.

지금 이 순간, 깨어난다는 것

명상이 당신을 분열된 자아 너머로 데려갈 수 있느냐는 문제가 되지 않습니다. 의심의 여지 없이 분명히 그렇게 할 수 있습니다. 문제는 분열된 자아를 어떻게 치유하느냐입니다. 명상이 끝나고 눈을 뜨는 순간부터 분열된 자아가 우리를 다시 일상으로 데려가기 때문입니다. 이 문제를 해결할 수 있는 유일한 방법은 꾸준히 반복해서 명상을 하는 것뿐입니다. 매일 지속적으로 명상을 하면 모든 것이 해결될 겁니다. "꾸준히 하세요"라는 말은 훌륭한 조언입니다. 하지만 계속 명상을 해나가서 언젠가 온전한 존재가 되겠다는 목표를 이루는 사람은 거의 없습니다. 동양에서 명상의 전통은 수천 년을 거슬러 올라갑니다. 사람들이 깨어나고, 깨달음을 얻고, 온전함을 찾고, 통합된 자각에 도달했다는 기록은 수도 없이 많습니다.

깨어난다는 건 실제 현상이고, 종종 예측할 수도 없이 일어납니다. 소로는 《월든Walden》에서 "콩코드 외곽의 어느 농장에서 외로움이 한 남자를 고용했다. 그는 제2의 탄생을 한 사람이었다"라고 썼습니다. (제2의 탄생이라는 말은 수세기 전 베다 인도로 거슬러 올라갑니다.) 소로가 월든 호수에 머문 것은 깨어남, 말하자면 명상의 목표이자 자연스러운 결과인 깨어남으로 가는 내면의 여정에 대한 상징이었습니다. 그는 "조로아스터는 수천 년 전에 같은 길을 여행했고, 같은 경험을 했다. 그러나 지혜로운 그는 그것이 보편적이라는 것을 알고 있었다"라고 쓰면서 그 경험이 시간을 초월하며 얼마나 광대하게 느껴지는지를 표현했습니다.

잔인할 정도로 추운 월든 호수에서 겨울을 보내며 소로는 높은 고도에 있는 히말라야 동굴에 앉아 있던 유명한 요기만큼이나 혹독한 환경을 경험했습니다. 명상이 힘들고 어려운 과정이라는 고정관념은 모든 문화에 내재되어 있지만, 소로의 경험과 같은 고난과 궁핍의 이미지는 그 생각을 더욱 강화했습니다. 육체적인 어려움과 함께 명상에 요구되는 몇 가지 다른 요소들도 불편하게 들립니다. 이런 요구사항은 속세를 포기하는 것부터 육체적 금욕, 사회로부터의 고립까지 다양한데, 극단적으로는 신의 이름으로 순교할 것을 요구하기도 합니다.

이 내재된 생각은 전반적으로 명상을 하려는 이들에게 영향을 주어 좀 더 많은 사람들이 일상생활에서 고양된 의식에 도달할 수 있다고 생각하는 걸 막고 있습니다. 명상에 대한 이런 고정관념 때문에 명상을 통한 깨어남이 드문 일이 되고 있습니다. 깨우친 사람, 성자 같은 사람, 영적으로 고양된 사람들. 우리가 그들을 어떻게 부르든, 사회에서는 그들을 평범한 이들과 구별하고 있습니다. 그러나 주변부에 존재한다는 것은 완전히 거부된다는 것과는 다릅니다. 신앙의 시대에 영적으로 발달한 사람들은 다른 사람들과 구별되어 존경을 받았습니다. 하지만 오늘날 더 강력한 힘에 대한 믿음이 의심을 받으면서 영적으로 발달한 이들은 평범한 삶에서 벗어난 아웃사이더로서 존경받지 못하면 무시당하거나 잊힐 가능성이 더 높아졌습니다.

이런 상황 속에서 나는 깨어남이 정상적인 삶의 일부가 되는 방법을 찾았습니다. 무엇보다도 완전한 명상은 자연스러우면서 쉬워야만 합니다. 왜냐하면 완전한 명상이 없다면 명상에 계속 부족한 점이 있을 수밖에 없기 때문입니다. 확고한 기법을 고수하면서 몇 달, 몇 년 동안 반복해서 명상을 할 것을 요구하는 것은 자연스럽거나 손쉬운 것과는 상당히 거리가 있습니다. 명상을 시작하는 많은 사람들은 자신들이 제대로 명상을 하고 있는지 궁금해합니다. 자신들이 생활하는 방식이 완전체와는 거리

가 멀다고 생각하는 사람들도 많습니다. 일상적인 삶이 사원이
나 수도원에서 영적 수행을 위한 삶을 사는 것과 다르다고 생각
하기 때문입니다. 그러나 고요한 마음과 내면의 평화로 더 가까
이 우리를 데려가는 과정은 우리가 생각하는 것보다 더 단순할
지도 모릅니다. 우리는 위대한 예술과 음악이 있는 곳에서 고요
한 마음을 엿볼 수 있습니다. 즐겁고 평안하게 하루를 보내고 난
후 잠이 들면 (바라건대) 매일 밤 내면의 평화를 경험하게 됩니
다. 우리는 경험하지 못하지만 어린아이들은 모두 이런 경험을
하고 있습니다. 이 짧은 경험은 자연스럽고 어렵지 않게 다가옵
니다.

자연스럽고 쉬운 것 이외에도 완전한 명상은 자발적이어
야만 합니다. 기대도 하지 않았는데 행복이 폭발하거나 멋진 석
양의 아름다움에 매료되는 것처럼 자연스럽게 그 순간에 깨어날
수 있어야 합니다. 그런 방식으로 깨어남은 당신이 하고 있는 것
이 무엇이든 그것과 합쳐지면서 여기 그리고 지금으로 흘러들어
옵니다.

마지막으로, 완전한 명상은 각 개인의 궁극적인 욕망과 일
치해야 합니다. 인생에서 더 많은 것을 원하는 것은 당연한 일입
니다. 그러나 안타깝게도 많은 경우 명상을 둘러싼 영적인 체제
는 욕망을 비난합니다. 수천 년 동안 욕망, 특히 육체적 욕망은
인간을 동물의 수준으로 끌어내린다고 여겨졌습니다. 세속적인
욕망은 돈과 성공과 같은 외적인 것을 끊임없이 추구하도록 우

리를 압박하고 있습니다. 자신의 욕망에 항복하는 건 도덕성을 훼손하는 걸로 생각되고 있습니다. 단기간의 즐거움이 지속적인 행복으로 이어지지 못할지도 모릅니다. 이런 주장들은 우리에게 익숙하지만, 그러나 욕망 자체가 나쁜 것은 아닙니다.

우리는 욕망을 피할 수 없습니다. 따라서 반드시 욕망을 버려야 한다는 주장에 휘둘리지 말아야 합니다. 삶은 모든 형태의 욕망을 통해 전개되며, 신에게 도달하려는 욕망처럼 더 차원 높은 욕망을 걸러내는 건 쉽지 않습니다. 소위 차원이 더 낮은 욕망이라고 불리는 것들은 불가피하게 인간 경험의 일부일 수밖에 없습니다. 그 욕망을 거부하는 건 분열된 자아를 강화하는 결과를 가져올 뿐입니다.

만약 이 세 가지 요구가 충족된다면, 다시 말해 깨어남이 자연스럽고 손쉬우며, 자발적이고, 자신의 개인적인 욕망과 일치한다면, 그때 분열된 자아가 끝날 수 있습니다. 이 책은 바로 이런 주장을 바탕으로 하고 있습니다. 주위를 둘러보면, 우리들 중 그 누구도 온전하고 분열되지 않은 사람이 없습니다. 분열된 자아로부터 탈출하려 노력하지 않는다고 그들을 비난할 수는 없습니다. 인간의 본성은 언제나 그래왔습니다. 하지만 깨어남 역시 언제나 있었고, 깨어날 때 의식은 분열된 자아가 할 수 없는 치유를 할 수 있습니다.

의식적이라는 것

이 책에서 우리는 의식을 확장하고, 더 깊게 만들고, 궁극적으로는 새로운 현실에서 깨어나는 법을 배우게 될 것입니다. 이 모든 것을 위해서 의식이 과연 무엇인지 완전히 이해해야만 합니다. 우선 의식은 가장 기본이 되는 하나의 경험입니다. 갑자기 비가 내리기 시작하는 걸 의식하면 의식의 경험은 변합니다. 눈을 감고 차분히 앉아서 평온함을 느낀다면, 의식은 변함없는 고요함을 경험하게 됩니다. 삶은 변할 수 있고, 변하지 않을 수도 있습니다. 그러나 의식은 이 모든 걸 알아차립니다.

　의식을 확장할 수 있는 몇 가지 방법을 소개합니다.

O 책을 내려놓고 주변에서 들려오는 소리에 귀를 기울이세요. 그 소리를 들으면서 당신은 지금 여기에 존재한다는 걸 알게 됩니다. 어떤 것을 보거나, 만지거나, 맛을 보거나, 냄새를 맡을 때 자신이 지

금 여기에 존재한다는 걸 알게 됩니다. 자신이 존재한다는 걸 아는 것이 바로 의식입니다.

이제 소리에 주의를 기울이지 말고 무시합니다. 오감을 무시할 때 조차도 당신은 여전히 존재합니다. 의식은 시각, 소리, 미각, 질감 또는 후각보다 더 근간이 되는 것입니다. 감각은 내용으로 마음을 채우지만, 의식은 내용물을 필요로 하지 않습니다. 그저 여기에 있는 것이 의식의 기본 상태입니다.

○ 다시 책을 봅니다. 그리고 눈을 감고 마음의 눈으로 봅니다. 책이라는 단어를 생각하고, 소리를 내어 그 단어를 말합니다. 이 네 가지 경험의 공통점은 무엇일까요? 의식 속에서 경험된 것들입니다. 단어, 생각, 이미지는 끊임없이 변합니다. 그러나 기록을 하는 매개체는 변하지 않습니다. 그것아 바로 의식입니다.

○ 잠시 가만히 앉아서 마음을 백지 상태로 만듭니다. 조금만 지나면 이 백지는 생각, 이미지 또는 감각으로 채워집니다. 그러면 다시 한 번 마음을 백지로 만듭니다. 백지가 새로운 생각, 이미지, 감각으로 바뀌는 것을 지켜보세요. 당신의 마음이 비어 있든 그 안에 무언가가 있든 관계없이 당신은 항상 거기에 있습니다. 무슨 일이 일어나든 또는 일어나지 않든 당신은 존재하는 자아 감각을 갖고 있습니다. 그 자아 감각이 바로 의식입니다.

스스로를 돌보는 존재

완전한 명상의 목표와 구조에 대해 간략히 설명했으니, 이제 모든 것의 기초가 되는 질문으로 더 깊이 들어가보겠습니다. 존재는 스스로를 돌볼 수 있을까요? 대답은 '그렇다'입니다. 의식은 창조의 근원입니다. 지금 이 순간, 그리고 태어난 이후 모든 순간에 우리는 의식에서 비롯된 무한한 지성과 창조적인 힘에 둘러싸여 있습니다. 처음부터 의식의 원리들을 이해하기는 쉽지 않을 겁니다. 하지만 이 원리들은 완전한 명상으로 들어가는 핵심입니다.

만약 자연이 지구 위의 삶을 이해할 수 있는 하나의 비밀을 갖고 있다면, 그것은 바로 '삶은 의식이다'라는 사실입니다. 우리는 자신이 의식을 갖고 있다는 걸 이미 알고 있습니다. 의식이 없다면 생각도 존재할 수 없습니다. 의식의 원리는 모든 것에 스며들어 있습니다. 많은 과학자들이 인간의 두뇌가 진화하기 전까지는 의식이 나타나지 않았다고 자연스럽게 추정하고 있는데, 그것은 잘못된 믿음입니다. 가장 기본적인 생명체들조차 자기 스스로를 조직화하고, 어떻게 생명을 유지하는지 정확히 알고 있습니다. 그것은 곧 그 생명체들이 의식의 원리를 따르고 있음을 의미합니다. 아주 원시적인 수준의 생명체들에게도 이 원리들은 유효합니다.

1973년 텍사스주에 사는 한 여성이 자신의 집 뒷마당에서 하룻밤 사이에 독특한 모양의 노란 방울처럼 생긴 것이 자라난 것을 발견했습니다. 그것은 버섯도 아니었고, 이전에는 한 번도 본 적이 없는 것이었습니다. 그 노란 방울은 금세 시들었지만, 생물학자들에게 자문을 구한 결과 그것은 적어도 10억 년 전부터 지구상에서 번식하고 있는 점액형 곰팡이의 일종으로 확인되었습니다. 황색망사점균Physarum polycephalum이라는 이름의 이 새로운 품종은 널리 알려졌지만, 2019년 10월 파리동물원에서 이 노란 방울을 전시하면서 그것의 특이한 성질에 대해 발표하기 전에는 전혀 주목받지 못했습니다. CNN은 노란 방울에 대해 다음과 같이 보도했습니다.

> 밝은 노란색으로 시간당 4센티미터(1.6인치)의 속도로 기어갈 수 있고, 뇌가 없어도 문제를 해결할 수 있으며, 두 동강으로 잘려도 스스로 알아서 치료할 수 있다. … (그것은) 식물도, 동물도, 곰팡이도 아니다. 암컷과 수컷의 양성이 아닌, 720개의 성을 갖고 있다. 또한 다른 유기체로 분열될 수도 있고, 다시 합쳐질 수도 있다.

낯선 것에 대한 생물학적 호기심에서 황색망사점균은 센세이션을 일으켰습니다. 하지만 이 생물은 더 깊은 수수께끼를 품고 있습니다. 점액형 곰팡이는 믿을 수 없을 정도로 기본적인 생명체입니다. 지구상에 약 900여 종이 있으며, 이전에는 균류로 분류되었지만 지금은 그들만의 계界로 분류됩니다. 단일세포

유기체로서 활동하거나 큰 군집으로 함께 합쳐져서 활동한다는 사실을 제외하고는 이 종들 간에 실질적인 연관성은 없습니다.

　더러운 거품처럼 연못을 떠다니는 녹조류보다 조금 더 복잡한 구조를 가진 생명체가 어떻게 지능을 가질 수 있는지는 수수께끼입니다. 영국왕립학회의 연구에 따르면, 이 노란 방울은 문제 해결 능력을 가지고 있습니다. 또한 이 생명체는 자신에게 해로운 물질을 피할 뿐만 아니라 1년 전까지 자신들이 무엇이었는지를 기억할 수 있습니다. 또한 이 방울은 미로를 탈출할 때 가장 빠른 길을 찾는 능력을 가진 듯합니다. 점액형 곰팡이가 축축한 숲의 흙바닥에서 번성하며 거의 죽지 않는다는 건 차치하고라도 이 생명체는 유일한 적인 빛과 가뭄을 맞닥뜨리면, 마치 겨울잠을 자는 곰처럼 몇 년 동안 활동을 멈추고 있다가 다시 살아나곤 합니다.

　노란 방울이 의식의 질質을 어떻게 드러내는지를 보면 존재가 어떻게 스스로를 돌보고 있는지를 알 수 있습니다. 스스로 조직하고 자급자족하는 것 이외에도 노란 방울은 환경에 적응하고 자신을 위협하는 유해물질을 피하는 법을 알 뿐만 아니라 문제를 해결하기도 합니다.

　의식이 존재의 일부라는 걸 받아들이면 이 생명체에 대한 수수께끼는 해결됩니다. 우리가 삶에 대해 발견해낸 것에 따르면, 의식과 존재는 반드시 서로를 필요로 하기에 항상 함께 갑니다. 만약 존재가 빈 서판과 같은 백지 상태라면, 의식을 만들어낼 수 있는 능력을 가진 물리적 힘은 존재하지 않을 겁니다. 백지 상태가 죽은 것이라면, 의식은 살아 있는 것입니다. 우리는 죽음을 삶으로 바꿀 수는 없습니다. 하지만 생명이 나타난 건 분명합니다. 따라서 분명한 사실은 생명이 의식의 장場 안에서 생성되었다는 것입니다. 의식은 이미 살아 있지만 물리적인 형태를 갖추기 전까지는 보이지 않습니다.

여기서 생명의 기원을 둘러싼 형이상학적 논쟁을 할 필요는 없습니다. 우리의 계획은 좀 더 현실적입니다. 존재가 우리를 어려움 없이 자발적으로 수월하게 그리고 자연스럽게 돌볼 수 있다는 가설을 확인하기 위해 시험을 해보는 겁니다. 완전한 명상의 목표는 분열된 자아와 그런 자아가 야기하는 모든 문제에도 불구하고, 의식이 인류를 버리지 않았다는 것을 증명하는 것입니다.

노란 방울을 비롯해 모든 생명체들이 그러듯이 의식의 원리에 의존할 때 우리는 자신의 삶을 돌볼 수 있는 능력을 가질 수 있습니다. 인간이 다른 생명체와 다른 점이 있다면 그 원리들과 공조할 것인지 아닌지를 선택할 수 있다는 점입니다. 그러나 실제로 이런 선택을 하는 사람은 거의 없습니다. 분열된 자아는 우리를 자신의 근원으로부터 끊어냅니다. 그리고 그렇게 단절된 상태가 정상이라는 확신을 주는 최악의 상황을 만들어냅니다.

얕은 고요와 깊은 고요

어떤 방식으로든 명상을 하면 고요한 의식을 경험할 수 있지만, 종종 그 경험은 일시적이며 그렇게 깊지 않습니다. 눈을 감고 가만히 앉아 있으면, 비슷한 경험을 할 수 있습니다. (물론 이것은 마음이 크게 동요되어 있는 상태가 아니고, 그 전에 스트레스를 받지 않았을 때에만 가능합니다.) 명상이 단순히 눈을 감는 것과 다른 점은 우리를 고요한 의식 속으로 더 깊이 데려간다는 것입니다. 이런 경험을 산스크리트어로 '사마디Samadhi(삼매, 명상의 최고 경지─옮긴이)'라고 합니다. 사마디에 깊이 빠진 채 앉아 있을 수 있는 요기들은 심장 박동을 낮추고 산소 소비를 최소한으로 줄이는 것과 같은 특별한 능력을 가지고 있습니다. 그들은 매서운 추위 속에서도 얇은 비단옷만 걸치거나 혹은 아무것도 입지 않은 채 앉아 있을 수 있을 정도로 몸의 내부에서 체온을 올릴 수 있습니다.

개인적인 경험에 의하면, 사마디는 얕은 고요와 깊은 고요 간의 차이점을 보여줍니다. 얕은 고요 속에서도 우리 몸에는 중요한 변화가 일어날 수 있습니다. 예를 들어, 단지 눈을 감고 천천히 규칙적으로 호흡을 하는 것만으로도 스트레스를 극복할 수 있다는 사실이 최근에 밝혀졌습니다. 미주신경vagus nerve, 迷走神經 호흡으로 알려진 이 기법은 그 단순함과 효과 덕분에 현실적인 해법이 될 수 있습니다. 미주신경 호흡에 대해서는 다른 책에서 이미 다룬 적이 있지만, 여기서 다시 한 번 살펴볼 만한 가치가 있습니다.

미주신경 호흡이란 뇌와 신체의 나머지 부분을 연결하는 10개의 뇌신경 중에서 가장 길고 복잡한 미주신경에서 그 이름을 가져왔습니다. 미주신경은 심장, 폐, 복부와 뇌처럼 스트레스에 민감한 모든 부분들을 연결하고 있습니다. 스트레스와 관련된 반응 이외에도 미주신경은 신체 감각을 뇌로 전달하는 역할을 합니다. 미주신경으로부터 신호를 받은 뇌가 그에 대응하여 온몸에 다시 신호를 보내며 일정한 피드백 회로가 형성됩니다. 따라서 스트레스를 받으면, 심박수가 올라가고, 얕고 불규칙하게 숨을 쉬며, 위와 내장이 조여드는 것 같은 느낌을 받습니다.

이 스트레스 회로는 오래전에 발견되어 알려졌지만, 이것을 오히려 역으로 스트레스 감소 회로로 볼 수도 있습니다. 명상이 물리적으로 어떻게 작동하는지를 연구하면서, 과학자들은 호흡이 남긴 단서들을 따라갔습니다. 예를 들어, 소위 요기 호흡은 호흡을 조절하는 연습인데, 더 천천히, 더 규칙적으로, 더 깊이 호흡하는 것을 의미합니다. 긴장을 푼 상태에서 이루어지는 규칙적인 호흡은 뇌, 심장, 폐에 직접적으로 연결된 미주신경에 의해 조절되기 때문에 미주신경을 자극하면 이완반응을 유도할 수 있습니다. 이 발견으로 미주신경 호흡이 대중적으로 널리 알려졌는데, 미주신경을 자극하는 방법은 아주 간단합니다.

신체적 경험과 정신적 경험

우리는 '그곳에서' 신체적으로 경험한 것과 '여기서' 정신적으로 경험한 것을 나누는 것이 자연스럽다고 생각합니다. 편의상 나는 '여기서' 혹은 '그곳에서'라는 표현을 사용했습니다. 그러나 의식의 바다는 어떤 경계나 제한 없이 모든 것을 감싸안습니다. 당신은 곧 당신의 의식이기 때문에, 그 경계가 사람이 만든 인위적인 것임을 알면서도 그것을 준수할 자유가 있습니다. 깨어 있다는 건 잔디밭에 들어가지 말라는 표지가 있는데도 제멋대로 그 안으로 들어가는 걸 의미하지는 않기 때문입니다. 경계는 당신의 무한한 근본적인 본질을 바꾸지 못합니다.

'여기서'와 '그곳에서'의 사이에 놓인 선을 넘는 것이 얼마나 쉬운지를 보여주기 위해 여기 그 선을 즉시 지울 수 있는 실행법을 소개합니다.

O 사포처럼 거친 질감의 물체 위로 손가락을 가져가서 만져봅니다. 즉시 눈을 감고 거친 질감을 마음으로 느낍니다.

O 손을 얼음물 속에 넣고, 즉시 그 물과 같은 정도로 찬 감각에 대해 상상해봅니다.

O 붉은색 장미를 쳐다보다가 눈을 감고 '여기'를 다시 바라봅니다.

이런 경험들이 어디에 있는지 구분되지 않습니다. 그것들은 단지 '그곳에서' 또는 '여기서'가 아니라, 두 가지를 모두 포용하는 의식 속에 있습니다. 지금 이 순간 사포의 질감, 얼음물의 차가움, 장미의 모습을 상상한다면, 이런 감각은 신체의 감각만큼 정신적으로 강렬하지 않습니다. 그러나 꿈은 얼마나 생생할 수 있는지를 생각해봅니다. 꿈에서 보는 것들은 실제로 보는 것만큼이나 생동감이 넘칩니다. 꿈속에서 들리는 소리도 마찬가지입니다. 소수의 사람들은 심지어 꿈속에서 냄새를 맡고, 맛을 보고, 만지는 것이 가능하다고 합니다. 그러나 그렇게까지 멀리 갈 필요는 없습니다. 꿈속에서 만들어지는 현실은 '그곳에서'의 경험만큼이나 실제적인데, 꿈이 의식 속에서는 같은 것에 기반하기 때문입니다. (확신이 서지 않는다면, 악몽에서 깨어났을 때를 떠올려봅시다. 그것이 진짜 경험이 아니라면, 왜 그렇게 놀라면서 잠에서 깨는 것일까요?)

미주신경 호흡법

스트레스를 받은 상황에서 다음과 같이 미주신경 호흡을 하면 도움이 됩니다.

1단계: 눈을 감고 조용히 앉는다.
2단계: 4를 세며 가볍게 숨을 들이 마신다.
3단계: 4를 세며 숨을 내쉰다. 그리고 1을 세며 숨을 멈춘다.
4단계: 5분 동안 반복한다.

이렇게 간단한 미주신경 호흡은 스트레스 해소뿐만 아니라 화와 불안을 조절하는 데에도 도움이 됩니다. 실제로 의학계에서는 전기를 이용하여 미주신경을 자극해서 다양한 심리적, 신체적 질병을 치료하는 연구가 진행되고 있습니다. 하버드대학교 의대의 루돌프 탄지 박사와 함께 집필한 《치유하는 자아The Healing Self》에서 나는 그 가능성에 대해 다음과 같이 썼습니다.

기존의 의학 훈련에서 볼 때, 마음의 방향이 바뀌는 건 미주신경자극VNS의 이점이 얼마나 광범위한지로 나타난다. 현재 미주신경자극을 이용해서 32개 이상의 질환을 치료하는 방법이 연구 중이며 긍정적인 결과를 보이고 있다. 그 질병에는 알코올 중독, 불규칙한 심장 박동, 자폐증과 같은 신체적, 정신적 질병에서부터 심장병, 우울증이나 불안감 같은 기분 장애, 다양한 장 질환, 중독, 기억 상실과 알츠하이머 등도 포함된다.

이런 연구의 가능성은 빠르게 전개되고 있지만, 여기서 중요한 것은 이 연구가 명상이란 힘들지 않고 자연스러운 상태라는 것을 보여주었다는 사실입니다. 잠시만 명상을 해도 경험할 수 있는 얕은 고요에 빠지면 미주신경을 통해 긴장이 완화되는데, 긴장이 풀리는 데에는 신체적 측면과 정신적 측면의 구분이 없습니다. 얕은 고요에 그렇게 쉽게 접근할 수 있다면, 깊은 고요인 '사마디(삼매)' 역시 자연스럽고 접근하기 쉬워야 합니다.

미주신경은 단순히 몸 전체에 신호를 전달하는 것이 아니라 의식을 운반하고 있습니다. 단 하나의 뇌신경이 전체적인 영향을 준다는 사실은 의식이 몸과 마음을 얼마나 완전하게 지배하는지를 보여줍니다. 마음과 몸만 하나로 연결되어 있는 것이 아닙니다. 의식의 총체성이 작용하고 있으며, 이것이 완전한 명상이 효과가 있는 이유입니다. 한 번에 하나씩 치유하는 것이 아닙니다. 우리는 의식의 총체성과 다시 연결됩니다. 이런 방법으로 우리는 명상을 통해 존재가 스스로를 돌볼 수 있다는 것을 직접 느낄 수 있습니다.

의식은 아무런 거리낌 없이 자신을 줍니다. 약 40억 년 전에 지구상에 박테리아보다도 더 원시적인 상태의 가장 작은 생명체가 나타났습니다. 그 생명체는 DNA도 없었고, 심지어는 아메바 같은 단세포 생물도 아니었습니다. 그러나 자궁 안에 있는 하나의 수정체 안에 한 인간의 전체 구조가 포함되어 있는 것처럼, 원시적인 삶의 첫 신호는 총체적이고 무한한 의식의 산물이었습니다. (아마도 우리는 생명의 기원에 날짜를 정하는 것을 멈추어야 할 것입니다. 노벨물리학상을 수상한 브라이언 조셉슨은 〈물질은 살아 있으며 결정을 내릴 수 있다〉라는 글을 썼는데, 이는 신비주의자의 말처럼 들리기도 합니다. 사실 고정된 법칙으로는 예상할 수 없는 원자의 능력은 양자물리학이 출현한 이래로 100년 이상 수수께끼였습니다.)

삶은 무엇을 해야 할지를 항상 알고 있습니다. 우리가 자신이 하고 있는 것을 의심하는 경우에도 마찬가지입니다. 누구도 심장을 뛰게 하는 법을 배울 필요는 없습니다. 보잘것없는 피부세포도 뇌세포처럼 복잡한 과정을 수행합니다. 우리 몸에서 DNA가 없는 유일한 세포인 적혈구도 어디서 산소를 가져와서 어디에 전달해야 하는지를 알고 스스로 조절합니다. 이런 앎은 어디서 오는 것일까요? 의학적으로 의식은 뇌로부터 나온다고 합니다. 사회적으로 널리 알려지며 상식이 되어버린 이 개념은 자존심으로부터 나온 완전히 잘못된 것입니다.

의식을 생각하는 마음으로 국한하는 잘못된 믿음을 버리고, 자연에 있는 모든 것에 의식을 맡겨야 합니다. 의식이 어떻게 삶을 지탱하는지에 대한 놀랄 만한 사례를 살펴봅시다. 어쩌면 이 사례는 명상이라는 주제를 벗어난 것처럼 보일지도 모르지만, 나는 그렇지 않다고 확신합니다.

학명 프테로드로마 레우콥테라Pterodroma leucoptera, 영국의 조류학자인 존 굴드의 이름을 따라 굴드스페트럴Gould's petrel이라고 불리는 작은 호주 바닷새는 자연의 기적을 보여줍니다. 약 10인치(약 25센티미터) 크기의 이 새는 몸통의 윗부분은 갈색과 회색, 아랫부분은 흰색으로 별다른 특징이 없습니다. 그러나 이 새의 삶의 주기는 너무 놀라워서 합리적인 설명이 불가능할 정도입니다.

호주 동쪽 해안에 종려나무의 일종인 캐비지트리로 뒤덮여 있어 캐비지트리 아일랜드라고 불리는 섬이 있습니다. 굴드스페트럴은 이 섬에 둥지를 틀고 알을 낳습니다. 회색 솜털이 보송보송한 새끼가 알을 깨고 나오면, 부모 새는 바다로 나가 물고기를 잔뜩 잡아 돌아와서는 새끼들의 입에 넣어줍니다. 3개월 동안 이렇게 매일 밤 새끼들을 먹입니다. 그리고 어느 날 밤 부모 새들은 돌아오지 못합니다. 새끼들은 기다리지만 며칠 밤이 지나도 부모 새들은 돌아오지 않습니다.

굶주린 새끼 새들은 굶어 죽는 대신 살기 위한 의지를 갖게 됩니다. 굴드스페트럴은 떨어진 야자수 잎으로 덮여 있는 바위 틈 사이에 둥지를 트는데, 부모를 잃은 새끼들은 둥지 밖으로 나와 근처에 있는 캐비지트리 밑둥으로 갑니다. 한 번도 날아본 적이 없지만, 새끼들은 하늘로 날아오르는 것만이 살 수 있는 유일한 방법이라는 걸 알고 있습니다. 알바트로스나 다른 바닷새들과 마찬가지로, 굴드스페트럴은 미풍의 도움이 없이는 날 수 없는데, 이 섬의 숲 바닥은 바람 한 점 없이 고요합니다. 그래서 새끼 새들은 하늘로 날아오르기 위해 나무 꼭대기로 올라갑니다. 한 번도 나무 꼭대기에 올라가본 적도 없고, 누군가 길을 가르쳐 준 적도 없습니다. 그러나 새끼 새들은 구부러진 발톱과 부리를 이용해 나무를 올라갑니다.

굶주림으로 쇠약해진 새끼 새들에게 나무에 오를 기회는 단 한 번밖에 없습니다. 나무에서 떨어지는 것은 그들에게 곧 죽음을 의미합니다. 나무꼭대기에 올라가도 캐비지트리의 꼭대기에 돋아 있는 날카로운 가시 때문에 다시 한 번 위험에 처하기도 합니다. 모든 위기를 통과한 새끼 새들은 공중으로 몸을 던집니다. 또 다른 삶과 죽음의 순간입니다. 바람이 새에게 유리하게 불어야 하고, 한 번도 해보지 않은 날갯짓을 해야 합니다.

새끼 새들이 바람에 올라타면, 이 기적 같은 이야기의 가장 결정적인 부분이 시작됩니다. 한번 날아오른 굴드스페트럴은 이후 5~6년 동안 다시는 육지로 돌아오지 않습니다. 바다 표면 위로 낮게 날면서 수면 바로 아래에 있는 물고기를 잡아먹고, 뇌의 한쪽이 자는 동안 다른 한쪽이 활동을 하는 방식으로 하룻밤에 고작 40분 남짓 수면을 취합니다. 그들은 그렇게 태즈먼해를 여행한 후에 자신들이 태어난 섬의 바로 그 지점, 어떻게 보면 종이 위에 찍힌 마침표보다 더 작은 그곳을 정확히 찾아 돌아옵니다. 그리고 그곳에서 짝짓기를 하고 생애 주기를 다시 시작합니다.

이 한 종류의 조류에 몇 가지 수수께끼가 숨겨져 있습니다.

동식물 연구가들이 굴드스페트럴을 관찰해서 그 행동을 설명할 수 있겠지만, 그들 생애의 모든 단계를 명확하게 설명하지는 못합니다. 오늘날 과학이 할 수 있는 최선의 대답은 본능이나 유전자가 이 새끼 새들을 인도한다고 말하는 것입니다. 그러나 이 점을 한 번 생각해보세요. DNA의 기능은 단 하나, 세포를 구성하는 주요 단백질과 효소를 생산하는 것입니다. 그것들은 세포의 청사진을 알지 못합니다. 어떻게 DNA가 처음 비행을 하는 새에게 수면 바로 아래에 있는 작은 오징어와 물고기를 발견할 때까지 아래를 내려다보고, 수면을 훑어서 먹이를 잡으라고 시킬 수 있을까요? 이것은 최적의 순간을 포착해야 하는 복잡한 기술일 뿐만 아니라 새들이 한 번도 경험한 적 없는 것입니다.

본능도 이보다 더 잘할 수는 없는데, 처음 비행을 하는 각 단계에서 새끼 새들이 어떻게 적당한 시간을 찾는지에 대한 근거가 본능에 있어야 하기 때문입니다. 이와 관련된 유일한 신호는 굶주림입니다. 굶주림을 느낀 새끼 새들은 바위 틈에서 나와 캐비지트리를 오르기 시작합니다. 그러면 어떻게 캐비지트리를 오르는 행동을 하게 되는 것일까요? 새끼 새들에게는 날카로운 발톱 외에 어떤 도구도 없습니다. 본능은 기본적으로 우리의 무지를 얼버무리는 방법에 불과합니다. 동물의 세계는 어떤 식으로든 내재된 복잡한 행위를 감추고 있고, 그것은 완전한 수수께끼로 남게 됩니다.

새끼 새들이 하는 모든 행동들은 의식적인 특성을 보여줌니다. 그들의 행동은 모두 의도적인 것이며, 그들은 자신이 무엇을 해야 하는지를 알고 있습니다. 그들은 정해진 시간에 맞추어 행동을 하며, 기본적으로 모든 지식을 소유하고 있어서 따로 가르칠 필요가 없습니다. 이 모든 것들이 잘 조정되지 않는다면, 비행을 향한 모든 단계가 조금도 이루어지지 못할 겁니다. 실제로 치명적인 위험을 피하기 위해 모든 단계의 행동이 연쇄적으로 이어져야 합니다. 심지어는 굴드스페트럴의 새끼들은 부모 새 무게의 3분의 1보다 더 무게가 나갈 때까지 먹이를 먹는데, 이것은 부모 새들이 돌아오지 못할 경우 2주 동안은 체지방으로 생존해야 하기 때문입니다. 그런데 부인할 수 없는 사실은 이 새들이 처음으로 비행을 해서 다시 섬으로 돌아오기까지의 모든 과정을 개별적으로 알지는 못한다는 것입니다. 하지만 동시에 생존에 필요한 모든 것을 알고 있습니다.

굴드스페트럴의 복잡한 행동은 본능과 유전자 이상의 것, 다시 말해 의식 안에서만 설명될 수 있습니다. 의식은 지적이고, 질서정연하고, 창조적인 방법으로 자신을 표현합니다. 그 결과 존재는 스스로를 돌볼 수 있고, 더 나아가 우리를 돌볼 수 있습니다.

인간의 조건, 즉 우리가 누구인지에 대한 복잡하고도 상반되는 특징들은 수세기 동안 안타까움을 자아냈지만, 이에 대한 해결책을 제시하는 반대되는 의견이 존재합니다. 이 의견에 따르면 완전한 의식이란 모든 자연에 스며들어 있는 것처럼 완벽하게, 하지만 조금 다르게 인간의 삶으로 스며들어 있는 현실입니다. 우리는 그것을 통제할 수 있습니다. 완전한 의식은 우리 외부에서 보이지 않는 끈을 이용해 우리의 행동을 조정하는 인형술사와 같은 것이 아닙니다. 호모 사피엔스는 자유의지 덕분에 오래전에 이 끈을 끊어냈습니다. 우리는 각자의 욕망에 따라 자신의 잠재력을 펼치고 있습니다. 우리에겐 다른 생명체는 가질 수 없는 열망이 있습니다.

　아무도 우리를 자연의 질서 밖으로 쫓아내지 않습니다. 우리는 자진해서 도망쳤습니다. 우리는 스스로 결정을 내리는 존재이며, 문명은 열망하기 위한 자유와 함께 흥망성쇠를 거듭합니다. 그러나 궁극적인 열망은 제국의 몰락에도 불구하고 살아남았습니다. 그것은 완전한 의식을 경험하려는 열망이고, 의식과 함께 오는 변화를 경험하려는 열망입니다. 우주와 가장 작은 생명체를 지배하는 의식에 실질적으로 접근하는 것이 가능할까요? 대답은 '그렇다'이지만, 이 긍정적인 대답이 실제로 무엇을 의미하는지를 알아내려면 이 책에서 일정 부분을 할애해야 할 것입니다.

내면의 앎을 의식하는 방법

두 살 난 아이의 마음은 활발하고 호기심이 많으며, 자기 주변에서 일어나고 있는 모든 것을 알고 싶어 합니다. 이런 호기심으로부터 우리는 다양한 분야에서 많은 것들을 알아가며 성장합니다. 이러한 것들은 프랑스어 말하기나 롤러스케이트 타는 법 등 개인적인 지식으로 통합됩니다. 그러나 '지식knowledge'은 '아는 것knowingness'과 같지 않습니다. '지식'보다는 '아는 것'이 우선합니다. 모든 사람들의 내면은 앎의 상태에 있습니다. 그것은 선천적인 것입니다. '아는 것' 없이 우리는 의식적일 수 없습니다. 명상을 통해 우리는 내면의 앎을 더 깊이 있게 만들지만, 우선 앎이라는 것이 무엇인지를 인식할 필요가 있습니다.

여기 내면의 앎을 의식하는 몇 가지 방법이 있습니다.

○ 다음의 문장을 소리 내어 말해보세요.

배를 타고 배를 먹으니 배가 부르네.

이 문장을 읽으면 발음은 같지만 뜻이 다른 세 개의 단어를 귀를 통해 알게 됩니다. 그 단어들을 따로따로 구분할 필요는 없습니다. 그 대신 당신은 즉시 작동하는 고요한 내면의 앎을 소유하고 있습니다.

○ 한 여자가 진료를 받지 못한 채 2시간 동안 병원 응급실에서 대기하고 있었습니다. 그녀는 참다못해 간호사실에 가서 "2시간째 기다리기만 했어요. 도대체 여기 의사가 몇 명이나 있는 거죠?"라고 물었습니다. 응급실 담당 간호사가 고개를 들어 "반 명이요"라고 말했습니다.
이 대답이 왜 웃길까요? 왜냐하면 우리는 농담을 들으면 그것이 농담이라는 걸 알기 때문입니다. 정신은 굳이 일을 할 필요가 없습니다. 모든 내면의 앎이 그렇듯이 우리는 즉시 유머를 이해할 수 있습니다.

○ 방을 둘러보고 방 안에 있는 것들을 살펴보세요. 가구, 바닥에 놓인 카페트, 벽에 걸린 그림, 혹은 다른 사람이 있을 수도 있습니다. 당신은 그 모든 것이 무엇인지 알고 있습니다. 내면의 앎의 기본적인 자질입니다. 하지만 이제 다른 방식으로 방을 경험해봅시다. 다시 방을 둘러보고 오직 색깔에만 주목합니다. 그 색깔들이 있다는

것을 어떻게 알았나요? 이것은 더 깊은 내면의 앎입니다. 앎은 200만 가지의 색조를 구별할 수 있을 정도로 인간의 의식 안에 내장되어 있습니다. 색깔의 존재 그 자체는 말로 표현할 수 없는, 말로 표현할 필요도 없는 내면의 앎에서 나옵니다. 당신은 색깔을 읽거나 배우지 않고도 선천적으로 그 색을 알고 있습니다.

　　망막으로 물리적으로 광자가 쏟아지고, 시각의 역학을 진행합니다. 코드화된 화학 정보는 눈에서 뇌로 이어지는 시신경을 통해 흐르기 시작합니다. 광자도 신경 신호도 색이 없기 때문에, 이 데이터에는 아무 색깔이 없습니다.
　　색깔은 의식 속에서만 인지됩니다. 이것이 바로 앎의 자질이 존재 안에 내재하는 방법입니다. 색깔뿐 아니라 모든 오감에도 적용되는 앎이 없다면 우리는 여기에 있을 수 없습니다.

chapter 2

균형 있는 삶

명상을 통해 우리는 더 높은 의식에 접근할 수 있습니다. 더 높은 의식은 '순수 의식', '우주적 의식', '깨달음' 등 다양한 이름으로 불립니다. (이런 이름에는 허위적인 면이 있는데, 그 때문에 의식이 가지고 있는 마법은 사라져버립니다. 하지만 의식에는 너무 많은 마법적인 요소가 있고, 우리는 이것을 절대로 놓쳐서는 안 됩니다.)

명상은 수천 년 전부터 신비로운 명성을 얻었습니다. 명상이 신비로워 보이는 이유는 일상의 마음에서 더 높은 의식으로 가는 문이 닫혀 있기 때문입니다. 이 책에서 나는 좀 더 급진적인 시각에서 명상을 생각해보려고 합니다. 명상은 상상 속의 비현실적인 세계가 아닌 매우 자연스러운 상태입니다. 사실 우리 모두는 태어나면서부터 명상을 해왔습니다. 우리 모두 한 번쯤 명상 분야의 스승들이 도달하는 상태를 경험했습니다. 그것은 분명한 사실입니다. 만약 명상이 이미 마음이 하고 있는 것을 반영하지 못한다면, 명상을 가르친다는 것 자체가 불가능하기 때문입니다. 우리가 고등 수학에 신비감을 느끼지 못하는 이유는 모든 사람들이 숫자를 사용하며 살기 때문입니다. 예술적인 요리를 비현실적이라고 느끼지 않는 이유는 모든 사람들이 달걀 정도는 삶을 수 있기 때문입니다. 수학과 요리가 예술의 경지까지 올라갈 수 있다고 해서 그 본질이 바뀌지는 않습니다.

본질을 파악할 수 있다면, 모든 것은 그저 조금 더 복잡할 뿐입니다. 의식도 마찬가지입니다. 우리는 모두 '명상'이라고 부르는 상태를 경험한 적이 있습니다. 명상 모드는 자신의 내면을 들여다보는 정신 상태로, 수세기를 거치며 '마음챙김', '자아탐구', '성찰', '사색', '집중력', '기도', '고요한 마음', '호흡 통제', '행복'과 같은 이름으로 불렸습니다.

고등 수학이나 고급 요리가 예술인 것처럼, 높은 수준의 명상도 예술에 속합니다. 본질적으로 명상의 상태는 모든 사람들의 내면에 존재합니다. 우리는 마음의 균형을 유지해야 할 필요성 때문에 명상 모드로 들어갑니다. 모든 명상은 이런 필요성에서 비롯되기 때문에 우리는 그것을 이해하려고 노력해야 합니다. 더 깊이 이해할수록, 명상은 더 유효할 것입니다.

마음의 균형 찾기

균형이란 말은 과도하게 남용되면서 고갈된 단어들 중 하나입니다. 운동과 식이요법은 물론이고 비타민과 아침식사용 시리얼, 헤어 케어 제품과 신발에 이르기까지, 모든 종류의 상품에서 '균형'이란 말은 판매 포인트로 이용됩니다. 그러나 생리학자에게 '균형'은 삶 그 자체를 위해 필요한 것입니다.

집 앞에 쌓인 눈을 치우거나 공원 주변에서 조깅을 하면 잠시 몸의 균형이 깨지면서 심박수와 혈압이 올라가는데, 그 순간 행동을 멈추면 심박수와 혈압, 근육 내 산소 사용량, 소화 및 면역체계가 몸이 정지했을 때의 균형상태, 다시 말해 항상성의 상태로 자동적으로 돌아갑니다. 모든 신체 기능은 기본 상태로 돌아가는 법을 알고 있습니다. 신체 기능을 다시 가다듬고 균형을 맞추는 능력이 우리에게 내재되어 있기 때문입니다.

빌 브라이슨이 2019년에 출간한 책《몸The Body》은 매우 재미있고 유익한 내용을 담고 있는데, 이 책에서 그는 우리 몸의 항상성이 얼마나 신비로운지에 대해 설명하고 있습니다. 사실 이 책은 의학의 발달에도 불구하고, 인간의 몸에 대한 거의 모든 것이 여전히 수수께끼로 남아 있다는 사실을 전제로 하고 있습니다. 예를 들어, 왜 딸꾹질을 하는지, 왜 잠을 자는지 아무도 알지 못합니다. 혹은 왜 인간은 비타민C를 자체적으로 만들어내지 못하는지, 왜 그렇게 많은 알레르기에 시달리는지, 왜 인간만이 먹는 도중에 질식사할 위험이 있는 유일한 포유류가 되었는지 우리는 여전히 알지 못합니다. 인간의 독특함에는 어딘지 모르게 이상한 점이 있습니다.

인간은 고산지대부터 열대지방에 이르기까지 모든 종류의 기후대에서 살고 있지만, 인간이 생존할 수 있는 체온의 범위는 매우 제한적입니다. 체온이 2도만 올라가도 열이 나기 시작합니다. 반대로 체온이 35도만 되어도 저체온증이 나타나기 시작합니다.

빌 브라이슨은 《몸》에서 어떤 사람을 통제된 조건에서 러닝머신으로 마라톤 거리만큼 뛰게 한 실험에 대해 설명하는데, 이 실험에 따르면 우리의 몸은 대략 36.5도의 중심 온도에서 평형을 유지하려고 합니다. 실험과정에서 러닝머신이 있는 실내의 온도를 영하로 떨어뜨린 다음 천천히 아주 뜨거워질 때까지 온도를 높였습니다. 그러나 어떤 경우에도 방 안에 있는 사람의 체온은 1도 이상 차이가 나지 않았습니다. 우리 몸은 체온을 낮추기 위해 땀을 흘리기도 하고, 체온을 올리기 위해 몸이 떨리기도 합니다. 이런 상태가 일상적인 것이라고 해서 우리 신체가 균형 상태를 유지하는 것이 놀랍지 않은 건 아닙니다.

이와 비슷한 일이 마음속에서도 일어납니다. 다만 우리 눈에 보이지 않을 뿐입니다. 우리는 마음의 평형을 위한 안식처를 가지고 있습니다. 또한 마음은 균형을 잃었을 때 어떻게 해야 원래의 상태로 돌아갈 수 있는지 알고 있습니다. 그럴 때 우리는 명상 모드로 들어갑니다. 이 사실은 얼핏 보기에는 명상과 관련이 없어 보이는 다양한 방법으로 입증되었습니다. 대표적인 사례가 감정입니다. 신체와 마찬가지로 누구나 자기 기분의 기본 상태,

다시 말해 기쁜 일이든 슬픈 일이든 어떤 감정적 사건이 끝난 후 다시 돌아가게 되는 만족스러운 상태가 있습니다. 감정적인 기본 상태는 개인마다 매우 다를 수 있습니다. 그래서 우리는 자연스럽게 행복해 보이거나 우울해 보이는 사람들에 주목하게 됩니다. 이런 격차를 과학적으로 설명할 수는 없습니다. 개인이 겪은 가장 파괴적인 사건들은 장애물이 아닙니다. 6개월 정도 지나면 어떤 사건에 대한 기억은 남겠지만, 그때의 느낌이나 감정이 생활에 지장을 줄 정도는 아닙니다.

슬픈 사랑 노래의 가사를 보면 사랑하는 사람과 이별한 후 영원히 가슴이 아플 거라고 말하지만 그건 과장입니다. 많은 가수들이 사랑 때문에 혹은 외로움으로 미치겠다고 노래하지만 대부분의 사람들에게 '미칠 것 같은 마음'은 6개월만 지나면 사라집니다.

만약 감정이 기본 상태로 돌아간다면, 마음과 무작위적이고 때로는 야생적인 우리의 모든 생각들은 어떻게 될까요? 마음이 스스로 다시 균형을 잡는다는 것은 새로운 생각입니다. 때때로 우리는 머릿속을 빙빙 맴도는 활동에 몰두하곤 합니다. 우리는 생각을 멈추는 일이 거의 없는데, 생각의 배경 역할을 하는 것이 바로 인식입니다. 배경 역할이라는 것이 수동적이라는 의미는 아닙니다. 항상성이 몸을 균형 상태로 되돌리는 것처럼, 인식은 우리를 평형 상태로 끌어당깁니다. 의식은 그 자체로 전체이기 때문에, 신체와 정신의 균형을 구별하는 것은 인위적인 것일 뿐입니다. 격렬한 논쟁이나 갑작스러운 공포, 걱정에 싸였다가 진정하고 있을 때, 우리의 세포들도 감정적 상태가 만들어낸 불균형에서 진정되고 있습니다.

이 모든 논의는 마음이 이미 균형을 조절하는 메커니즘을 갖고 있지 않다면 명상은 효과가 없을 거라는 점을 강조하고 있습니다. 배경 속에 숨겨져 있던 의식은 명상을 통해 비로소 우리의 시야에 들어옵니다. 이것은 고대 동양의 신비주의자들이 명상을 발견한 방식과는 같지 않습니다. 마치 오랫동안 따뜻하게 마사지를 받으며 항상성을 통해 몸이 편안한 상태로 돌아오는 것처럼, 마음이 이미 자연스럽게 하고 있는 방식을 심화하고 확장할 뿐입니다.

마음의 균형을 조절하는 행위는 그 자체로 놀라울 정도로 효과적입니다. 방 안의 밝은 불빛이나 컴퓨터 화면의 빛을 30초 동안 쳐다보다가 눈을 감습니다. 그러면 처음에는 망막에 잔광이 남아 있습니다. 하지만 시간이 갈수록 점차 희미해집니다. 잔광이 완전히 사라지기까지 몇 분 이상이 걸리기도 합니다. 반면에 마음에는 생각의 잔상을 남길 여유가 없습니다. 생각의 잔상은 다음 생각을 모호하게 만듭니다. 일주일 또는 하루 동안 머릿속을 스쳐가는 수천 가지의 생각을 떠올려봅시다. 그리고 깜박이는 정신 상태 속에서 어떻게 그 생각들을 모두 담아내고 있는지를 생각해봅시다. 이 모든 과정은 말 그대로 빛의 속도로, 우리 뇌의 전기신호의 속도로 이루어지고 있습니다.

제로 포인트로 돌아가기

어떤 생각이 떠오르는 순간 우리의 마음은 리셋 버튼을 누릅니다. 이것은 의식이 제로 포인트로 돌아가는 과정과 같습니다. 마치 마음이 기존의 생각을 지워서 새로운 생각이 들어올 자리를 마련하는 것과 같습니다. 그러나 컴퓨터의 'delete' 키와는 달리, 마음의 제로 포인트는 생생하고, 역동적이며, 다음에 올 어떤 것에 대해서도 준비가 되어 있습니다. 이상적으로 보면, 제로 포인트에서 정신은 활기차고 기민해집니다. 생기 넘치고, 초롱초롱하고, 낙관적이며, 다음의 경험에 대해 준비가 되어 있을 때, 이런 이상적인 상태를 경험하게 됩니다.

　　그러나 마음의 제로 포인트가 진정한 휴식이 아닐 때가 있습니다. 그런 경우에 마음은 피곤하고, 지루하고, 일상적인 생각에 잠기고, 변화에 저항하는 상태로 돌아옵니다. 우리는 매일매일의 삶에서 제로 포인트가 제공하는 최고점과 최저점의 중간 어디쯤에 있는 자신을 발견합니다. 정신적으로 지치고 피곤하다고 느끼지는 않지만, 그렇다고 개방적이고, 호기심이 많고, 생동감에 넘치지도 않습니다. 다음은 마음의 제로 포인트가 이상적인 것에 못 미칠 때 어떤 느낌인지를 알 수 있는 방법입니다.

O 귀에 거슬리고 정신을 산만하게 하는 소음이 들리는 환경을 만들어봅니다. 예를 들어 싫어하는 음악 소리를 키우거나 텔레비전을 켜고 한 채널에 고정시켜놓는 겁니다. 그런 다음 눈을 감고 앉아서 마음을 깨끗하게 합니다. 그런 상태에서는 내면을 고요히 유지하는 게 힘듭니다. 제로 포인트에는 도달하지 못할 뿐만 아니라 혹시 도달했다고 하더라도 여전히 짜증이 납니다.

O 이제 편안하게 느낄 수 있는 조용하고 부드러운 분위기를 찾아봅니다. 눈을 감고 심호흡을 몇 번 하고, 마음을 가라앉힙니다. 그러면 제로 포인트에 쉽게 도달할 수 있습니다. 여러 생각들이 떠오를 수도 있지만, 짜증이나 산만함에 가려지지 않습니다.

O 다양한 상황들, 예를 들어 우체국에서 줄을 서서 자신의 차례를 기다리고 있거나, 진료실 앞에서 자신의 차례를 기다리거나, 지루하기 짝이 없는 사람의 말을 듣고 있거나, 직장에서 끝없이 늘어지는 회의에 참석하고 있을 때, 이런 상황에서 어떻게 제로 포인트가 느껴지는지를 실험해봅시다.

제로 포인트는 쉽게 무너질 수 있습니다. 그 이유는 마음이 본질적으로 민감하기 때문입니다. 우리의 마음은 모든 상황에서 수많은 정보에 주의를 기울이며 그것들은 수집하도록 훈련되어 있습니다. 이 민감성은 엄청난 자산이지만, 동시에 많은 정보가 쌓이거나 반갑지 않은 정보를 접하면, 활기차고 명료한 제로 포인트로 마음을 되돌리는 것이 더 어려워집니다. 마음은 상쾌한 생각과 열린 자세, 낙관적인 기분을 유지하기 위해 1분에도 여러 번 스스로를 재설정하고 싶어 합니다. 자연은 그렇게 디자인되어 있지만, 현대의 생활은 언제나 자연을 거스르고 있습니다.

많은 사람들이 끊임없는 자극을 원하면서 붐비고, 시끄러운 식당에서 식사를 하는 걸 고집스럽게 선호합니다. 그만큼 고요한 마음에 다가가는 건 더 어려워졌습니다. 수많은 즐길 거리와 다양성의 지배를 받는 사회에서 고요한 마음은 정말 드문 경험이 되었습니다.

마음은 끊임없이 주어지는 자극에 저항하는데, 이는 마치 레코드 플레이어의 바늘이 레코드판을 긁으면서 레코드판을 돌아가게 하는 것처럼 우리를 지치게 합니다. 주변에 너무 많은 일들이 발생할 때 머리가 멍해지는 이유가 바로 이것입니다. 내면의 고통 또는 외부의 스트레스 요인이 있는 경우를 제외하고, 생각은 우리가 어떤 행동도 취하지 않는 상태에서 제로 포인트로 돌아갈 것입니다.

명상으로 들어가는 방법

명상은 제로 포인트에서 일상적인 생각을 초월한 영역으로 발돋움하기 위한 과정입니다. 그래서 고요한 마음은 그 자체가 목표가 아닌, 일종의 발사대인 셈입니다. 고요한 마음 속에 있을 때 의식이 성장하기 때문입니다.

주요한 명상 기법은 제로 포인트로 돌아가면서 우리의 마음이 겪는 다양한 자연스러운 과정에 해당합니다. 명상을 통해 일시적으로 우리를 평형상태에서 벗어나게 했던 불균형에서 회복됩니다. 완전한 명상은 한 번에 하나씩이 아니라 모든 불균형 상태를 한꺼번에 해결하기 위해 마음의 자연스러운 과정을 이용합니다. 이것은 마음의 자연스러운 명상 모드가 실제로 얼마나 완벽한지, 얼마나 자주 명상 모드로 들어가는지를 인식하는 데 도움이 됩니다.

마음챙김

산만한 마음의 상태에 회복하는 방법입니다. 마음챙김을 통해 우리는 현재의 순간, 즉 우리 몸의 모든 세포가 이미 살고 있는 곳으로 돌아올 수 있습니다. 그곳은 또한 우리의 마음이 살고 싶어 하는 곳이기도 합니다.

【사례】

- 운전 중에 휴대전화의 벨이 울립니다. 당신이 마음챙김의 상태에 있으면, '여기'와 '지금'에 집중하며 휴대전화를 받지 않습니다.
- 잠재적인 의학적 문제를 걱정하며 병원에서 진찰을 받고 있습니다. 의사와 건강 상태에 대해 이야기를 하면서도 마음은 여전히 걱정에 사로잡혀 있습니다. 만약 당신이 마음챙김의 상태에 있다면, 의사가 하는 말에 집중하며 그와 관련된 질문을 합니다.
- 데이트를 하고 있는데, 상대방의 모습이 당신이 생각하던 이상향과는 거리가 있습니다. 동시에 상대방의 눈에 당신이 어떻게 보일지도 궁금합니다. 만약 당신이 마음챙김의 상태에 있다면, 당신은 이런 산만함을 쫓아버리고, 다른 사람을 생각하지 않은 채 자연스럽게 그 상황을 경험하게 됩니다.

자아탐구

마음이 습관으로부터 회복되는 방법입니다. 이 과정에서 자신에게 '내가 왜 이걸 하고 있지?'라고 물으면서, 습관, 판에 박힌 일상, 강박적인 행동, 자동적인 반응, 정체된 믿음이 지배하는 상황에 의식적으로 주의를 기울입니다. 자신이 습관적으로 같은 행동을 반복하고 있음을 알아차리고 그것에 대해 자신에게 질문을 던질 때, 자아탐구가 시작됩니다.

【사례】

- 가족들에게 집안일을 도와달라고 계속 부탁을 하는데도 매번 "미안해, 깜박 잊어버렸어"라는 구차한 변명만 듣게 됩니다. 자아탐구하면서 우리는 왜 스스로를 아이와 대화하는 어른의 위치에 놓았는지를 묻게 됩니다.

- 배가 부르거나 다이어트 중일 때도 식당에서 디저트를 주문하고 싶은 유혹에 쉽게 시달립니다. 자아탐구를 하면 디저트를 주문하는 걸 멈추고 일단 디저트를 먹는 것이 자신에게 정말 좋은지 질문을 합니다. 자신에게 좋지 않다는 걸 알게 되었는데, 우리는 왜 이런 행동을 반복하고 있을까요?

- 항상 일에 대해 불평을 하고, 일이 제대로 되어가는 기간이 길지 않습니다. 자아탐구를 하면 자신을 불행하게 만드는 직장에 왜 남아있는지, 스스로 더 나은 대우를 받을 자격이 있는지 자문해 봅니다.

성찰

무심함으로부터 회복하는 방법입니다. 자신의 행동을 살펴보고, 자신이 자포자기하거나 문제가 되는 행동을 하는 건 아닌지 생각하는 것, 그리고 실제 상황이 어떤지를 파악하는 것입니다. 마음이 자신에 대해 성찰할 때 자연히 사려깊어집니다.

【사례】

• 직장에 당신을 화나게 하는 사람이 있습니다. 당신은 그 사람이 진저리가 나도록 싫지만, 다른 동료들은 그 사람과 문제 없이 잘 지내는 것 같습니다. 그 사람 때문에 겪는 스트레스에 집중하는 자신이 직장 동료들에게 스트레스를 주고 있는 건 아닌지 성찰해 봅니다.

• 당신은 자신이 자녀들을 자상하게 살피는 부모라고 생각합니다. 최근에 십대 딸이 당신과 거리를 두며 자신이 하는 일을 비밀로 하려고 합니다. 당신이 아이 주변을 너무 맴돌고 있는 것은 아닌지, 딸이 부모와 바람직한 거리를 두려는 평범한 십대는 아닌지 성찰해봅니다.

• 당신의 배우자가 당신에 대한 성적인 욕망을 잃었습니다. 친구들은 배우자가 바람을 피우고 있다고 하지만, 당신은 자신이 예전만큼 매력적이지 않다는 생각에 걱정을 합니다. 곰곰이 상황을 성찰하면서 이런 가정들을 떨쳐버리고, 당신과 배우자가 모두 만족하도록 먼저 생활을 바꾸겠다고 결심합니다. 만약 효과가 없다면, 다음에 무엇을 해야 할지 심사숙고합니다.

사색

마음을 혼란으로부터 회복되는 방법입니다. 각각의 장단점을 가진 여러 가지 선택에 직면했을 때, 모든 것이 아주 명확해질 때까지 상황을 곰곰이 생각하면서 정리하는 것입니다.

【사례】

- 당신은 교회에 불규칙하게 가거나 아예 가지 않습니다. 그런데 기독교 근본주의자인 며느리가 당신의 신앙에 대해 계속 압력을 가하고 있습니다. 당신은 집안이 평화롭기를 원하지만 종교적인 믿음은 거의 없습니다. 이런 경우 문제를 일으키지 않고 당신의 신념을 전달할 수 있는 방법을 고민합니다.

- 새로운 상사가 부임한 이후 업무에 대한 압박감, 마감 시간 그리고 그 상사의 행동 때문에 일이 훨씬 더 힘들어졌습니다. 그 직장에 계속 남아서 상황을 바꾸어야 할까요, 아니면 직장을 그만두어야 할까요? 두 선택지 가운데 고민하고 저울질해봅니다.

- 총기 폭력 문제에 대해 깊이 공감하고 있습니다. 모든 사람들이 총기 로비가 너무 강력해서 온당한 총기 규제가 통과되기 힘들다고 말합니다. 그러나 당신은 자신의 양심에 따라 새로운 법을 밀어붙이는 것의 가치에 대해, 또는 그런 노력이 좋지 않은 결말로 끝날 때 당신에게 불리할지 아닌지에 대해 곰곰이 생각해봅니다.

집중력

마음이 무의미함에서 회복되는 방법입니다. 무의미함이란 경솔한 일을 하고, 경솔한 의견을 내고, 다른 사람에게 무관심하거나 다른 이들을 독단적으로 대하는 것입니다. 이런 행동들은 대부분의 것들이 무의미하다는 근본적인 믿음에서 비롯된 것입니다.

하지만 여전히 신경이 쓰이는 건 어쩔 수 없습니다. 집중을 한다는 것은 마음이 이해할 수 있을 만큼 충분히 무언가에 몰두하는 것을 의미합니다. 이것은 삶에서 의미를 찾으려는 마음의 자연스러운 충동을 충족시킵니다.

【사례】

- 오랫동안 우정을 나누던 친구와의 관계가 진부하고 일상적으로 느껴집니다. 그 친구가 지루하게 느껴집니다. 그냥 흘러가는 대로 내버려두는 대신, 그 관계를 되살리기 위해 자신이 할 수 있는 것에 집중합니다.
- 누구도 이의를 제기할 수 없을 만큼 완벽하게 업무를 처리했습니다. 그래서 더 이상 자신의 업무에서 성취감을 느낄 수 없게 될 위험이 있습니다. 새로운 업무로 전환하는 힘든 결정을 내리기 전에 현재의 일을 더 의미 있고 도전적으로 만들 수 있는 방법에 집중합니다.
- 아침에 일어나면 앞에 놓인 하루에 대해 아무런 열망을 가질 수 없습니다. 재미가 없습니다. 자신의 나이와 배우자, 직장, 전반적인 생활을 탓하기보다는 자신의 삶에 무엇이 부족한지, 어떻게 자신의 노력을 통해 그 부족함을 메울 수 있을지 스스로에게 질문을 하며 내면의 변화에 집중합니다.

기도

무기력에서 회복되는 방법입니다. 더 높고 큰 힘에 연결될 때, 우리는 그런 힘과의 연결이 필요함을 인정하게 됩니다. 때때로 우리는 고립되고, 외롭고, 초라하고, 길을 잃었다는 느낌을 받습니다. 이런 감정들은 무력함의 특성입니다. 인간은 지난 수세기 동안 하느님과 신들의 힘을 빌어 더 높고 큰 힘을 얻으려 했습니다. 하지만 마음은 자연적으로 이런 무기력한 감정을 없애고 싶어 합니다.

【사례】

- 개인적으로 상실감을 겪어서 우울하고 외롭다고 느낍니다. 이런 고통을 덜기 위해 기도하면서 은혜를 통해 또는 사랑하는 하느님을 통해 해결하기를 바랍니다.
- 세상 어딘가에서 많은 사람들에게 불행을 가져다주는 자연재해가 발생한 것을 목격했습니다. 자선단체에 기부하는 것만으로는 충분하다고 느껴지지 않아서 도움을 주기 위한 더 나은 방법을 찾기를 기도합니다.
- 가족 중에 마약에 중독된 사람이 있습니다. 그를 돕기 위해 모든 노력을 기울였으나 헛수고였습니다. 재활을 하는 기간에 중독 증상이 항상 재발했습니다. 도움을 찾을 수 있기를 기도하고 어떻게 해서든 상황을 바꾸기 위해 더 큰 힘이 개입해줄 것을 요청합니다.

고요한 마음

과로에서 회복되는 방법입니다. 마음은 일상생활 속에서 받는 도전을 끊임없이 처리하고 있습니다. 그러나 정신활동이 부담이 되면 피로, 불안, 정신적 동요가 일어날 위험이 있습니다. 마음은 당연히 활동이 필요하지 않을 때는 조용히 있기를 원합니다. 평화와 고요함에는 존재에 대한 단순한 만족감과 대응이 필요한 다음 상황을 위한 새로운 욕구가 자리 잡고 있습니다.

【사례】

- 직장에서 당신은 무책임하다는 이유로 누군가를 비난합니다. 그 사람은 화가 났고, 당신 또한 화가 났습니다. 그 사람에게 사과하기 전에 먼저 조용한 장소를 찾아 마음을 쉬게 합니다.

- 가족들이 당신에게 무거운 짐을 지우는 데 익숙해 있고, 당신은 그런 일들을 처리하며 자신이 얼마나 유능한지를 자랑스럽게 생각합니다. 당신은 사랑으로 이 모든 일을 해냈습니다. 그러나 당신은 점점 지쳐가고 있고, 가족들에게 그 사실을 숨기고 있습니다. 다른 가족들과 함께 그 짐을 나누어 지는 방법을 논의하기 전에 내면에서 괴로움을 느끼지 않으며 토론할 준비가 될 때까지 긴장을 풀고 조용한 시간을 갖습니다.

- 직장에서 힘든 하루를 보낸 후에 칵테일이나 맥주를 마시는 습관이 있는데, 최근에는 마시는 양이 점점 늘고 있습니다. 정말로 술이 필요한지 결정을 내리기 전에 명상을 하거나, 적어도 15분

정도 휴식을 취하면서 좀 더 효과적으로 긴장을 풀 수 있다는 것을 알게 됩니다.

호흡 통제

스트레스에서 회복되는 방법입니다. 스트레스는 압박을 받고 있는 마음과 몸의 불균형 상태를 나타내는 포괄적인 용어입니다. 스트레스를 받으면 호흡이 빨라지고 불규칙해집니다. 심호흡을 몇 번 하거나, 한숨을 푹 쉬거나, 잠이 들어서 긴장이 풀린 상태에서 규칙적으로 호흡을 하는 자연스러운 상태가 되면, 마음과 몸은 균형을 되찾게 됩니다.

【사례】

- 모든 사례들은 같은 것으로 귀결됩니다. 스트레스를 받는다고 느낄 때는 어떻게 호흡을 하고 있는지를 확인합니다. 몇 분 동안 규칙적으로 깊게 호흡을 하면 머리가 맑아지고 몸의 긴장이 풀리는 이완반응이 일어나며 스트레스가 완화됩니다.

행복

마음을 고통에서 회복시키는 방법입니다. 마음은 자연히 고통보다는 편안함을 선호합니다. 어떤 고통들은 도움이 된다고 아무리 합리화해도 고통보다 편안함을 우선하는 마음에는 변함이 없습니다. 완벽한 행복의 상태를 우리는 '지복', '기쁨' 또는 '황홀감'이라고 합니다. 그것은 예측할 수도 없이 우리에게 다가오지만 우리 모두는 행복을 경험해봤고, 마음은 가능한 한 그 상태에 머물고 싶어 합니다. 행복은 자연스러운 상태입니다. 반면에 고통은 부자연스럽게 왜곡된 상태, 마음의 좋은 진동을 파괴하는 일종의 진동이 지속되는 상태입니다.

【사례】

- 지복하다는 것은 말을 넘어선 행복이기 때문에, 흔히 말로 표현하는 행복한 느낌과는 다릅니다. 둘 사이의 차이를 인식하려면, 이유는 알 수 없지만 갑작스럽게 기쁨을 느꼈을 때를 떠올려봅니다. 묘한 느낌이 들수록 행복에 더 가까워집니다.

- 황홀한 순간을 떠올리기가 쉽지 않다면, 경이로움과 같이 비슷한 감정들이 더 쉽게 생각날 수도 있습니다. 자연의 경이로움을 느낄 수 있는 풍광 앞에 있는 자신을 생각해봅니다. 행복은 그 느낌과 아주 가깝습니다.

- 행복은 눈물에 가까울 수도 있습니다. 갓 태어난 아기나 해맑게 놀고 있는 아이 또는 고통의 늪에서 빠져나온 누군가를 바라볼 때 어떤 기분이 들었는지를 떠올려봅니다. 이런 경험들이 우리를 압도하면서 그 순간의 감정에서 영감을 받는다면, 그것은 행복에 가깝다고 할 수 있습니다.

중심 찾기

마음은 이미 어떻게 명상을 해야 하는지 알고 있습니다. 우리는 그것을 깨닫고 이용하기만 하면 됩니다. 어떤 명상을 하든 그 과정은 언제나 중심을 잡는 것과 관계가 있습니다. 중심이 된다는 것은 어떤 요구나 기대도 없이 자신을 조용히 느끼면서 몸속에서 편하게 쉬는 것을 의미합니다. 이것은 완전한 명상을 하면서 일어날 수 있는 모든 것의 출발점입니다. 만약 자신이 중심이 되지 않는다면, 명상을 해도 어떤 변화도 일어나지 않을 것입니다. 산만함은 명상을 하는 데 골칫거리이며, 우리를 가장 중요한 것에서 멀어지게 합니다.

명상을 하지 않을 때에도 자연스럽게 자신이 중심이 된다는 걸 깨닫는 것이 도움이 됩니다. 진지하고 진실한 순간마다 자신이 중심이 된다는 것을 느낄 수 있습니다. 자신이 중심일 때만 자신의 진실을 말할 수 있습니다. 심장이 표현하는 감정 또한 중심이 되는 데서 옵니다. 다음은 언제든 자신이 중심이 될 수 있는 방법입니다.

○ 조용한 장소를 찾아 눈을 감습니다. 그리고 심장이 있는 가슴의 가운데 부분에 부드럽게 주의를 집중합니다. 편안하게 호흡을 하면서 아무것도 하지 않습니다. 그러면 자신이 중심이고 마음이 고요해지는 걸 느낄 수 있습니다.

○ 계속 아무것도 하지 않습니다. 주의력이 흩어지며 다시 헤매기 시작합니다. 이것을 깨닫고 자신의 중심에 주의를 기울입니다.

가능한 한 자주 이 연습을 반복합니다. 자신이 중심이 되는 느낌을 알아차리는 것이 이 명상의 목표입니다. 이 감각은 순수한 인식과 안정된 의식의 상태에 가까이 다가갔음을 의미합니다. 이 명상법을 활용하려면, 하루를 보내며 다음과 같은 느낌을 받는다면 잠시 휴식을 취합니다.

녹초가 되었다고 느낀다.
마음이 산만하다.
생각이 뒤죽박죽으로 정신없이 내달린다.
결정을 내리는 것에 의구심을 느낀다.
부담감을 느낀다.

시간, 돈, 건강에 대해 걱정한다.

짜증이 나고 조급해진다.

조바심이 난다.

지루함을 느낀다.

이런 반응은 매우 일반적인 것인데, 이런 감정을 느낄 때마다 그 감정과 싸워서는 안 됩니다. 그 대신 중심을 찾기 위해 눈을 감고 조용히 시간을 보냅니다. 더 이상 외부의 사건에 반응할 필요가 없는 곳에서 의식이 차분하고 안정된 원래의 상태로 되돌아오도록 합니다. 어떤 것도 강요해서는 안 됩니다. 만약 주의력이 흩어지면 천천히 부드럽게 가슴의 중심에 다시 집중하도록 합니다.

가장 완전한 의식의 상태

삶에서 어떤 것들은 임신을 하는 것처럼 '전부이거나 아무 것도 아닌' 문제지만, 대부분의 경우는 그렇지 않습니다. 우리는 '충분히 괜찮은' 정도의 적당한 수준에서 살아갈 수 있습니다. 하지만 오직 의식만은 '전부 혹은 전부'인 문제입니다. 이 구절 은 조금 더 설명이 필요할 것 같습니다.

어떤 것이 총체적이고 완전할 때, 그것은 나눌 수 없습니 다. 오직 온전한 전부가 있을 뿐입니다. 의식은 예외 없이 우리 의 삶에 속속들이 깃들어 있습니다. 우리는 자유의지를 가지고 있어서 의식을 멀리 밀쳐낼 수 있습니다. 좋은 것을 무시하고 대 신 나쁜 것을 선택할 때마다 우리는 의식을 밀어냅니다. 생각 없 이 반복하는 습관이나 규칙도 의식을 밀어냅니다. 삶을 기계적 으로 만드는 것은 무엇이든 의식을 밀어내지만 의식은 어떤 영 향도 받지 않은 채 그 상태 그대로 머뭅니다.

깨어 있는 삶은 완전한 의식 상태에 있는 가장 자연스러운 삶의 방식입니다. 그러나 사람들이 이 개념을 받아들이기는 매 우 어렵습니다. 예를 들어, 사람들은 규칙에 따라 사는 것을 좋 아합니다. 힌두교의 정통 브라만이나 정통 유대교도들은 매우 엄격한 규칙을 지키면서 살아가는데, 그들은 평범한 사람들은 지킬 수 없는 수많은 지시를 따르면서 우월감을 느끼곤 합니다.

완전한 명상은 깨어 있는 삶으로 가는 길을 열어주지만, 먼저 자신이 그런 삶을 원해야 합니다. 모든 상황에서 항상 깨어 있다는 것은 이상한 말처럼 들리고, 항상 좋은 것 같지도 않습니다. 만약 자신의 몸무게나 배우자의 단점을 항상 인식하고 있다면 어떨까요? 교과서 저자와 자신의 지식을 비교하며 자신의 지식이 얼마나 보잘것없는지 항상 의식하고 있다면 어떨까요? 하지만 깨어 있는 삶은 그런 것이 아닙니다. 의식은 이미 완전하기 때문에 완전한 의식이 삶을 위해 가장 좋은 방법이라는 사실은 아무리 강조해도 지나치지 않습니다.

언제나 그랬듯이 몸은 현실의 완벽한 기준이 됩니다. 몸은 항상성을 통해 스스로 균형을 잡는 것 이상의 일을 합니다. 말하자면 몸은 스스로를 치유하기도 하는데, 단지 몸이 아프거나 다쳤을 때만 그런 것이 아닙니다. 몸은 항상 자신을 치유하고 있습니다. 하루에도 수천 번씩 암세포를 포함하여 비정상적인 세포들이 파괴되고, 수명을 다한 세포는 자발적으로 죽습니다. 몸은 언제나 경계를 늦추지 않는데, 이것은 곧 우리의 몸이 지속적으로 의식을 하고 있음을 의미합니다.

다른 많은 과정들과 마찬가지로 치유 반응은 책 한 권에 다 담을 수 없을 정도로 복잡합니다. 우리의 목표를 이루기 위해서는 세포의 단계까지 우리 몸이 하는 모든 행동 뒤에 의식이 있음을 깨닫는 것이 중요합니다. 세포의 지능은 세포에게 무엇을 해야 하는지 말해줍니다. 세포의 원자와 분자는 의식 없이 마치 먼지처럼 무작위적으로 흔들릴 것입니다. 우리 몸의 면역체계에 대한 사례를 보면 이 사실을 분명하게 인식할 수 있습니다.

포식세포로 알려진 백혈구의 한 종류는 혈류 속을 흐르며 몸 안으로 침입한 미생물을 먹어치웁니다. 림프구라고 알려진 두 번째 백혈구는 과거의 침입자를 알아채고 기억합니다. 림프 구는 수천 년 전에 인류의 몸에 침입했던 미생물까지도 기억하고 있습니다.

우리의 몸이 지탱될 수 있는 것은 백혈구가 보이는 부분과 보이지 않는 부분에서 자신의 기능을 하고 있기 때문입니다. 림 프구의 일종인 킬러 T세포가 우리 몸에 해로운 박테리아나 바이 러스를 포위하고 집어삼키는 매혹적인 광경을 우리는 현미경을 통해 볼 수 있습니다. 반면 전체 면역체계를 유지하는 것은 림프 구의 눈에 보이지 않는 지능입니다. 우리의 면역체계의 거의 완 벽한 기억력에 의존하고 있습니다. 림프구가 홍역 바이러스를 인식하는 것은 우리가 다른 사람의 얼굴을 인식하는 것과 비슷 합니다. 림프구는 어린 시절에 홍역과 볼거리를 앓았다는 것을 기억하여 우리가 다시 그 병에 걸리지 않도록 보호합니다.

하지만 다음과 같은 두 가지 경우는 의학계를 당황하게 합 니다. 하나는 인체에 무해한 입자가 실수로 적으로 인식되면서 알레르기를 일으키는 것입니다. 또 다른 하나는 면역세포가 자 신의 세포를 공격해서 낭창狼瘡이나 류머티즘 관절염과 같은 자 가면역 장애가 생기는 것입니다.

알레르기와 자가면역 장애는 최근 수십 년간 선진국에서

급격히 증가했는데, 아무도 그 원인을 설명하지 못하고 있습니다. 그 이유는 우리가 볼 수 없는 세포들의 지능에 대한 최소한의 지식을 가지고 면역체계의 물리적인 측면만을 연구해왔기 때문입니다. 이것은 마치 아인슈타인이 칠판에 글을 쓰며 얼마나 많은 분필을 사용했는지 살펴봄으로써 아인슈타인의 이론을 이해하려고 하는 것과 같습니다. 아인슈타인이 분필로 쓴 글을 통해 그의 이론을 이해할 수는 있지만, 지능을 감추고 있는 백혈구에는 그것이 가능하지 않습니다. 백혈구의 지능은 세포가 기억할 수 있는 것을 관찰해야만 알 수 있습니다.

좀 더 깊이 파고들어 보면, 면역체계에서 발견되는 기억의 신비는 인간의 기억이 가지고 있는 신비와 같습니다. 우리의 기억은 정보를 통합하는 데 중요한 역할을 하는 해마를 포함해 뇌의 여러 영역에 퍼져 있습니다. 1950년대에 진행된 하나의 수술에 사람들의 관심이 집중된 적이 있었습니다. 간질을 앓고 있던 한 환자가 자신의 병이 치료되기를 바라며 해마를 제거하는 수술을 받았습니다. 수술 후 간질 증상이 조금 나아지기는 했지만, 그는 기억을 완전히 잃었고 수술 후부터 죽을 때까지 수십 년 동안 연구 대상이 되었습니다. 기억이 전부 사라진 상태에서 모든 경험은 새롭지만 공허했습니다. 예를 들어, 그 남자는 어떤 인간관계도 맺을 수 없었습니다. 의사가 1분이라도 병실을 비웠다 다시 병실로 들어올 때 의사는 매번 자신을 소개해야 했습니다.

기억의 위치를 아는 것은 뇌의 지도를 만드는 데 도움이 되었지만, 해마의 구조가 기억에 대해 우리에게 말해준 것은 마치 스마트폰이 어디 있는지 알지만 작동법을 모르는 것과 같습니다. 기억의 가시적이거나 물리적인 측면만을 봐서는 기억에 대해 알 수 있는 것은 거의 없습니다. 따라서 보이지 않는 측면으로 눈을 돌려야 합니다. 우리는 기억에 대해 많은 것을 알고 있지만, 그것은 모두 주관적일 뿐입니다.

우리가 일부러 기억을 떠올리는 경우도 있지만, 저절로 기억이 나는 경우도 있습니다. 너무나 생생한 기억은 그 당시에 느꼈던 감정까지 되살려냅니다. 때로는 그 감정이 강렬한 고통과 함께 되살아나기도 합니다. 또한 어떤 기억은 정확한 반면 어떤 기억은 결함이 있기도 합니다. 심지어는 마음조차도 과거에 대해 완전히 잘못된 기억을 만들거나, 여러 사건들을 합치기도 합니다. 우리는 단순히 기억을 통해 이런 지식을 얻게 되지만, 1과 0의 숫자로 저장된 컴퓨터의 기억과는 달리, 인간의 기억은 어떻게든 그 나름의 생애를 갖고 있습니다.

때로는 반대로 기억은 우리를 이용하기도 합니다. 이는 기억이 우리가 잊고 싶은 고통스러운 경험을 되새기도록 강요한다는 것을 의미입니다. 기억들은 우리가 과거에 경험했던 실패와 한계를 상기시킵니다. 또한 우리가 용서할 수 없는 오랜 원한과 범죄 행위를 계속 떠오르게 합니다. 가장 기본적인 단계에서 우리에겐 원치 않는 기억을 지우는 방법이 부족한데, 이런 까닭에 사람들은 고의적인 망각, 다시 말해 사실을 부정하는 것이 필요하다고 느끼게 됩니다.

사실 몸이 하는 거의 모든 일은 항상 현재에 존재하고, 지적이며 경계심이 강한 배경 의식에 의해 통제되고 있습니다. 개인적인 경험을 통해 우리는 어떤 현상은 과학을 당황하게 한다는 것을 알고 있습니다. 기억이 바로 그런 사례이고, 치유도 마찬가지입니다. 그러나 의대에서는 이것을 가르치지 않습니다. 예를 들어, 나의 전공 분야인 내분비학에서는 호르몬이 갑상선, 췌장, 부신과 같은 내분비선에서만 분비된다는 것을 1995년에야 믿기 시작했습니다. 그리고 나서 지방세포가 포만감을 조절하거나 충분히 식사를 하게 하는 렙틴이라는 호르몬을 분비한다는 것이 발견되었습니다. 또 다른 놀라운 사실은 내분비 호르몬이 몸 구석구석까지 분비된다는 점입니다. 예를 들어, 뼈 또한 특별한 호르몬을 분비할 뿐만 아니라 피부 또한 모든 종류의 호르몬의 주요 공급원이라는 것이 알려졌습니다.

각각의 호르몬이 하나 이상의 기능을 가지고 있고, 종종 그 기능들이 서로 아무런 연관성이 없다는 사실이 밝혀졌을 때 의학계는 엄청난 충격을 받았습니다. 예를 들어, 테스토스테론은 단순히 남성 호르몬이 아닙니다. 여성에게도 테스토스테론이 분비되어 성욕, 골 부피, 지방 분포, 근육의 크기와 힘, 적혈구 생산 등의 기능을 합니다. 간단히 말하면, 치유 반응과 마찬가지로 호르몬은 몸이 하고 있고, 해야 할 필요가 있는 모든 것에 대한 완전한 지식을 가지고 있어야 합니다.

명상을 제2의 본성으로 만드는 법

나는 의식은 어디에나 있으며 모든 것이라고 생각합니다. 그러나 의식의 가장 명백한 사례인 우리의 생각이 항상 의식적이지는 않습니다. 우리는 우리의 면역체계를 존재로 생각하지 않습니다. 면역체계에 대해 생각한다고 해서 상처가 치유되는 건 아닙니다. 사실 생각을 통해 의식을 이해하려고 하는 건 의식을 이해하는 가장 나쁜 방법입니다. 의식은 직접적으로 경험해야 이해할 수 있습니다. 이것이 어떤 경우에도 명상과 생각이 같을 수 없는 이유입니다.

생각이 잘못된 방향으로 흐르면 다시 균형을 찾으려는 마음의 자연스러운 계획을 방해할 수 있습니다. 조이 로트는 의료 자격증을 가지고 있는 의사는 아니었지만 수년간의 시행착오를 겪으면서 스스로 "불안을 치유하는 치료법"이라고 명명한 치료법을 발견했습니다. 그의 개인적인 체험담에 내가 말하려는 것이 담겨 있습니다.

> 저는 서른두 살이 될 때까지 불안 속에서 살았습니다. 불안증이 너무 심해서 저는 밤낮없이 언제나 패닉 상태에 빠져 지냈습니다. … 오랜 기간 동안 그랬습니다. 신경에 전기가 들어오고, 편하거나 괜찮다는 걸 전혀 느낄 수 없었고, 마치 몸 전체에 전류가 흐르는 것 같았습니다.

그가 느낀 만성적인 불안의 원인이 무엇인지에 대해서는
의견이 일치하지 않습니다. 위험에 직면해서 느끼게 되는 두려
움, 이런 자연스러운 반응은 더 이상 실제의 위협에 연결되지 않
고 자유롭게 떠다닙니다. 로트의 경우 증상이 복잡할 뿐만 아니
라 여러 증상이 겹쳐서 나타났습니다.

열한 살 때부터 저는 강박증세와 거식증으로 고생했습니다. 부끄
럽게도 저는 사람들의 눈을 피해 숨어서 지냈습니다. 굶어가며 운
동을 과도하게 하기도 하고, 하루에 손을 수십 번 씻었습니다. 원
하지 않는 생각과 이미지를 지워버리려고 부단히 노력했습니다.
사회활동을 하려고 애썼지만 언제나 안전한 집으로 달려가곤 했
습니다. 그러나 집조차도 안전하지 않았습니다. 밤이 되면 공포에
질린 채 깨어났고, 일어날 수 있는 모든 종류의 일들을 상상하곤
했습니다.

로트는 좌절 속에서 다양한 자가 치료제를 복용하기도 하
고 전문가의 도움을 구하기도 했지만 어떤 방법으로도 치유되지
않았습니다. 그가 궁극적으로 발견한 치료법은 불교 용어로 '아
무것도 하지 않음'이라고 불리는 것이었습니다. 그러나 핵심은
그런 전문용어가 아니라 경험이었습니다. 로트는 자신의 불안이
그 생각 안에 있다는 것을 깨달았습니다. 스스로 패배를 인정하
게 만들어서 불안을 끊임없이 공격하는 마음 안에 불안이 있다

는 것을 알게 되었습니다. 그리고 그는 다음과 같이 말했습니다.

> 치료는 원치 않는 증상을 없애는 것이 아니기 때문에, 우리의 직
> 관과 완전히 어긋납니다. 치료는 불안을 없애는 것이 아닙니다.
> 불안을 물리치거나 불안에서 벗어나는 것에 관한 것도 아닙니다.

치료는 불안감이 무엇인지를 직접 발견해서 맞이하는 것
입니다. 로트가 생각해낸 방법은 어떤 식으로든 불안에 저항하
는 것을 멈추는 것이었습니다. 불안감을 없애려는 모든 시도와
함께 불안에 저항하는 것이 곧 불안의 원인이라고 그는 주장했
습니다. 그리고 많은 정신 활동에 휘말리는 대신 모든 정신 활동
을 피하기로 했습니다.

> 불안감을 근본적으로 치료하려면 … 경험과 직접 만나야 합니다.
> 불안감을 없애려고 하지 말고, 불안감을 진정시키거나, 바꾸거나,
> 고치거나, 해결하려 하거나, 다른 어떤 것도 하지 않습니다. 어떻
> 게 경험과 직접 만날 수 있을까요? 간단합니다. 아무것도 하지 않
> 는 겁니다.

말을 하는 건 아무것도 하지 않는 데 방해가 될 수 있습니
다. 가벼운 형태든, 심각한 형태든, 중간 형태든, 불안에 고통받
으며 시달리는 사람 중에 아무것도 하지 않는 것이 치료라는 걸

받아들일 수 있는 사람은 거의 없을 겁니다.

　나는 로트에게 일어난 일이 스스로 치유하고 균형을 유지할 수 있는 마음의 능력 덕분이라고 생각합니다. 로트는 마음의 능력을 이용해 치유할 수 있는 방법을 찾아냈고, 그 비밀은 자신의 불안과 직접적으로 맞서는 것이었습니다. 다른 사람들에게 이 방법은 생각하기에도 너무 두려울 수도 있습니다. 일반적으로 우리는 가능한 한 많은 방법을 배워서 실천할 때 치유가 이루어진다고 생각합니다. 그러나 상처를 쑤시는 것은 상황을 더 악화할 뿐입니다. 독감에 걸렸을 때 휴식을 거부하면 증상만 더 오래가게 할 뿐입니다.

　로트는 그가 마음챙김이나 명상과 같은 다양한 방법들을 시도한 것이 불안감을 없애는 데 도움이 되었다고 말했습니다. 스스로를 치유하려 했던 열정 덕분에 그는 진정한 치유법을 발견했다고 믿습니다. 하지만 이런 치유법을 수용한 의학 모델은 없고, 따라서 의사로서 나는 그런 방법이 치유를 보증하지는 않는다고 덧붙일 수밖에 없습니다. 로트는 자신과 나중에 만났던 다른 사람들과 함께 '아무것도 하지 않는 것', 즉 무슨 일이 일어나는지를 그저 의식하는 것이 가능하다는 것을 알게 되었습니다. 그에게는 이 방법이 효과가 있었던 것입니다.

　로트가 기꺼이 인정하듯이, 이런 종류의 순간적인 경험을 인정하기 위해서 코치가 필요할 수도 있습니다. 마음은 그 생각에 주의를 기울이는 것이 습관화되어 있어서, 주의를 기울이지 않는 것이 불가능할 정도입니다. 불안에 대해 더 많이 생각할수록 불안감은 커집니다. 이 악순환의 고리를 끊는 과정은 증상에 연연하지 않고, 신경을 덜 쓰는 것에서 시작될 수 있습니다. 만약 아무리 고통스럽고 정신이 산만해져도 어떤 경험에 집착하지 않는 것에 익숙해지면, 당신의 관심은 자기 인식에 끌리게 될 겁니다. 그리고 결국 마음은 정상적인 균형 상태로 돌아오는데, 그 상태가 치유가 되는 지점입니다. 여기에 생각과 명상 간의 차이에 대한 중요한 교훈이 있습니다. 명상은 균형을 이루고 치유를 할 수 있도록 마음을 조정해줍니다.

완전한 의식은 걱정, 의심, 자기 연민, 절망, 무력감 등의 방해 없이 자기가 해야 할 일을 합니다. 하지만 자신에게 해가 되는 이런 마음의 상태에 굴복하지 않더라도, 그것들은 우리가 가지고 있는 만성적인 '질병'의 가장자리를 갉아먹고 있습니다. 그 '질병'은 의학적인 것일 수도 있지만, 나쁜 관계나 지루한 직장도 균형을 잃게 하는 질병입니다. 질병은 오래 지속될수록, 더 악화됩니다.

로트는 자신의 의식 속에 숨겨진 능력에 접근할 수 있었습니다. 그것이 명상, 그를 실패하게 했던 부분적인 명상이 아니라, 일상생활에서 제2의 본성이 되었던 과정으로서의 명상이 하는 일입니다. 진정한 명상은 마음에게 치유자로서의 역할에 대해 일깨워줄 뿐입니다. 우리는 다시는 잊지 말아야 할 중요한 것을 기억하는 중입니다.

치유를 위한 자기 인식

자기 인식이라는 간단한 연습을 통해 마음이 가진 치유 능력을
실험해봅시다.

O 5분에서 10분 정도 어떤 방해도 받지 않을 수 있는 조용한 장소를
   찾습니다.

O 눈을 감고 몸에서 불편하게 느껴지는 곳에 주의를 집중합니다. 만
   약 정신적인 고통, 예를 들어 걱정이나 당신을 괴롭히는 어떤 끈질
   긴 감정을 갖고 있다면, 그것에 대해 생각해봅니다.

O 잠시 동안 신체에서 불편한 곳이나 고통스러운 생각에 가볍게 집중
   합니다. 그러고 나서 주의를 다른 데로 돌립니다. 신체의 윤곽에 집
   중합니다. 주변의 공기, 피부의 온도, 온몸의 감각을 느껴봅니다.

○ 불편한 점이나 고통스러운 생각으로 돌아간 다음, 다시 한 번 당신의 의식을 그 감각에서 멀리하고 온몸으로 확장시킵니다. 이 과정을 몇 차례 반복합니다.

○ 이제 의식을 조금 더 멀리 확장합니다. 불편한 점이나 고통스러운 생각을 느끼고, 당신의 의식을 주변의 방으로 확장합니다. 아무 소리나 듣습니다. 그리고 당신의 의식이 마치 풍선처럼 방 안을 가득 채우며 확장되는 상상을 해봅니다. 이 과정을 몇 차례 반복합니다.

○ 마지막으로, 당신의 의식을 모든 곳으로 확장합니다. 불편한 곳이나 고통스러운 생각을 느끼고, 당신의 의식이 방의 벽을 넘어 건물 밖으로, 그리고 모든 경계를 넘어 확장될 때까지 계속 성장하는 것을 느껴봅니다.

○ 잠시 가만히 앉아 있습니다. 그리고 눈을 뜹니다.

이런 연습으로 신체적인 불편함이나 고통스러운 생각은 놀랄 정도로 줄어들 수 있습니다. 극심하고 집요하게 우리를 괴롭히는 고통은 사라질 수 있습니다. 영구적으로 치유되지는 않겠지만, 이런 연습을 통해 고통에 관심을 기울이지 않는 법을 배우게 됩니다.

어떤 고통이든 주의를 기울일 것을 요구합니다. 그 요구에 수동적으로 굴복하느냐 마느냐는 자신에게 달려 있습니다. 고통에 굴복한다는 것은 아픈 치아나 입술의 발진에 계속 혀를 갖다 대며 걱정하는 것처럼 고통을 악화할 것입니다.

이런 자동적인 반응에서 벗어나기 위해서는 의식을 당신이 원하는 어느 곳으로든 의식적으로 이동시킬 수 있어야 합니다. 그것이 이 연습의 목표입니다. 이것이 당신의 의식을 통제함으로써 자신을 꽉 막힌 대응으로부터 해방시키는 완벽한 사례입니다.

1부_완전한 명상, 깨어 있는 삶으로 가는 길

chapter 3

몸과 함께 깨어나는 삶

우리는 대부분 명상에 대해 잘못된 생각을 가지고 있습니다. 명상이란 '모두 머릿속에 일어난다'는 것입니다. 사람들은 명상을 통해 실질적인 결과를 얻고 싶어 합니다. 그건 당연한 것입니다. 명상은 불안을 덜어주고 더 깊이 집중할 수 있도록 도와줌으로써 우리의 삶을 더 나은 방향으로 이끌어줍니다. 명상을 통해 우리는 고요한 마음을 경험할 수 있습니다. 최근에는 '마음챙김'이라는 주의를 집중하는 마음 상태가 유행하고 있습니다. 그러나 마음을 몸에서 분리할 수는 없습니다. 몸은 항상 마음에 관여하고 있습니다. 예를 들어, 떠올리고 싶지 않은 오래된 기억의 잔상을 없애려면 뇌가 더 이상 기억을 찾지 말아야 합니다.

사랑, 평화, 심지어는 신의 존재와 관련된 모든 감각까지 우리는 중추신경계를 통해 느낍니다. 영적 경험만큼이나 특별한 그 경험들은 여전히 신경계 안에 일어나는 신체적인 반응입니다. 명상을 단지 정신적인 것으로 보는 건 완전한 명상이 실제로 우리에게 어떤 영향을 주는지를 잘못 이해한 결과입니다.

마음과 몸의 연결은 곧 신체 활동과 정신 활동도 결합되어 있음을 의미합니다. 몸이 마음에 반응하는 것과 동시에 마음도 몸에 반응합니다. 오늘날에는 명백해 보이는 이 사실은 완강한 반대에 부딪히곤 했습니다. 마음과 몸의 연관성이 처음 언급이 되었을 때, 서양의 의사들은 아무도 이것을 믿지 않았습니다. 그들은 오로지 신체적인 측면만이 중요하다고 주장했고, 지금도 일부 의사들은 그런 믿음을 꺾지 않고 있습니다. 나는 보스턴의 시니어 의사들이 명상이 몸에 영향을 미칠 수 있다는 생각을 조롱했을 때 느꼈던 좌절감을 아직도 기억하고 있습니다.

명상에 대한 이런 부정적인 의견들이 옛날 이야기처럼 들리지만, 지금도 여전히 우리는 자아나 개인이라는 것이 그저 두뇌 활동의 결과물이라는 일반적인 개념 안에 머물러 있습니다. 의견이 엇갈리는 새로운 화약고인 셈입니다. 보통 사람들은 당연하다는 듯이 그런 논쟁이 자신들의 삶과는 무관하다고 여기지만, 그렇지 않습니다. 마음과 몸의 연결 이상으로 중요한 다음과 같은 질문이 답을 요구하고 있기 때문입니다.

뇌가 마음을 창조하는 것일까요? 만약 그렇다면, 우리는 그저 뇌의 명령에 따라 움직이는 로봇일 뿐일까요?

확장되거나 또는 더 고양된 의식을 추구하는 건 환상일까요? 만약 두뇌 활동을 보여주는 구불구불한 선 이외에 자기 자신은 없다면, 더 고양된 자신이 될 수 있는 가능성은 없습니다. 그렇다면 왜 굳이 명상을 하거나, 기도를 하거나, 이웃에게 친절을 베풀려고 애를 쓰는 것일까요? 그렇다면 우리는 단순히 환상을 조장하는 것뿐입니다.

그런데 마음이 정말로 뇌를 압도할 수 있을까요? 우리가 생각보다 뇌를 더 깊이 통제하고 있다는 수많은 과학적 증거가 있음에도 불구하고 물질에 영향을 미치는 마음의 작용은 회의론에 부딪히고, 뇌를 중심으로 생각하는 진영으로부터 조롱을 받았습니다. 가령 청구서가 많이 쌓여서 돈 문제에 대해 걱정하기 시작하면, 두뇌의 화학작용이 바뀝니다. 불안한 감정이 이런 변화를 촉발합니다. 이런 경우 뇌가 당신을 불안하게 했기 때문에 걱정하고 있다고 이야기하는 건 말이 되지 않습니다. 신용카드 명세서를 본 순간 우리의 마음에서 불안한 감정이 시작되었기 때문입니다.

지금도 여전히 많은 사람들이 우리가 물질적인 세계에서 살고 있다고 확신합니다. 과학, 철학, 대중매체를 포함한 많은 분야에서 '뇌가 모든 것을 좌우한다'는 입장이 승리를 거둔 것처럼 보입니다. 의식이 뇌로부터 독립적일 수 있다는 가능성을 전적으로 지지하는 사람은 거의 없습니다. 그들은 의식이 뇌를 만든다는 것을 받아들이지 않습니다. 어떻게 비물질적인 독립체인 의식이 애초에 뉴런을 만들 수 있었을까요? 그러나 정신과 몸이 분리되어 있지 않다는 것을 알게 되면 이 수수께끼는 풀립니다. 우리는 몸과 마음이 결합된 하나의 존재, 다시 말해 '몸마음 Bodymind'입니다.

몸마음을 느끼기

두뇌 활동은 MRI나 CT 스캔으로 볼 수 있지만, 생각은 그럴 수 없습니다. 분명히 두 가지 활동은 연결되어 있지만, '연결되어 있다'라는 말은 너무 설득력이 없습니다. 뇌와 마음은 눈에 보이지 않습니다. 그것은 어느 것이 먼저인지의 문제가 아닙니다. 몸마음은 하나입니다. 그리고 항상 하나로 존재하며 하나로 작용합니다.

만약 증거를 원한다면, 마음과 육체가 분리될 수 없다는 간단한 증거가 여기 있습니다.

○ 눈을 감고 밝은 노란색 레몬과 그 옆에 놓인 부엌칼을 상상합니다.

○ 부엌칼로 레몬을 반으로 자르자 레몬즙이 공중으로 튀어오릅니다. 나중에 그 모습을 다시 한 번 떠올려보면 어느 시점에서 자신

도 모르는 사이에 침을 흘리기 시작합니다. (나는 문장을 적으면서 침을 흘렸습니다.)

이것은 마음과 몸의 연관성에 대한 전형적인 사례입니다. 그러나 뇌는 상상 속의 레몬과 실제 레몬 간의 차이를 알지 못한다는 사실을 우리는 종종 잊어버리곤 합니다. 레몬을 직접 볼 때는 물론이고 레몬을 상상할 때도 뇌는 침샘을 자극합니다. 뇌는 두 가지 경우를 구분하지 못합니다. 그러나 우리의 마음은 그 차이를 알고 있습니다. 왜냐하면 우리는 우리의 뇌가 아니기 때문입니다.

우리는 뇌를 사용하면서 뇌와 마음이 동시에 그리고 거의 즉각적으로 서로에게 반응한다는 사실에 전적으로 의존하고 있습니다. 어느 한쪽이 끝나고 다른 한쪽이 시작되는 순간을 찾는다는 건 불가능합니다.

단절된 마음 치유하기

생각해보니 소위 마음과 몸의 연관성을 발견해야만 한다는 것이 다소 이상하게 보이기도 합니다. 마음과 몸이 분리되어 있다는 것 자체가 불가능하기 때문입니다. 그건 마치 사과가 빨갛다는 것을 '발견'하는 것과 같습니다. 사과를 경험하는 건 바로 그 특징을 경험하는 것이기도 합니다. 그런 특징이 없는 사과는 사과라고 할 수 없습니다.

하지만 마음과 몸의 연관성을 발견해야만 하는 실질적인 이유가 있는데, 심리학에서 '해리 Dissociation'라고 알려진 골치 아픈 상태 때문입니다. 해리란 '눈앞의 환경에서 멀어지는 가벼운 분리에서부터 신체적, 감정적 경험으로부터 더 심각하게 단절되는 분열 상태까지 광범위한 증상'을 의미합니다. 예를 들어, 거식증은 육체적으로는 너무나 말라서 절대적으로 음식이 필요함에도 불구하고 정신적으로는 살을 빼는 것에 대해 병적으로 집착하는 병으로, 몸과 마음이 단절되어 나타나는 증상입니다.

어떤 사람이 쇼크에 빠져서 몸이 무감각해졌을 때도 분열 증상이 뚜렷하게 나타납니다. 추운 겨울밤에 심각한 자동차 사고를 당한 사람은 정신적으로 추위를 전혀 의식하지 못합니다. 그럴 때는 다른 사람이 담요를 덮어주어야 합니다. 사고를 당한 사람들은 충격이 너무 심해 추위를 느낄 수도 없고 추위를 피하기 위해 담요를 덮어야 한다는 생각조차 할 수 없기 때문입니다.

해리는 그것이 가지고 있는 의학적 의미보다 훨씬 더 깊은 수수께끼를 갖고 있습니다. 충격을 받는 것과는 반대로 자신을 의식적으로 분리함으로써 고통이 누그러질 수 있습니다. 이것은 정신적으로 고립된 상태에서 일어나는 증상입니다. 하지만 우리는 거식증과 폭식증, 극심한 무감각의 충격 상태와 같이 몸과 마음을 분리하는 것을 영적 목표로 삼아서는 안 됩니다. 이것을 이해하기 위해서 몸마음을 더 깊이 들여다보아야 합니다.

남아프리카공화국 출신의 작가이자 교사인 마이클 브라운의 놀라운 경험에서 시작해봅시다. 어느날 그에게 50세 이하의 사람들에게는 매우 드물게 발병하는 호튼 증후군이라는 신경성 질환이 나타났습니다. 호튼 증후군은 뇌에 있는 동맥에 심한 염증이 생기면서 이른바 군발성群發性 두통이 나타나는 질병으로, 브라운은 극단적인 사례였습니다. 1987년 증상이 나타난 이후 10년 가까이 의사가 처방해준 약도 먹고, 아프리카 원주민 치료사에게도 가보고, 모든 분야의 의술을 다 시도해봤지만 아무 소용이 없었습니다. 절망에 빠져 괴로워하는 그에게 저명한 신경외과의사 중 한 사람은 그가 평생 진통제에 중독되어 살거나 자살로 고통을 끝내게 될 것이라고 했습니다.

당시 자신의 상황에 대해 브라운은 다음과 같이 말했습니다. "아무런 치료 방법을 찾지 못한 채 수년이 흐른 후에 나는 아무것도 나의 고통을 덜어줄 수 없을 거라는 현실에 직면했습니다. 내가 할 수 있는 것은 사실 삶을 포기하거나 완전히 다른 방법을 찾는 것뿐이었습니다." 그는 후자를 선택했고, 그의 삶은 완전히 달라졌습니다. 브라운은 여러 다른 정신적 상태를 실험했습니다. 그리고 자신이 '고양된 개인적 에너지 진동수'라고 부르는 상태가 되면 고통이 줄어든다는 사실을 알게 되었습니다. 자신의 힘으로 마음과 몸을 연결한 겁니다. 그것이 그가 지금 현 순간의 의식이라고 부르는 것의 첫 속삭임이었습니다.

1996년 애리조나 사막에서 그에게 극적인 돌파구가 열렸습니다. 브라운은 어느 원주민 가이드가 진행하는 아메리칸 인디언의 '땀 움막 정화의식sweat lodge ceremony'에 참석했습니다. 땀 움막 정화의식이란 작은 움막 안에 불에 달군 돌을 넣고 물을 끼얹어 수증기를 발생시켜서 고온다습한 환경을 만든 다음, 그 안에서 땀을 흘리며 정신을 깨끗하게 정화하는 의식을 말합니다. 거의 모든 인디언 부족에서는 큰 행사를 치르기 전에 몸과 마음을 깨끗하게 정화하기 위한 목적으로 이런 의식을 치렀다고 합니다. 이 의식은 격렬한 열기, 땀 흘리기, 구호 외치기와 북치기로 이루어졌습니다. 일반적인 의식 상태에서는 땀 움막 안에서 극심한 압박을 받게 마련이고, 브라운 역시 마찬가지였습니다. 몇 시간 동안 그 속에서 심한 압박에 시달리다가 기어서 밖으로 나왔을 때, 그는 내면에서 극적인 변화를 경험하게 되었습니다.

"그곳의 차가운 밤 공기 속에 서 있을 때, 내 주변과 내면에 있는 모든 것이 삶과 함께 진동했습니다. 마치 방금 태어난 것 같았습니다. … 나는 오랫동안 혈관 속을 흐르는 따뜻한 피와 폐를 쓰다듬는 상쾌한 숨결, 심장 박동의 편안한 리듬을 느끼며 경건한 침묵 속에서 불 옆에 서 있었습니다." 그는 이것을 존재 또는 존재성에 대한 첫 경험이라고 불렀습니다. 비로소 자신의 삶 속에 '나타나는' 경험을 한 것입니다. 그는 그 순간을 "육체적으로 현재의 순간에 존재하며, 정신이 맑고, 감정적으로 균형을 이루고, 잘 조율이 된 상태라는 느낌"이라고 표현했습니다.

그가 자신의 책《존재 과정 The Presence Process》에서 말했듯이, 이 방법으로 브라운은 신경질환을 통제할 수 있게 되었고, 자신이 애리조나의 사막에서 경험했던 것처럼 자신의 삶 속에서 '나타나는 것', 다시 말해서 훨씬 더 의식적으로 된다는 것을 마음만이 아니라 몸으로도 경험해야 한다고 강조했습니다. 브라운이 마주친 이 신비로운 경험은 과연 무엇일까요? 그는 자신의 경험에 거의 종교적인 태도를 취하지만, 나는 이 질문에 대한 답은 간단하다고 생각합니다. 당신이 지금 이 순간에 존재할 때, 바로 그 존재와 조우하게 됩니다.

아메리카 인디언의 땀 움막 정화의식 참석하거나, 다른 강렬한 영적 수행을 했던 사람이 모두 완전히 현재에 존재하는 경험을 하는 것은 아닙니다. 우리는 의식적인 상태와 그렇지 않은 상태를 오고갑니다. 그 과정에서 존재의 예측 불가능성을 창조합니다. 이는 우리가 분리 상태나 단절된 상태에 있음을 의미합니다. 존재가 드러나게 하려면 때로는 심한 충격이 필요하기도 합니다. 동서양을 막론하고 몸을 강렬한 스트레스 상태로 몰아

넣는 전통이 있는데, 그 과정에서 완전한 의식이 떠오를 수 있습니다. 군인들은 공포와 불안이 완전한 의식의 감각으로 바뀌는 전쟁터에서 이런 경험을 하곤 합니다. 그런 순간에는 다음과 같은 감각적 경험이 수반되기도 합니다.

> 육체의 가벼움 또는 무중력 상태에 있는 것 같은 느낌,
> 고조된 색상과 소리, 몸의 얼얼한 기운, 완전한 이완, 희열,
> 호흡과 심장 박동에 대한 강렬한 의식

군인, 극한으로 체력을 단련하는 운동선수, 정신적 외상의 희생자들에게서 확인할 수 있는 것은 존재에 대한 자각이 더 고양된 의식의 상태로 이어질 수 있다는 사실입니다. 그렇다고 모두가 신체적으로 스트레스를 주거나 정신적 외상을 입어야 한다는 의미는 아닙니다. 습관적으로 강도 높은 육체적 스트레스를 주는 사람들은 일시적으로 변화된 의식의 상태에 빠질 수도 있지만 그런 경우 아드레날린 중독자가 될 가능성이 훨씬 높습니다. 고양된 의식이란 긴장하고 흥분하여 그 결과 신체적으로 기진맥진해지는 상태가 아닙니다. 그것은 모두 아드레날린이 분비될 때 나타나는 특징입니다. 이와는 대조적으로 더 고양된 의식의 상태가 될 때는 누구나 편안함과 행복을 느낍니다.

의식의 극적인 변화를 경험한 브라운은 자신의 변화된 상태를 마음대로 반복할 수 있도록 스스로를 통제하기 위해 노력

했습니다. 그는 자신이 경험한 '존재의 과정'을 일종의 프로그램이라고 불렀는데, 그 프로그램의 핵심 중 하나는 수많은 원칙에 의해 통제되는 호흡법을 다양한 단계로 세분화해서 확대해나가는 것입니다. 그러나 일상생활에서 지속적으로 그런 호흡법을 실행할 수 있을지는 의문입니다.

하지만 브라운은 나와 마찬가지로 존재가 나타날 때 그것은 어떤 노력 없이도 자연스럽게 나타날 수 있다는 결론에 도달했습니다. 억지로 존재가 나타나게 할 수는 없습니다. 하지만 누구나 완전한 명상의 방법을 준비할 수 있습니다. 나는 소위 절정의 순간은 그들의 일정에 따라 도착한다고 믿습니다. 그런 경험을 하기 위해 노력할 수는 있지만, 그 순간이 우리를 찾아올 가능성이 훨씬 더 높습니다. 이것은 본성의 속임수가 아닙니다.

의식은 우리 자신보다 우리를 더 잘 알고 있습니다. 존재 혹은 최고의 경험은 변해야 할 때가 되었을 때 사람을 변화시킵니다. 모든 사람들의 삶에서 시간이 되었을 때 희열과 행복을 포함한 가장 가치 있는 경험들이 일어난다는 건 좋은 소식입니다.

완전한 명상의 목표는 매일 꾸준히 나아가는 것입니다. 이것은 갑작스럽게 각성하는 것처럼 극적이거나 흥미진진하지 않을 수도 있습니다. 그러나 지속됩니다. 명상을 통해 우리의 모든 존재, 즉, 몸, 마음, 감정, 생각, 욕망, 인간관계가 자연스럽게 성장하기 때문입니다. 우리가 정상이라고 여겼던 단절의 상태는 원래의 몸마음의 상태로 조화롭게 다시 연결됩니다.

마음챙김을 넘어 가슴챙김으로

우리가 살아가면서 걷게 되는 두 개의 근본적인 길이 있습니다. 생각과 느낌이 그것입니다. 합리적 사고는 과학과 기술의 시대에 높이 평가되지만, 일상생활에서는 모든 종류의 느낌이 개입하고 있습니다. 사람들은 자신이 삶을 합리적으로 다루고 있다고 생각하지만, 모든 사람들에게는 생각과 느낌이 혼재되어 있습니다. 완전한 의식 속에서 살아가기를 원한다면 이런 혼란스러운 상태를 바로잡아야 합니다.

합리주의자들은 생각을 통해 자신의 삶의 방식을 만들어나가지만, 그들은 스스로를 속이고 있습니다. 우리가 하는 모든 경험, 모든 결정, 삶에서의 모든 선택에는 감정이 포함되어 있습니다. 다음의 예를 통해 사람의 감정이 어떻게 작용하는지 살펴봅시다.

○ 자신이 싫어하는 음식을 생각합니다. 입에 그 음식을 한 조각 넣는 걸 상상합니다. 달팽이일 수도 있고, 생굴이나 삶은 양배추일 수도 있습니다. 그런 다음 마치 좋아하는 음식을 먹은 것처럼 음미해봅니다. 그런데 당신은 그럴 수가 없습니다. 왜냐하면 그 맛이 당신의 느낌과 연결되어 있기 때문입니다.

○ 자신이 길거리에서 아이와 함께 살고 있는 노숙자라고 생각해봅시다. 그 상황을 마음속으로 상상합니다. 실제로 당신은 그와 비슷한 것을 목격한 적이 있을 겁니다. 낯선 사람이 당신에게 다가와 현금 1,000달러를 건네준다고 상상해봅니다. 그에게 진심으로 감사 인사를 하는데, 그가 경멸적으로 비웃으며 돈을 도로 빼앗습니다. 이런 상황을 아무 감정 없이 바라볼 수 있을까요? 이것은 우리가 바라보는 모든 것이 어떻게 느낌의 단계에서 해석되는지를 보여주는 극단적인 예입니다.

○ 산에서 오랜 시간 동안 하이킹을 하면서도 시간이 가는 줄 몰랐다고 상상해봅니다. 날이 어두워지면서 기온은 급격히 떨어지고 캠프로 돌아가야 합니다. 칠흙 같은 어둠 속에서 절벽에 다다랐고, 거기로 떨어질 뻔했습니다. 당신은 그 절벽이 아주 높지 않고 대략 2피트 정도라는 걸 어렴풋이 기억합니다. 하지만 길을 잃었다면, 100피트 높이의 절벽 앞에 서 있는 것일지도 모릅니다 이런 상황에서 불안하지 않은 사람은 거의 없을 겁니다.

앞에서 이야기한 사례의 요점은 우리는 모두 생각보다 훨씬 더 많은 것을 느끼면서 살아간다는 겁니다. 우리는 어떤 결정을 내릴 때 자신이 논리적으로 생각한다고 가정합니다. 그러나 실제로는 감정에 더 많이 지배를 받고 있습니다. 고대인들은 심장이 지성의 자리라고 믿었고, 나는 그들이 틀리지 않았다고 믿습니다. 느낌은 그 나름의 깊이 있는 지능을 갖고 있습니다.

그 사실을 간과하는 건 분명한 한계를 드러내고 종종 피해를 주기도 합니다. 누군가는 명상을 통해 너무 많은 것을 느끼게 된다고 말할 겁니다. 예를 들어 명상은 우리를 심장으로 이끌고 그 때문에 마음이 많이 아프기도 합니다. 그러나 사랑을 잃어버리는 이유는 대부분 생각에 너무 많이 의존하거나 신뢰의 태도로 감정에 충분히 주의를 기울이지 않기 때문입니다. 나는 마음챙김mindfulness만큼 자신의 감정과 느낌에 충실한 가슴챙김 heartfulness도 존재한다고 생각합니다.

결국 살아가면서 자신의 길을 느끼는 방법을 배우는 것이 행복과 성공을 위한 최고의 희망입니다. 느낌은 온전한 몸마음 안에서 일어납니다. 이것이 몸과 마음을 서로 떼어내려고 애쓰기보다는 하나로 합쳐야 하는 실질적인 이유입니다.

세포 속에 잠재된 의식

　여러 면에서 명상이 무엇을 성취할 수 있는가를 가늠하는 척도는 마음이 아니라 몸이 되어야 합니다. 여전히 뇌의 기능이 몸 안의 모든 세포까지 미치고 있고, 모든 것이 뇌 활동의 결과라는 개념이 널리 퍼져 있습니다. 하지만 내가 말하는 몸은 특별히 뇌를 언급하는 것이 아닙니다. 예를 들어 나의 면역체계는 나는 물론이고 나의 조상들이 겪었던 모든 질병을 완벽하게 기억하며 기능하고 있습니다. 이 기억은 박테리아, 바이러스, 곰팡이가 혈류에 침입할 때마다 행동을 시작합니다.

　우리가 낯익은 얼굴과 처음 보는 얼굴을 구분하는 것처럼 면역세포 또한 이런 방식으로 작동합니다. 면역세포는 익숙한 병원체가 몸 안에 들어오는 즉시 공격을 시작합니다. 만약 침입한 병원체가 빠르게 돌연변이를 일으키는 감기 바이러스처럼 새로운 유전적 정체성을 갖고 있다면, 우리의 면역체계는 그 새로운 정체성에 대한 모든 것을 재빨리 배우고 그것과 싸우기 위한 새로운 항체를 개발합니다.

　나는 위의 몇 문장으로 뇌뿐만 아니라 모든 세포가 가지고 있는 의식의 4가지 측면인 기억, 인식, 학습, 창조성에 대해 간략하게 설명했습니다. 만약 명상이 '우리의 머릿속에서만' 이루어지는 작용이라는 개념에 현혹되지 않는다면, 의식은 우리의 삶에 내재되어 있는 포괄적인 자산이라는 것이 명백해집니다. 그러나 이 이야기는 또 다른 더 깊은 줄거리를 가지고 있습니다. 의식의 질은 그 자체로 매우 일반적입니다. 백혈구에 내재된 기억은 심장, 간, 뇌세포와 기억을 공유합니다. 이것이 의식의 확고한 특성 또는 질입니다.

삶은 언제나 움직이고 변합니다. 따라서 기억은 다음에 침입할 병원체뿐 아니라, 상처의 치유가 필요한 곳, 치료하지 않으면 암으로 발전할 가능성이 있는 변질된 세포, 우리가 기억해야 할 사람들의 이름 등에 끊임없이 적응하면서 함께 움직여야 합니다. 기억의 과제는 끝이 없습니다. 그야말로 무한합니다.

이것이 바로 전체성이 작동하는 방법입니다. 의식은 과거에 항상 그랬던 것처럼 삶의 무한한 경험에 적응하고 우리의 삶을 따라잡기 위해 무한해야 합니다. 현실에서 의식은 길을 인도하지만 주요한 리더십 역할을 하는 것은 우리의 몸입니다. 깊은 잠에 들거나 혼수상태에 빠져 있는 순간에도 우리의 세포는 여전히 온전히 의식적인 상태에 있습니다. 이런 의식은 그것만의 지혜를 갖고 있습니다. 몸의 어떤 원리들은 수백만 년 동안 시험을 거쳐왔습니다. 지구상에 최초의 다세포 유기체가 나타난 이후로 계속 그랬으며, 이제 이 원리들이 몸마음으로서 우리의 존재를 지배하고 있습니다.

몸의 지혜

우리의 몸은 그 자체의 지혜로 가득 차 있으며, 의식의 가장 근본적인 원리들을 행동으로 옮깁니다. 우리는 세포의 단계에서 이 시작에 대한 가시적인 증거를 찾을 수 있습니다.

세포는 더 큰 이익을 위해 서로 협력합니다.
장기들은 서로 다른 장기들이 어떻게 작용하는지 이해하고 수용합니다.
치유는 세포가 온전한 세포의 공동체에 대책을 요구하는 것입니다.
세포들 간의 평화로운 공존을 위해 갈등은 제거됩니다.
세포는 외부 세계를 끊임없이 감지하고 적응하고 있습니다.
새로운 경험에 창조적으로 대응합니다.

이러한 원칙들이 자동적으로 적용된다는 것이 그 원칙들이 그 존재를 우리에게 저절로 알려준다는 의미는 아닙니다. 사실 살아가면서 자신의 길을 느끼는 건 몸을 통해 자신의 행동에 대한 메시지를 감지할 때입니다. 이 메시지들은 화학적인 형태로 전달되는데, 대략 문제에 대한 경고와 행복의 징조라는 두 가지 범주로 나눌 수 있습니다.

문제에 대한 경고

통증, 신체적 불편함, 근육의 수축과 긴장감, 두통, 허리 통증과 뻣뻣함, 메스꺼움, 불면증, 무기력증, 피로감 등이 나타납니다.

이런 경고 증상을 경험한 환자들은 의학적 치료를 받기 위해 병원을 찾지만, 실제 의사들과의 의사소통에 주의를 기울이는 것만큼 몸의 경고들이 하는 말을 듣는 것이 중요합니다. 예를 들어, 각각의 경고는 심리적 암시를 포함하고 있습니다. 메스꺼움은 잘못된 음식을 먹어서 생길 수도 있지만, 무대 공포증으로 위가 가볍게 경련을 일으키거나 몸이 경직되는 등의 신경과민으로도 같은 증상을 느낄 수 있습니다. 무기력증과 피로감은 스트레스의 징후입니다. 스트레스는 힘든 육체노동과 같은 신체적인 원인에서 비롯된 것일 수도 있고, 업무에서 받는 마감에 대한 압박과 같은 정신적인 면에서도 그 원인을 찾을 수 있습니다. 몸이 나에게 무슨 말을 하는지 들으면 더 빨리 치유의 길을 찾을 수 있습니다.

행복의 징후

문제에 대한 경고와 달리 가벼움, 에너지, 신체의 유연함, 탄력 있는 근육, 깊은 수면, 활발한 소화력, 감기와 독감을 앓지 않는 생활, 밝은 눈, 역동성은 행복의 징후입니다.

이와 같은 징후들은 문제에 대한 경고와는 정반대입니다. 소비사회에서 더 많은 에너지와 활력을 주는 상품들이 유행처럼 번지고 있지만, 실제로 행복이란 우리의 몸이 정상적인 휴식 상태에 있는 것을 의미합니다. 행복이 보내오는 신호는 완벽하게 정비를 마친 자동차가 조용하게 웅웅거리는 것과 같습니다. 다만 이 비유에는 행복의 생생한 본질이 생략되어 있습니다. 행복의 본질에는 심리적인 요소가 포함됩니다. 행복은 낙관, 만족, 안전, 안정감, 그리고 새로운 경험에 대한 개방된 마음을 가져다줍니다.

일단 몸의 지혜가 얼마나 충만하고 완전한지를 받아들이면, 개인적, 사회적으로 몸의 지혜를 인식하지 못하는 것이 얼마나 부끄러운 일인지 알 수 있습니다. 몸의 지혜 중 일부라고 할 수 있는 모든 신체 기관들이 자연스럽고 평화롭게 공존할 수 있었던 상태는 인류 역사에서 아주 이따금씩 나타났을 뿐입니다. 각각의 신체 기관들이 서로를 이해하고 공존하는 상태는 불행하게도 사회적으로 드러나는 편견과 의혹 그리고 증오에 의해 차단되고 있습니다.

무엇이 잘못되었을까요? 몸마음이 완전한 전체이고, 몸이 그렇게 지혜롭다면, 왜 그렇게 많은 사람들이 불면증, 불안증, 소화장애, 스트레스 같은 질병을 겪고 있는 것일까요? 그런 증세를 느낀다면 어딘가에서 몸과 마음의 연결이 끊긴 게 분명합니다. 스트레스는 처음부터 단절의 주요 원인 중 하나였습니다. 2019년에 예일대 심리학과에서 이루어진 연구에 따르면, 지난 10년 동안 학생들의 스트레스가 두 배로 증가했다고 합니다.

이처럼 급격하게 스트레스가 상승한 요인을 찾는다면, 학생들이 산만함에서 벗어나 정신적으로 고요하게 보낼 수 있는 시간이 부족하다는 점을 꼽을 수 있습니다. 완전한 스트레스 반응이라고 할 수는 없지만, 문자와 메일을 확인하기 위해 스마트폰을 계속 들여다보면 몸마음은 지속적으로 각성 상태를 유지하게 됩니다. 그것은 신경체계가 경계 상태에 있는 것과 같습니다.

2018년 말에는 대학생들의 부채가 1조 4,700억 달러에 달한다는 자료가 발표되었습니다. 이는 학생들에게 어마어마한 부담이 되는 금액이었지만, 학생들에게는 더 큰 문제가 있었습니다. 엄청난 부채로 인해 좋은 성적을 얻고, 아르바이트를 하고, 동시에 가능한 한 빨리 경제적으로 안정된 직업을 찾아야 한다는 압박감을 심하게 받고 있는 것입니다.

스트레스를 전문으로 다루는 랭건 차터지 박사는 이런 스트레스를 '매크로 스트레스', 즉 거시적 스트레스라고 명명했는데, 그가 말한 거시적 스트레스는 사실 '마이크로 스트레스'만큼 중요하지 않습니다. 대학생들의 부채와 실적에 대한 압박감은 지난 10년간 두 배가 되었습니다. 그러나 끊임없이 문자 메시지나 메일을 확인하고 게임을 하는 등 '마이크로 스트레스'로 인해 집중하는 못하는 생활은 하나의 삶의 방식이 되어버렸습니다.

몸마음의 자연스러운 상태는 스트레스에 대처하고 가능한 한 빨리 균형을 잡는 것입니다. 스마트폰 중독자들은 알아차리기 어렵겠지만 마이크로 스트레스를 계속 받다 보면 차터지 박사의 말처럼 자신도 모르게 개인적인 스트레스의 한계점에 도달하게 됩니다. 그가 지적하듯이 당신은 아침에 일어나 커피 한 잔을 마시기도 전에 세 가지 업무와 관련된 메시지를 즉시 확인합니다. 그러면 당신의 몸마음에 비상이 걸리고, 그 때문에 딸을 밴드 연습장에 데려다주겠다고 했던 약속을 깜박 잊어버렸다는 것을 아침을 먹으면서 깨닫게 됩니다. 이 때문에 스트레스를 받게 되고 출근길에 몇 가지 스트레스가 더해지면, 사무실에 도착하는 순간 당신의 스트레스는 한계치에 다다르게 됩니다. 그 결과 조급함, 짜증, 산만함이 나타나고 결국 아주 사소한 부분에서 갑자기 감정이 폭발하게 됩니다.

이러한 단절을 치료하는 방법이 바로 명상입니다. 치료의 방향은 수수께끼에 싸여 있지 않습니다. 몸은 당연히 한편으로는 문제를 미리 우리에게 알리고, 다른 한편으로는 행복의 신호를 통해 우리를 안내합니다. 이런 신호에 주의를 기울이는 건 의식적인 삶을 이끄는 데 무엇보다 중요합니다. 명상 모드로 들어가면 당신의 마음은 균형 상태로 되돌아가는데, 이것은 곧 몸 역시 균형 상태로 돌아갔음을 의미합니다.

그러나 명상만으로는 분열된 자아로 인해 단절된 상태를 치유하기에 충분하지 않습니다. 나쁜 습관, 오래전부터 길들여져 온 것, 부정적인 감정, 고정된 신념, 마음속에 가지고 다니는 모든 것들의 존재가 훨씬 더 깊은 소외감을 드러내고 있기 때문입니다. 우리는 서로서로, 그리고 자기 자신과 전쟁을 치르고 있습니다. 우리는 무엇이 우리에게 좋은지를 알지 못하고, 안다고 해도 우리가 알맞게 행동을 하리라는 보장은 없습니다. 거부의 상태는 경우에 따라 효과적일 수는 있지만, 그러나 결국 이런저런 방식으로 피로감, 좌절감, 우울증, 불안증, 자멸감, 자책감이 모습을 드러냅니다.

오로지 의식만이 단절을 완전히 치유할 수 있다는 것을 깨달아야 합니다. 치유를 위해 필요한 것은 완전한 의식입니다. 왜냐하면 마음과 몸이 함께 고통을 받고 있으며 함께 치유되어야 하기 때문입니다. 행복은 완전한 상태이고, 우리의 삶은 몸마음이 온전해질 때까지 온전할 수가 없습니다. 이 시점에서는 완전한 의식을 성취한다는 것이 불가능하게 들릴 수도 있습니다. 하지만 이 책을 계속 읽어나가다 보면 완전한 의식이 가능할 뿐 아니라 자연스러운 상태라는 걸 알게 될 겁니다.

만약 몸이 마음과 함께 명상을 한다면, 그것은 전체성에 좋게 작용하는 개념 정의가 될 겁니다. 1970년대에 명상에 대해 처음으로 알게 된 사실들 중 하나는 명상을 하는 동안 뇌에서 알파파가 증가한다는 것입니다. 알파파는 두뇌 활동이 조화롭고 체계적일 때 나타나는 두뇌의 주파수로, 뇌전도 실험의 과정에서 발견되었습니다. 뇌전도를 발명한 사람은 독일 신경학자 한스 베르거였습니다.

대양에서 만들어지는 파도는 아무렇게나 오르락내리락하며 흐트러지지만, 뇌파는 혼란스러운 소음이나 잡음과는 다릅니다. 다른 뇌전도를 측정한 결과 알파파 이외에도 베타파, 감마파, 델타파가 발견되었는데, 각각의 뇌파는 마치 별도의 라디오 방송국처럼 각각의 주파수로 신호를 전송했고, 많은 양의 정보가 확보되었습니다. 뇌 연구자에게 알파파는 "인간 시상조율세포의 전자활동으로 발생하는 8-12Hz 범위의 신경진동"입니다.

　　그러나 이런 정보는 알파파의 수수께끼에 대해 아무것도 말해주지 않습니다. 왜 우리의 뇌는 알파파가 발생하도록 진화했을까요? 진화에는 분명한 목적이 있습니다. 다윈의 관점에서 볼 때, 목적을 달성하지 못한 기능은 진화의 과정에서 선사시대에 사라진 기능과 같은 운명을 맞게 됩니다. 알파파도 마찬가지입니다. 알파파는 몸마음이 하는 것, 다시 말해 긴장 완화를 보여준다는 점에서 신체적으로 유용하기 때문에 지금까지 기능을 유지하고 있습니다.

　　알파파는 눈을 감고 휴식을 취할 때 나타나지만 피로한 상태나 잠들어 있을 때에는 나타나지 않습니다. (알파파의 두 번째 유형은 렘 상태에 있을 때 혹은 꿈을 꾸거나 잠을 잘 때 나타납니다.) 이 현상은 그 자체로는 특별한 것 같지는 않습니다. 모든 생물체는 휴식을 취하고 잠을 자야 합니다. 사실 (우리가 아는 한) 알파파는 오직 인간에게서만 발생하며, 알파파가 지배하는 휴식 그 너머에는 다음과 같은 인간의 의식 상태가 있습니다.

유연하게 흐르는 생각

순간에 경각심을 가지기

명상

창조적인 활동

안정된 기분, 우울감 감소

왜 이런 활동을 할 때 알파파가 증가하는 것일까요? 그 이
유는 불확실합니다. 시각피질은 눈을 감고 있을 때 휴식을 취합
니다. 그것이 창조적인 활동을 시작하기 위한 전주곡일까요? 그
건 그저 추측일 뿐입니다. 뇌전도 검사를 받을 때 나타나는 구불
구불한 선으로는 누군가가 무엇을 할 준비를 하고 있는지 전혀
알 수 없습니다. 그러나 아마추어 그림을 창조적인 취미로 삼은
사람이라면 그림을 그리는 것이 긴장을 완화하고 휴식을 취하게
한다고 말할 수도 있습니다.

졸음과는 달리 알파파가 가리키는 휴식 상태는 매우 경각
심이 강한 상태입니다. 일부 연구원들은 알파파가 '지금 이 순간
의 힘을 움직이는 모터'라고 생각합니다. 긴장을 푸는 동시에 정
신을 바짝 차리는 것은 서로 모순되지 않습니다. 사실 명상을 통
해 누구나 이런 상태에 도달할 수 있습니다. 오직 인간만이 현재
의 힘이 존재한다는 것을 의식할 수 있으며, 우리는 지난 수백 년
동안 그 힘을 어떻게 사용하는지 곰곰이 생각했습니다.

무한하고 다양한 인간 활동에 대한 근원을 뇌에서 찾으려
고 하면, 언제나 좌절감을 느끼게 될 것입니다. 새롭고 창조적인

일을 할 때, 몸마음 전체가 자신이 의도하는 것에 복종하게 됩니다. 두뇌 현상으로서 창조성은 새로운 베토벤 교향곡이 흘러나오는 라디오와 같습니다. 신경세포는 창조자가 될 수 없습니다. 창조성은 신체적으로 알파파가 증가하면서 나타나는 특별한 상태의 마음을 통해 나타납니다. 레오나르도 다빈치가 어느 날 아침에 〈모나리자〉라고 알려진, 다소 난해해 보이고 아름다운 젊은 여성의 초상화를 그리기로 결정했다고 가정해봅시다. 팔레트를 집어 드는 순간 그는 색깔, 디자인, 형태, 예술적 기술에 집중합니다.

만약 레오나르도 다빈치가 오늘날 살아 있다면, 우리는 그가 창조적인 모드로 들어갔을 때 그의 뇌에서 알파파를 발견할 수 있을 겁니다. 그리고 만약 신경과학이 언젠가 뇌의 전체 회로를 완벽하게 그려낸다면, 우리는 〈모나리자〉가 탄생했을 때 무슨 일이 일어났는지를 하나하나의 신경세포를 통해 알 수 있을 겁니다. 그러나 뇌의 전체 회로를 나타낸 지도도 예술작품으로서의 〈모나리자〉에 대해서는 아무것도 알려줄 수 없습니다. 완전한 얼간이가 망쳐버린 그림도 같은 두뇌 활동의 결과물이기 때문입니다. 예술은 알파파 안에 있지 않습니다. 알파파는 오직 의식 안에서 발생할 수 있습니다. 수많은 다른 활동에서도 똑같이 알파파가 나온다고 해도 그 활동의 가치는 창조적인 것일 수도 있고, 그저 긴장이 완화된 상태일 수도 있습니다.

자아에 대한 감각

몸마음은 매우 섬세한 개념입니다. 우리가 경험을 통해 해석하기 전까지는 그것은 그저 개념에 불과할 뿐입니다. 몸마음의 상태가 된다는 건 쉬운 일이 아닙니다. 우리는 정신적 경험이나 신체적 경험을 위해 각각 다른 방법을 선택하곤 합니다. 손바닥이 차갑고 땀이 많이 난다면, 그것은 '난 지금 첫 데이트를 하러 간다'라는 생각과는 다른 경험에서 나타나는 현상입니다. 하지만 분명히 첫 데이트나 다른 어떤 이유 때문에 극도로 긴장을 한다면, 그 두 가지는 함께 나타날 수도 있습니다.

어떻게 정신적 경험과 신체적 경험을 하나로 통합할 수 있을까요? 몸과 마음을 연결하는 간단한 방법이 있습니다. 이 방법은 육체적이나 정신적인 길을 가는 것이 아닙니다. '몸' 또는 '마음'이라는 단어를 떠올리지 말고 몸마음을 끊임없이 경험하는 겁니다. '몸' 또는 '마음' 대신 간단히 '나는'이라고 생각하며 자신의 자아를 느끼는 것입니다. 자신이 깨어 있다는 것을 확인하기 위해 볼을 꼬집어볼 필요도 없습니다. 마찬가지로, 자아에 대한 감각이 항상 존재한다는 것을 어떤 방법으로든 자신에게 상기시킬 필요도 없습니다.

　　이것이 어떻게 작용하는지 살펴봅시다.

○ 방 안을 둘러보고, 창밖을 내다보며 무엇이 당신의 눈길을 끄는지 알아봅니다. 주변의 소리를 들어봅니다. 입천장을 혀로 문질러서 그 질감과 어떤 맛이 느껴지는지 경험해봅니다. 코로 느낄 수 있는 냄새를 맡아봅니다.

○ 이제 눈을 감고 시야에 들어오는 것, 소리, 질감, 맛 그리고 냄새를 상상하면서 같은 순서로 반복합니다.

　　어떤 순간에도 우리는 이런 감각들과 얽혀 있고, 각각의 감각은 분리되어 있지 않습니다. 모든 감각은 단 하나의 감각, 즉 여기와 지금 존재하는 완전한 경험 속에서 서로 어우러집니다. '나는'은 당신이 그 순간에 알아챈 감각이 무엇이든 바로 그것입니다. 때로는 한 장면이나 어떤 생각을 불러일으키기도 하고, 때로는 그저 전체 감각과 섞이기도 합니다. (미풍이 불어올 때 태양 아래 해변에 누워 당신을 데려가는 파도 소리를 경험하는 건 좋은 사례입니다.)

감각 중추가 이런 식으로 움직일 때, '나는'은 주의를 기울입니다. 당신은 다음의 감각이나 생각을 할 준비가 되어 있습니다. 그러나 자세히 들여다보면, 당신은 '나는'이 실제로는 카멜레온이 아니라는 걸 알게 됩니다. 그것은 나뭇잎의 색깔, 장미의 향기, 사포의 질감 등을 느끼게 합니다. 그러나 이 모든 것은 열린 공간, 다시 말해 의식의 공간에서 일어납니다.

의식은 모든 일이 일어나는 공간입니다. 풍경, 소리, 질감, 맛, 냄새는 공간을 통과하지만, 공간 그 자체는 변하지 않습니다. 매일 수천 명의 사람들이 공항을 지나가지만 공항은 변하지 않는 것과 같습니다.

'나는'이란 '나는 몸이다' 또는 '나는 마음이다'라는 생각에서 벗어난 온전한 것이라는 사실을 알게 되면, 커다란 변화가 일어납니다. '나는'이라는 무한한 공간 속에서 조용히 무리 없이 살 수 있다는 걸 알게 됩니다. 사실 그곳이 바로 우리가 있어야 할 자연스러운 장소입니다. 몸의 이미지가 좋은 예입니다. '나는 나의 몸이다'라고 생각할 때 거울 속에 보이는 이미지는 대부분의 경우 나의 이상과는 거리가 있습니다. 그럴 경우 우리는 보이는 이미지만을 가지고 판단을 하게 될 것이고, 이 시점을 시작으로 체육관에 가고, 먹는 양을 줄이고, 노화 방지 제품을 찾아보겠다는 등의 결심을 할 수도 있습니다.

그러나 다른 사람에게 어떻게 보일지, 무엇이 완벽한 모습이고 당신이 얼마나 그 완벽함과는 거리가 있는지 보여주는 거울 속의 모습에 집중하지 않는다면, 지금 당신이 어떤 모습이든 아무런 상관이 없습니다.

눈을 감으면, 문제에 대한 경고나 행복의 징후를 느낄 수 있습니다. 다른 건 실제로 중요하지 않습니다. 이미지는 스쳐 지나가는 모든 감각처럼 오고갑니다. 그러나 '나는'의 열린 공간에서 그런 일시적인 경험은 그저 지나가는 광경일 뿐입니다. 진정한 당신은 풍경이 스쳐 지나가는 것을 바라보는 승객입니다. 당신의 의식은 방황하지 않고 당신의 주의력만이 모든 풍경 위를 떠돌고 있습니다. 당신의 의식은 아무것도 판단하지 않은 채, 언제나 있었던 곳, '나는'에 머물고 있습니다. 이런 판단의 부재는 자유를 주며 이것은 완전한 명상의 주요 목표 중 하나입니다.

'아하'하는 순간의 비밀

　　뇌는 어떤 정신 상태에 대해서도 편견을 갖고 있지 않습니다. 요구되는 것에 맞게 고분고분하게 자신을 바꾸고 있습니다. 그러나 몸과 마음의 단절은 뇌의 내부에 강하고 지속적인 영향을 미칩니다. 돈에 대해 걱정을 하면, 가슴이 조여들며 답답해지고 식욕마저 떨어집니다. 일단 걱정이 지나가면, 그 걱정과 관련된 몸마음의 부분들은 정상 상태로 돌아갑니다. 습관적으로 걱정을 안고 산다면, 시간이 지나면서 뇌 안의 경로도 변하게 됩니다. 습관 때문에 만들어진 이 경로가 바뀌지 않는 한, 뇌는 걱정의 공모자가 됩니다. 우울증처럼 뇌 기능에 강력한 영향을 줄 정도로 오래 지속되는 정신 상태도 마찬가지입니다.

　　다행히 뇌는 스스로 변화합니다. 보통의 경우 슬픔은 당신의 기분을 좋게 하기 위해 무언가를 시작하는 대신 저절로 사라집니다. 어두운 기분이 밝게 (또는 그 반대로) 바뀔 때 말 그대로 뇌 역시 변합니다. 어떻게 그런 변화가 가능한 걸까요? 여기에 오직 의식만이 해결할 수 있는 몇 가지 수수께끼가 있습니다.

　　뇌는 시동을 걸어야만 작동하는 자동차와는 다릅니다. 뇌는 의식적 충동과 무의식적 충동이라는 두 가지 장치의 명령에 의해 움직입니다. 아무도 어떻게 이런 일이 일어나는지 믿을 만한 설명을 해주지 않았습니다. 무의식적인 과정은 우리가 지시를 내리지 않아도 계속 진행됩니다. 혈압, 심박수, 소화, 면역체계의 활동, 내분비 호르몬의 균형 등을 우리는 전혀 의식하지 못합니다. 잠이 들면 우리에게 육체가 있다는 의식조차 사라집니다. 깨어 있을 때는 신경세포가 어떻게 작동하는지 알지 못한 채 생각을 합니다. 사실, 의학 지식이 없다면 우리에게 뇌가 있다는 증거조차 없습니다.

뇌가 우리의 지시를 받아서 혹은 스스로 작동하는 것은 정상입니다. 이 이중 장치 뒤에 숨겨진 수수께끼는 어떻게 신경 체계가 의식과 무의식 활동의 차이를 구별할 수 있는지에 대해 질문을 할 때 더 깊어집니다. 예를 들어, 호흡과 관련된 신경들은 우리가 처한 상황을 감지하며 자동적으로 자신들의 일을 처리합니다. 호흡은 고도, 산소량, 공해 물질, 공기 중 알레르기 유발 물질과 같은 외부 요인을 포함하여 싸움, 스트레스, 긴장, 성적 욕구, 피로감을 나타내는 지표입니다. 동시에 깊게 호흡을 하겠다고 결정을 하고 의식적으로 직접 개입할 수도 있습니다. 반면에 무의식적으로 한숨을 쉬거나 하품을 할 수 있습니다. 재채기를 하고 그것을 막으려 할 때, 자발적이고 무의식적인 호흡 메커니즘의 두 가지 상반되는 반응 간의 싸움이 일어나지만, 아무리 멈추려고 노력을 해도 재채기가 이깁니다.

뇌가 자동적으로 작동할지 여부를 결정한다는 주장에 그다지 신빙성이 있다고 나는 생각하지 않습니다. 그런 설명은 당신의 뇌를 당신보다 더 의식적으로 만들 뿐입니다. 마치 자율주행차가 소프트웨어가 시키는 대로 할 뿐만 아니라 운전자를 조

정하고 있다고 말하는 것과 같습니다. 그렇다면 자동차를 총괄
적으로 지휘하는 프로그램이 운전자의 결정을 막는 셈입니다.
또는 친구가 기차를 타고 떠날 때 당신이 손을 흔들고 싶어 한다
고 상상해봅시다. 그런데 당신의 두뇌가 스스로 "아냐, 난 작별
인사를 하고 싶지 않아"라고 결정을 내리고 당신이 손을 흔드는
것을 막습니다. 이런 일은 일어나지 않습니다.

모든 사람이 이 사실에 동의하지 않는 이유는 몸마음이 너
무 매끄러워서 누가 상황을 통제하는지를 항상 말할 수 없기 때
문입니다.

갑작스럽게 터지는 분노, 경각심, 성적 욕망, 공황, 발작,
공포심, 나쁜 습관, 중독, 강박적 행동, 강박관념, 우울증, 불안
감 등 이 모든 종류의 것들은 마치 자신들의 정신을 갖고 있는 것
처럼 사람을 압도합니다. 셰익스피어의 가장 심리적인 소네트
중 하나를 보면, 누가 책임을 지고 있느냐의 문제가 주도적인 역
할을 하고 있습니다.

셰익스피어의 〈소네트 129〉는 성적 욕망에 사로잡혀서 오
르가즘에 이르자마자 그것을 놓아버리는 내용입니다. 이 시는
이렇게 시작합니다.

부끄러운 줄 모르는 영혼이 치러야 할 비용은
행동하는 욕망이다. 행동할 때까지, 욕망은
상처받았고, 살인적이고, 피투성이고, 비난으로 가득하다

1부_완전한 명상, 깨어 있는 삶으로 가는 길

야만적이고, 극단적이고, 무례하고, 잔인하고, 신뢰할 수 없다.

즐기자마자 곧바로 실망했고,

지나간 이성을 추적했고, 그리고 곧바로,

지나간 이성을 삼켜버린 미끼로 증오했다

일부러 사람을 미치게 만들었다

　여덟 줄의 강렬한 시에서 우리 뇌를 조종하는 두 가지 충동의 극단을 볼 수 있습니다. '이성을 넘어선' 성욕의 충동이 폭주합니다. 욕망은 너무 강렬해서 셰익스피어는 그것을 전체주의 국가의 야만적인 독재자처럼 묘사합니다(상처받았고, 살인적이고, 피투성이고 등등). 욕망이 정신 없이 지나가고 난 후에 그 여파가 남습니다. 합리성이 수치와 양심의 가책을 느끼며 돌아오고, 이제 욕망은 그 사람을 함정에 빠뜨린 미끼처럼 되돌아봅니다.

　왜 셰익스피어는 성적 욕망을 수치심과 결부시키는 데 그렇게도 열중했을까요?

　아마도 그것은 셰익스피어가 한 번에 몇 달씩 런던에 있는 동안 스트랫포드에 아내를 두어야 했던 유부남으로서 개인적인 고백일 것입니다. 바람을 피우면서 공개적으로 자신의 사랑을 시로 고백하는 것일까요, 아니면 그저 유혹을 받았다고 말하는 것일까요? 비록 엘리자베스 1세 시대의 사람들이 특히 연극계에서 난폭하고 방종한 생활을 했지만, 종교적 믿음에서 성을 죄악으로 본 결과 수치심을 느낀 겁니다. 선동가인 청교도 설교자들은 연극들을 소매치기나 매춘부와 비교하는 경향이 있었습니다. 자발적이고 무의식적인 행동의 관점에서 볼 때, 〈소네트 129〉는 단지 자기 마음이 내키는 대로 성을 취하려는 내용이라기보다는 인간의 조건에 관해서 조금 더 말하려는 것입니다.

누구의 책임인가에 대한 수수께끼는 '아하!'의 순간에서 경험하게 되는 흥미로운 실험을 통해 드러납니다. 이 순간들은 갑작스러운 통찰력이 생기는 창조적인 순간이며, 겉으로 봤을 때 그것은 종종 난데없고 종종 예상할 수 없는 것처럼 보입니다. 런던대학의 조이딥 바타차리아 교수와 그의 동료들은 자원봉사자들에게 60~90초 안에 언어 퍼즐을 풀게 했습니다. 만약 90초 안에 답을 말하지 못하면, 힌트가 주어집니다. 오직 일부 피실험자들만이 퍼즐을 풀었는데, 피실험자들의 뇌파를 측정해서 뇌파만으로 누가 문제를 풀었을지 예측했습니다.

퍼즐을 푸는 방법에 대해 갑작스러운 통찰력을 갖게 된 사람들은 고주파 감마파에서 높은 수치를 보였습니다. 이런 고주파는 뇌의 오른쪽 측두엽에서 담당하며, 무엇보다도 정신적 기어 역할을 합니다. 감마파의 급등은 지원자가 해답을 찾기 8초 전에 일어났습니다. 연구원들은 감마파의 이런 급증이 변형적 사고에서 일어나는 활동과 같다는 견해를 밝혔습니다. 즉 일상적인 사고에서 출발해서 '아하!'하는 순간의 경험으로 가는 것입니다.

좋은 아이디어가 어디에서 나오는지 추측하면서 이 실험에 대해 논평을 했던 한 연구원은 대담하게도 그런 아이디어를

"마음속에서 연결성이 가능한지를 탐색하는 세포의 네트워크"에서 찾았습니다. 이 결론은 뇌세포가 주위를 둘러보고, 올바른 연결을 찾아서 순간적으로 떠오르는 영감을 마음에 전달한다는 것입니다.

사이버 엔지니어가 컴퓨터 회로의 작동방식을 설명하듯이, 기계의 작동 방식과 모니터, 즉 화면에 단어, 사진, 비디오 등이 표시되는 모니터에서 경험하는 것 사이에서 틈이 생깁니다. 당신이 유튜브에서 스카이다이버를 볼 때, 그 동영상은 컴퓨터나 스마트폰의 회로에서 나오는 것일까요? 절대로 그렇지 않습니다. 컴퓨터 회로에서는 오직 디지털 작업만이 일어날 뿐입니다. 영상은 당신의 의식 속에서 재생되고 있습니다.

마찬가지로, 동영상 속의 스카이다이버는 그의 뇌에서 자유낙하의 쾌감을 경험하지 못하고 있습니다. 뇌는 다양한 화학 이온과 전기신호를 처리하는 유기회로일 뿐입니다. 스카이다이빙은 의식 속에서 일어나고 있습니다. 뇌의 회로는 컴퓨터가 비행기에서 낙하산으로 뛰어내리며 경험할 수 있는 것보다 더 많은 걸 경험할 수 없습니다. 자아가 없으면 경험도 없습니다. 신경과학을 폄하하려는 것이 아닙니다. 적어도 뇌의 활동을 이해하면, 뇌와 연관이 있는 질병, 즉 간질, 파킨슨, 알츠하이머와 같은 질병의 치료법을 찾는 데 도움이 될 수 있습니다. 나는 단지 인간이 두뇌 회로의 포로가 아니라는 사실을 말하고 싶을 뿐입니다.

수천만 년 동안 이어져 내려온 진화의 과정 중 어느 순간엔가 호모 사피엔스의 두뇌 회로에서 의식을 넘어섰을 때 비약적인 진화가 일어났습니다. 가장 정교한 고속 컴퓨터조차 그렇게 비약할 수 없습니다. 그 이유는 간단합니다. 컴퓨터는 뇌처럼 경험할 수 없기 때문입니다.

그렇다면 도대체 인간의 정신활동은 누구의 책임인 걸까요? 가능한 유일한 대답은 누구의 책임도 아니라는 것입니다. 몸마음은 단순히 한 가지 혹은 다른 모드로, 때로는 자발적이고 때로는 자동으로 작동하고 있습니다. 아무도 심지어는 당신조차도 책임이 없습니다. 당신은 또한 온전함의 일부입니다. 만약 그 질문에 대답해야 한다면, 우리는 의식이 그 자신을 책임지고 있다고 말할 수 있습니다. 의식을 뛰어넘어 책임을 질 수 있는 것은 아무것도 없습니다.

바다를 한 번 생각해봅니다. 바다에는 폭풍우가 몰아칠 수도 있고, 잔잔할 수도 있습니다. 따뜻한 물살과 차가운 물살이 바다에 흐르고 있습니다. 바다 아래에는 헤아릴 수 없이 많은 다양한 해양 생물이 살고 있습니다. 각 생물들은 자신의 생애 주기를 살아갑니다. 어떤 것은 포식자이고, 어떤 것은 먹이가 됩니다. 누가 바다를 책임지고 있을까요? 오직 바다 그 자체만이 책임을 질 뿐입니다. 그것은 자급자족하는 생태계입니다. 마찬가지로, 의식은 몸마음에서 일어나는 모든 것을 책임지는 생태계입니다.

만약 의식이 자신을 책임진다면, 의식은 모든 것을 할 수 있습니다. 그러나 우리의 개인적인 경험은 아주 다릅니다. 우리는 아무것도 할 수 없습니다. 종종 우리가 하는 일이 너무 미약해서 별로 중요하지 않다고 느끼고 있습니다. 이런 생각을 바꾸어야 합니다. 그렇지 않으면, 우리는 가질 수 없는 권력과 가능성에 대한 환상을 갖게 됩니다. 여기서 지금 실제로 일어나고 있는 의식의 완전한 힘은 어디에 있을까요? 우리가 다음에 알아봐야 할 질문입니다.

무한한 정신으로 가는 여정

바닷속의 물고기에게 바다는 경계가 없습니다. 생태계로서 바다는 그 안에 살고 있는 모든 것을 창조하고 유지합니다. 자각은 이와 같은 궁극적인 생태계입니다. 거기에는 어떤 경계도 없습니다. 바닷속에 사는 날치는 물 밖으로 뛰어오르며 물이 없는 생태계가 있다는 것을 인식할 수 있지만, 우리는 의식 밖으로 뛰어오를 수 없습니다. 그런 상태는 상상할 수 없습니다.

우리는 의식의 무한함에 연결되어 있습니다. 그 자체가 전체로서 의식에 대한 모든 것이 진정으로 우리에 관한 것입니다. 명상은 무한한 마음, 온전한 마음에 더욱더 가까이 우리를 데려갑니다. 온전한 마음을 경험하면 한계는 없어집니다. 그리고 그 많은 경계가 얼마나 불필요한지를 깨닫게 됩니다. 깨어난다는 것은 경계가 얼마나 무의미한지를 알게 해줍니다. 경계가 분명히 존재한다고 생각하는 이들에게는 특히 그렇습니다. 무한한 정신으로 가는 여정에서 목표는 한 번에 도달하는 것이 아닌 하나의 과정입니다. 이때 목표를 위한 비전을 갖는 것이 도움이 됩니다. 다음은 무한함과 잠시 연결될 수 있는 간단한 방법입니다.

O 화창하고 구름 한 점 없는 날에 바닥에 등을 대고 누운 채 맑고 푸른 하늘을 가득 눈에 담습니다. 그 푸르름에 대한 감각을 자신의 주된 감각으로 만들면서 그 안에서 휴식을 취합니다.
이제 푸르름 너머를 봅니다. 그렇게 하기 위한 특별한 방법은 없지만 한 번 시도해봅니다. 그러면 잠시 동안 하늘이 국경, 소위 무한의 국경이라는 것을 느낄 수 있습니다.

O 눈을 감고 당신이 엄청난 속도로 깊은 우주를 여행하고 있는 미항공우주국의 탐사선이라고 상상합니다. 별이 지나가고 멀리 있던 은하계가 가까워지는 것을 봅니다. 점점 더 빨리 속도를 내어 별과 은하계를 사라지게 합니다. 이제 검은 공허함만 있을 뿐, 속도감은 없습니다. 당신은 무한한 공간 안에서 그것의 무한함을 제외하고는 아무것도 경험하지 않으며 움직임도 없이 떠 있습니다.

O 좋아하는 음악을 한 곡 듣고, 그 달콤한 감각을 느껴봅니다. 이제 음악을 끄고 그 달콤함에 머무릅니다. 달콤함의 원인은 사라졌지만, 달콤함은 그 자체로 존재합니다. 이것이 무한한 행복의 느낌입니다. 이유도 필요하지 않고, 그 자체로 존재하는 것입니다.

chapter 4

습관의 덫에 갇힌 삶

완전한 명상은 의식에 대한 신뢰를 쌓으며 자신의 삶을 돌보는 것입니다. 그러나 의식에 대한 신뢰 자체가 목표라면, 악의 존재는 어떻게 되는 걸까요? 수세기 동안 인류의 극적인 사건은 선과 악이 싸우는 것으로 그려졌고, 그래서 인간이 본래 선하다는 이론은 약화되었습니다. 동시에 악의 존재는 하느님이나 신들이 완전히 선하다는 생각을 훼손했습니다. 반면에 무신론자들은 숭배할 만한 가치가 있는 신이라면 인류의 집단 역사에 새겨진 깊은 상처, 다시 말해 오늘날에도 인류에게 계속 상처를 주고 있는 전쟁이나 대량학살과 같은 참상을 용납하지 않았을 것이라고 주장합니다.

　인간 행동의 가장 최악의 상태에 사로잡히는 것은 우리를 당황하게 합니다. 가정 내에서 벌어지는 학대에서 내전에 이르기까지, 사소한 범죄에서 대량학살에 이르기까지 우리 존재의 모든 단계에서 악에서 비롯된 선은 없다는 충분한 증거가 있습니다. 그렇다면 스스로를 위해 그런 최악의 상태에서 벗어나는 건 어떨까요? 이 질문은 갇힘의 모든 문제로 가는 문을 열어줍니다. 다시 말해서 우리가 아무리 높은 이상을 가지고 그것을 위해 최선의 노력을 기울여도 부정적인 것들이 지속되면 그 부정적인 것들은 계속 우리에게 영향을 미칩니다. 우리 모두의 내면에는 사악한 행동의 뿌리가 자리 잡고 있습니다. 우리는 그 자체로 전쟁과 범죄, 폭력의 원천입니다. 우리는 인간 본성의 어두운 면을 행동으로 옮기지 않을 수 있습니다. 그러나 그럴 만한 상황에 놓이면, 우리는 각자가 가지고 있는 이성과 선함의 한계점을 지나 화, 분노, 시기심, 복수심, 편협함, 두려움, 심지어는 폭력에 대한 흥분으로 비합리적인 행동을 하게 됩니다.

만약 정말로 우리 자신이 악의 근원이라면, 악에 대한 실질적인 해결책은 저절로 나타납니다. 다름 아닌 갇혀 있는 자신을 풀어주는 것입니다. 경험은 왔다가 스쳐지나갑니다. 생각은 떠올랐다가 곧 사라집니다. 감정은 더 오래 지속되지만, 사라지기도 합니다. 가장 강력한 두 개의 부정적인 감정인 분노와 두려움이 정상적인 경험과 같은 리듬으로 생기고 사라진다면, 사악한 행동을 부추기지 않을 겁니다. 우리가 간섭하기 전까지 의식의 흐름은 이런 악한 행동에 주목하고 있습니다. 우리는 내가 '닫힘 증후군'이라고 부르는 것의 원인이자 희생자입니다. 이 증후군은 앞에서 살펴본 것과 같이 마음이 자신에게 큰 상처를 주는 활동에 탐닉하는 것으로, 항상 악의 덫이었습니다.

만약 우리의 목표가 갇혀 있는 상태에서 풀려나는 것이라면, 악에 대한 대부분의 이론을 무시할 수 있습니다. 그것은 그저 신과 사탄이 전쟁을 하고 있다거나, 또는 보이지 않는 전쟁의 원형이 우리에게 영향을 준다는 이론일 뿐입니다. 그와 마찬가지로 무의식의 마음 속에 우리가 갖고 있는 최악의 충동이 숨겨져 있다거나 그림자가 사악한 독재자처럼 우리의 무의식을 지배하고 있다는 심리학적 설명 또한 이론에 불과합니다. 수많은 사람들이 이런 개념 중 몇 가지를 믿고 있지만, 어떤 이론도 해결책을 이끌어내지 못했습니다.

악에 대한 모든 설명을 제쳐두고 악에 갇혀 있는 상태에서 풀려나는 것에만 집중해봅시다. 최선의 상황은 나쁜 행동에서 자신을 해방시키는 것입니다. 분노와 두려움이 생겨나자마자 재빨리 퍼져나가는 그림자를 스쳐 지나간다면 당신은 위대한 일을 해낸 것입니다. 세상의 악에서 당신의 몫을 없앤 것이니까요.

악의 습관

악에 대한 가장 기본적인 사실은 그것이 습관이 된다는 것입니다. 몇 번 반복하다 보면 악은 우리의 습관이 됩니다. 그런 점에서 악은 아주 평범합니다. 악은 우리를 사로잡는 특별한 힘을 갖고 있지 않으며, 오히려 다른 나쁜 습관과 마찬가지로 성가신 영역에 속합니다. 대부분의 사람들이 일상적인 습관이 될 때까지 매일매일 자기패배적이고 비이성적인 행동을 합니다. 더 나은 변화를 위해 자신이 할 수 있는 모든 것을 하는 대신, 우리는 무의식적으로 매순간 우리를 가로막는 행동들에 집착하고 있습니다. 정신분석학의 창시자인 지그문트 프로이트는 1901년에 출간된 그의 저서《일상생활의 정신병리학The Psychopathology of Everyday Life》에서 '병리적인' 자멸적 행동에 대해 연구했는데, 이 책의 제목은 갇혀 있음과 관련된 악을 바라보는 우리의 시각을 보여줍니다.

　일상생활의 정신병리학에는 다양한 형태가 있습니다. 우리는 악, 고통, 상처를 서로 다른 범주로 깔끔하게 분류하지만, 그런 범주와 관계없이 이들은 서로 겹쳐집니다. 그럼에도 불구하고 다음과 같이 매일매일의 정신병리학에 속하는 각기 다른 종류의 경험이 있습니다.

　불안과 우울증
　강박적인 행동, 강박적인 관념
　자기 판단력
　죄책감
　수치심
　자존감 손상
　충동 조절의 결핍

부정 또는 문제 회피

억압 또는 원치 않는 충동을 시야 밖으로 밀어내기

분별력 있는 사람이라면 이런 경험들을 심리적으로 건강하다고 생각하지는 않을 겁니다. 이런 감정들은 엄청난 고통을 일으키고 최악의 경우 장애를 가져올 수도 있습니다. 이런 상태를 싫어하거나, 자신 혹은 다른 사람을 비난하거나, 자포자기한다고 해서 더 나아질 것은 없습니다. 사실 스스로를 비하하는 것은 대부분 문제를 더 악화할 뿐이며, 다른 사람들에게서 받은 좋은 충고도 상황을 개선하지는 못합니다.

우리는 하나의 충동이나 행동에 '악'이라는 꼬리표를 붙이지 않습니다. 우리가 '악'이라 부르는 것은 어두운 것들의 합성물이지만, 그것들은 우주적으로 악하거나 심지어 천성적으로 악하지 않습니다. 역사상 무시무시한 대량학살을 자행한 살인자들은 일상의 충동을 재난의 수준으로 확대했을 뿐입니다. 다음의 행동이나 감정이 바로 그런 일상의 '어두운' 충동에 속합니다.

남을 호되게 꾸짖다.

다른 사람을 비난한다.

자신을 다치게 한 사람에게 복수하고 싶다.

자기 방어의 한 형태로 먼저 공격한다.

무력감을 느끼고, 무력감이 복수를 하는 환상으로 이어진다.

절망감을 느끼고, 그 절망감이 앞일을 걱정하지 않는 무모함으로
이어진다.

학교에서 괴롭힘을 당하는 것과 같은 일상적인 상황을 생
각해봅시다. 피해자 없이 괴롭히는 사람이 있을 수 없습니다. 아
무도 희생자가 되겠다고 자처하지는 않지만, 아이들과 청소년들
이 대처하는 방법에는 한계가 있습니다. 그들이 어떤 역할을 하
는지는 중요하지 않습니다. 괴롭히는 사람들과 피해자들 모두
앞에서 언급한 것과 같은 어두운 충동에서 행동하기 때문입니
다. 즉 양쪽 모두 다른 사람을 탓하고, 공격과 방어를 유일한 선
택지로 삼으며, 무력감을 느끼거나 다른 사람이 무력감을 느끼
게 합니다. 인류 역사에 등장했던 괴물들도 다르지 않았습니다.
그들은 단지 대범하게도 자신들의 '정신적 장애'를 공공연하게
드러냈고, 그들이 억압하고 있는 수백만 명의 사람들도 각자의
위치에서 괴물처럼 행동했을 뿐입니다.
　　우리 모두가 잠재적으로 대량학살을 자행할 살인자라는
의미는 아닙니다. 우리가 상처를 주거나 상처를 입고, 복수를 하
려고 하거나 그런 행동에 대한 환상을 쫓는 등 같은 패턴의 공격
과 방어에 갇혀 있음을 이야기하고 싶을 뿐입니다. 만약 자신이
처한 상황이 스스로를 화, 분노, 무력감, 절망의 극단으로 몰아
간다면, 그것은 곧 우리가 악이라고 꼬리표를 붙인 것을 행동으
로 옮기거나 그것의 희생자가 될 준비를 하는 것입니다. 두 역할

중 하나는 갇힘의 한 형태입니다.

갇혀 있는 상태에서 탈출할 수 있는 방법은 자신의 행동에 더 많은 선택의 여지를 주는 것입니다. 그리고 그것은 더 의식적이 될 때 가능해집니다. 대부분의 사람들은 다음의 4가지 기본 행동을 통해 어려운 상황에 대처합니다.

스스로를 방어한다.
강력히 맞서며 저항한다.
상황을 참고 견딘다.
부정하기 시작한다.

만약 이처럼 제한된 행동의 범위 안에 갇혀 있다면, 특히 개인적인 관계는 물론이고 직장에서도 생산적인 결과를 얻을 수 없습니다. 완전한 명상에서는 원하는 결과를 의식이 해결하도록 합니다. 이것은 많은 사람들이 활용하는 전략은 아닙니다. 신앙의 시대에 신에게 기도했던 것이 이와 비슷했지만, 문제는 신을 천국에 사는 전지전능한 슈퍼맨처럼 취급했다는 점입니다. 이처럼 인간과 신성을 분리하면서, 신의 결정을 기다리는 무력하고 수동적인 독실한 신자들이 아무것도 할 수 없게 되었습니다. 그런 상태에서 신성은 지속될 수 없었고, 인간의 본성이 그 자리를 대신하게 되었습니다. 신앙의 시대는 7개의 치명적인 죄악을 충분히 제시하면서도 폭력과 전쟁으로부터 자유롭지 않았습니다.

완전한 의식은 우리와 분리되지 않습니다. 그것은 우리의 근원이자 진정한 자아입니다. 의식이 확장되면, 힘겨운 상황 속에서도 폭넓은 행동을 가능하게 해줄 새로운 자원을 발견하게 됩니다. 대립을 피하기 어려울 때가 있지만 이런 대립을 누군가가 승리하기 위해서 누군가는 패배를 해야만 하는 제로섬 게임으로 바꾸는 것이 올바른 결과를 가져오는 경우는 거의 없습니다. 적개심이라는 씨앗이 뿌려지고, 곪은 분노가 악을 조장하는 갇힘 증후군을 낳을 뿐입니다.

제로섬 게임에 대한 대안으로 보통 타협이 등장하는데, 타협은 대립이 고조되는 것을 막아줍니다. 국내에서 발생한 갈등이든 혹은 무력충돌 직전에 후퇴해야 하는 두 국가 간의 문제든 관계없이 어떤 어려운 상황에서도 의식은 평화적인 결과의 가능성을 열어줍니다. 우리는 다음과 같은 행동을 통해 평화의 기회를 가질 수 있습니다.

자신을 진심으로 도울 수 있는 사람에게서 해결책을 찾습니다.
충동적으로 행동하지 않고, 중심이 설 때까지 기다립니다.
다른 사람을 비난하지 않고 자신의 감정에 책임을 집니다.
언제나 해결책이 있다고 믿습니다.
명상 모드에서 통찰력을 얻으려고 합니다.
스트레스 상황을 견디기보다는 그 상황을 피합니다.

스트레스의 원인이 되지 않습니다.

다른 사람을 동등한 존재로 존중합니다.

자신의 행복을 소중하게 생각하고, 고통을 마치 미덕인 것처럼 합리화하지 않습니다.

이처럼 자신의 행동을 확장하는 데 마법 같은 건 없습니다. 우리는 언제나 이런 행동을 할 수 있습니다. 만약 이러한 행동들이 지켜졌다면 처참한 전쟁들을 피할 수 있었을 것이고, 많은 부부가 이혼하는 걸 막을 수 있었을 겁니다. 극히 일부의 사람들만이 초기에 위협을 잠재우고 갈등을 예방할 수 있는 방법을 알고 있다는 사실은 많은 사람들이 실제로는 수면 상태에 머물고 있음을 보여줍니다.

의식은 깨어나는 과정에서 자연스럽게 이런 반응을 전개합니다. 의식에 대해 들어본 적도 없고 명상을 해본 적도 없는 많은 사람들도 단지 성숙한 어른이 되는 과정에서 이런 반응을 보일 수 있습니다. 그러나 의식적으로 각성된 행동을 하다 보면 상당히 빠른 속도로 이런 반응이 나타날 수 있습니다. 지금 당장 할 수 있는 가장 빠른 방법은 마치 지금 깨어 있는 것처럼 사는 것입니다.

학교에서의 괴롭힘에 가담하면서 확장된 의식을 기대할 수는 없습니다. 어린이와 청소년은 여전히 미성숙한 상태이고, 종종 혼란스러운 심리적 단계에 있습니다. 이런 이유에서 그들의 행동에 대해 그들에게 전적으로 책임을 지우지 않습니다. 그러나 어린 시절의 상처가 지속된다면, 성숙한 어른도 그만큼 상처를 입게 됩니다. 일상생활의 정신병리학의 대부분은 상처를 입은 내면의 아이에게서 옵니다. 내면의 아이가 어딘지 모르게 순수하고 천사 같을 거라는 통념은 모든 아이들이 순수함을 가지고 있지만 동시에 결국 닫힘으로 이끌리는 부정적인 충동을 품고 있다는 현실을 무시하고 있습니다.

우리가 깨어나면 자신의 자아 인격을 방어할 필요가 없기 때문에 일상생활의 정신병리학으로 발생하는 문제는 줄어듭니다. '나' 자신이 문제이기 때문에, '나'는 결코 해결책이 될 수 없습니다. 자아 인격이 불안정하고, 이기적이고, 까다롭고, 다른 사람들을 통제하려는 충동에 좌우되는 것을 확인하기 위해 많은 자아 인식이 필요하지는 않습니다. 훨씬 더 근본적인 것이 더 보기 힘든 법입니다.

'나'는 끈질기게 달라붙습니다. 파리는 끈끈이에 내려앉지 않는다면 앉았다가 바로 날아갑니다. 마찬가지로, 경험은 우리에게 뭔가 끈적거림이 남아 있지 않으면 우리에게 달라붙을 수 없습니다. 같은 이유로 당신은 자아가 그것의 끈적거림, 다시 말해 닫힘의 상태에서 스스로 벗어날 거라고 기대할 수 없습니다. 닫힘에서 벗어나기 위해 필요한 게 무엇이든 '나'는 그것을 성취할 수 없을 겁니다.

습관에서 벗어나기

완전한 명상은 무의식적인 반응을 의식적인 반응으로 바꿉니다. 이런 변화를 위해서는 습관에 집중할 필요가 있습니다. 습관은 악순환의 덫과 같습니다. 습관 뒤에 숨은 충동이 자꾸 반복되고 있습니다. 충동이 일어나면 대부분의 사람들은 잠깐 동안 그 충동을 억제하려 애쓰지만 곧 포기하게 되고, 결국 습관이 승리합니다.

어떤 습관이든 이와 같은 방식으로 나타납니다. 과식과 걱정은 겉으로는 전혀 다른 것처럼 보이지만, 이 둘은 꼬리를 물고 돌아가는 악순환의 구조를 가지고 있을 뿐만 아니라 모두 무의식 속에 뿌리를 두고 있습니다. 다시 말해, 생각의 단계에서는 뚜렷한 원인을 찾을 수 없고, 습관으로부터 벗어나는 방법을 생각한다고 문제가 해결되지 않습니다. 더 깨어 있을수록 습관을 지속하게 하는 핵심적인 요소나 계속 반복되는 상황을 다루는 것이 더 쉬워집니다. 마음이 어떻게 반복되는 패턴에 빠지는지 생각해봅시다. 이것이 문제의 핵심이기 때문입니다.

의식은 고요함 속에서 모든 것을 처리하지만, 마음은 소음으로 가득 차 있습니다. 이 소음의 대부분은 유용한 사고나 이성적인 사고와는 관련이 없습니다. 가령 끊임없이 머릿속에서 맴도는 음악은 더 이상 그것을 떠올릴 필요가 없는데도 머릿속에서 떠나지 않습니다. 어떤 사람들은 현실이 될 가능성이 없는 일 때문에 공포의 악순환에 빠져 벗어나지 못한 채 끊임없이 걱정을 하기도 합니다. 강박장애를 가진 환자들은 길가에 있는 틈을 세거나 자동차 번호판의 숫자를 더하는 것과 같은 의례적인 사고를 집착합니다.

이 모든 상황의 공통점은 바로 반복입니다. 죄책감, 수치심, 굴욕, 패배로 끝난 논쟁, 발끈 튀어나오는 불만에 대한 오래되고 낡은 기억들이 회전목마처럼 마음속을 맴돌고 있습니다. 왜 마음이 쓸모없고 반갑지 않은 그런 생각들로 돌아가는지 아무도 모릅니다. 그런 기억들은 성가시고 고통을 줄 뿐입니다. 차라리 잊었으면 하는 것들이 잊히기를 거부하고 있습니다.

나쁜 습관은 이런 구조에 딱 들어맞습니다. 우리는 자신을 괴롭히는 생각이나 행동을 멈추지 못하는 것에 무력감을 느낍니다. 일상생활에서 일어날 만한 다음 상황들을 생각해봅시다.

○ 군것질을 하지 않겠다고 맹세를 했지만, 앉아서 TV를 보고 있으

면 간식을 먹고 싶은 충동이 계속 되살아납니다.

○ 우체국에서 줄을 서서 기다리는데, 누군가 자꾸 앞에 끼어드는 것과 같은 아주 사소한 일에 화가 나고 짜증이 납니다. 그 정도 일은 이해할 수 있다고 생각하지만, 마음속에서 계속 그 일을 되뇌고 있습니다.

○ 새로운 생활용품이나 새 옷을 사서 집에 돌아왔는데, 온라인에서 같은 물건을 반값에 팔고 있다는 걸 알게 되었습니다. 그 차이는 크지 않지만, 물건의 가격을 좀 더 철저하게 확인하지 않은 것에 대해 자책합니다.

○ 휴가 중에 오래전부터 먹고 싶었던 유명한 식당에 예약을 하고 그 날을 손꼽아 기다리고 있습니다. 그러나 도착하고 보니, 실수로 예약이 되어 있지 않은 데다 식당은 예약이 꽉 차서 자리가 없습니다. 휴가를 마치고 집에 돌아와서 무엇이 잘못되었는지 계속 생각하고 다시는 먹을 기회가 없을 멋진 식사에 대해 끊임없이 떠올리며 안타까워합니다.

반복해야 소용이 없는데도 불구하고, 마음은 그 행동을 포기하지 않습니다. 만약 당신이 반복적인 생각, 충동, 정신적 습관을 없애는 걸 배울 수 있다면, 우리는 자신의 생각이나 행동을 더 자유롭게 통제할 수 있으며, 우리 마음의 화면에도 잡음이 나타나는 일은 없을 것입니다.

자아 인격은 전적으로 과거의 경험에서 만들어집니다. 그래서 자연히 이런저런 이유로 과거의 경험을 떠올리지 않을 수 없습니다. 하지만 우리가 그 이유를 알아야 할 필요는 없습니다. 우리는 우리의 자아 이상입니다. 자아가 자신의 관점을 고집할 때, 우리는 다른 관점, 다시 말해 더 의식적인 관점을 제시할 수 있습니다. 다음에 소개하는 방법을 통해 반복되는 생각과 행동에서 벗어날 수 있습니다.

○ 만약 머릿속을 맴도는 음악 때문에 괴롭다면 100에서 3씩 빼면서 수를 셉니다. 이처럼 단순한 방법으로 집중을 하면서 마음을 현재의 순간으로 되돌릴 수 있습니다.

○ 만약 부정적인 생각이 떠나지 않는다면, 자신이 그 생각에 집중하고 싶지 않다는 것을 상기하며, "지금 당장 네가 필요한 건 아니야"라고 말합니다. 이것은 자아의 파편과 벌이는 일종의 협상입니다. 싸우거나 굴복하는 것이 아닙니다. 고집을 부리는 것도 아닙니다. 그래도 계속 부정적인 생각이 떠오르면 부드럽게 "지금 당장 네가 필요한 건 아니야"라고 반복해서 말합니다.

○ 간식을 먹고 싶은 충동이 계속 반복되면, 중심을 잡고 심호흡을

몇 번 하고 명상 모드로 앉습니다.

○ 어떤 걱정거리가 마음에서 떠나지 않는다면, 연필과 종이를 들고 자신이 그 문제에 대해 어떻게 느끼는지를 적어봅니다. 그 문제에 대한 자신의 감정이 오래 유지되도록 내버려둔 채로 계속 글을 씁니다. 그 글이 횡설수설하는 것처럼 느껴질 수 도 있지만 원래 걱정이란 논리적이지 않은 법입니다. 아무리 유치한 감정이라도 그것을 자신에게 말함으로써 그 감정의 근원이 되는 에너지를 약화할 수 있습니다.

○ 마음이 소음으로 가득 차 있다고 느낄 때마다 생각 모드에서 벗어납니다. 예를 들어 무작위적인 정신의 소음은 종종 불면증을 가져옵니다. 계속 생각할 이유가 없는데도 마음의 엔진은 계속 굴러갑니다. 이 경우 앞에서 설명했던 미주신경 호흡이 도움이 될 수 있습니다. 생각 모드에서 벗어나는 또 다른 방법은 마음의 눈에서 색깔의 부분만을 상상해보는 것입니다. 색깔에 계속 주의를 집중하고, 만약 생각이 산만해지면 다시 색깔로 돌아갑니다.

이 방법들 중 어느 것도 노력을 기울이도록 강요하지는 않습니다. 일상생활에서 반복되는 생각은 결국 사라집니다. 자신을 중심에 두는 법을 이미 알고 있다면, 깨어 있는 것과 잠들어 있는 것 사이의 차이점에 대해 알고 있을 겁니다. 깨어 있을 때,

습관을 반복하게 하는 생각은 우리 주변에 달라붙지 못합니다.

그러나 성가신 생각, 기억, 충동 습관이 자아의 파편이라는 것은 알아둘 가치가 있습니다. 그것들이 우리에게 달라붙는 이유는 우리가 '나'에 집착하기 때문입니다. 자아의 파편들을 떼어 내기 위해서는 인내가 필요합니다. 우리는 오랫동안 '나'와 함께 했고, 매일 크고 작은 방법으로 그 관점에 적응해왔습니다. 새로운 시각을 갖기 위해서는 자주 명상 모드로 돌아가야 합니다. 명상 모드에서 경험한 모든 것들, 다시 말해 자신을 중심에 놓고 균형을 유지했던 모든 경험들이 뇌를 계속 명상 상태에 머무르도록 합니다. 시간이 지나면 뇌는 영원히 그 상태에 남게 될 것입니다.

의도와 저항

잠에서 깨어날 때 우리는 고립된 자아 인격보다 더 확장된 관점을 가질 수 있습니다. 깨어 있으면, 의식이 매일 '나'에게 영향을 주는 것들로 인해 흐려지지 않습니다. 의식의 무한한 힘에 맞추어, 마치 평탄하게 다져진 길을 걷는 것처럼 쉽게 욕망이 충족됩니다. 아래의 다이어그램에 표시된 대로 당신이 의도하는 것이 그대로 원하는 목표에 도달합니다.

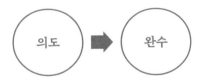

의식적인 의도를 갖는 것은 의식이 실수 없이 모든 성공적인 결과를 어떻게 관리하는지에 관한 것입니다. 팔 들어올리기, 자동차 운전, 전화 통화 등 간단한 의도들은 자동적으로 이루어지기 때문에 생각은 할 필요도 없습니다. 그러나 어쩌다 중간에 방해를 받으면 전체 과정이 막힐 수도 있습니다.

내가 아는 어느 여성은 해질녘에 레스토랑에서 차를 몰고 집으로 돌아가고 있었습니다. 그녀는 와인 한 잔과 맛있는 식사를 하고 난 후라서 마음이 편안했습니다. 마을길로 접어들면서 그녀는 잠시 멈춘 후에 좌회전을 했습니다. 하지만 아주 잠깐 한 눈을 팔면서 오른쪽을 확인하지 못했고, 얼마 후에 대형 트럭이 그녀의 차를 들이받았습니다. 단 1초의 차이로 그녀는 죽음을 피할 수 있었습니다.

　이렇게 구사일생으로 목숨을 건진 것이 그녀의 마음을 괴롭혔습니다. 그녀는 그날부터 남편에게 운전을 맡겼습니다. 그는 사고가 나는 동안 뒷좌석에 앉아 있었고, 목에 아주 가벼운 부상을 입었습니다. 그러나 그 사고의 외상은 그에게 흔적을 남겼습니다. 그는 몇 달 동안 식욕을 잃었고, 그의 체중은 20파운드나 줄었습니다. 이 글을 쓸 당시 그녀 역시 사고가 난 후 3년이 지났는데도 운전대를 잡을 수 없는 심리 상태였고, 우편물을 찾기 위해 사람이 거의 다니지 않는 거리에서 한 블록을 겨우 운전해서 갈 수 있을 뿐이었습니다. 심리학자들이 일상생활에서 대부분의 사람들이 터득하는 가장 정교한 기술이라고 여기는 운전을 배우는 것과 같은 마음도 완전히 마비되었다고 느꼈습니다. 그 여성이 운전을 하기를 원하는 것은 문제가 되지 않았습니다. 그녀의 욕망 자체가 차단되었기 때문입니다.

　이처럼 원하지 않는 결과가 생기는 방법은 수도 없이 많습니다. 그러나 일반적인 패턴은 다음의 다이어그램으로 나타낼 수 있습니다.

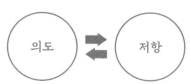

당신의 마음 또는 외부의 힘에 의해 당신이 갇힌 모든 상황이 이 다이어그램에 딱 들어맞습니다. 당신은 무언가를 하고 싶습니다(의도). 그러나 저항에 부딪힙니다. 잠시 멈추어서 자신에 대해 생각해 보면, 당신은 변한다는 것이 얼마나 힘든지를 알게됩니다.

어떤 사람에게 그것은 체중과 몸에 대한 이미지일 수 있습니다. 어떤 사람에게는 사랑이 부족한 것일 수도 있고, 또 다른 사람에게는 관계에서 느끼는 좌절감일 수 있습니다. 갇힘에 대한 사례를 말한다면, 아래와 같은 것들이 매우 비슷할 겁니다.

당신은 이 문제에 대해 한동안 알고 있었습니다.

자주 그것에 대해 생각했습니다.

문제를 해결하는 데 진전이 없거나, 그저 일시적으로만 진전이 있었을 뿐입니다.

아무도 당신에게 정말로 유용한 조언을 주지 않았습니다.

최악의 순간에 당신은 무력감, 절망감, 또는 둘 다 느끼게 됩니다.

처음부터 효과가 없었던 수정 작업을 계속 반복하고 있습니다.

결국 당신은 무엇이 잘못되었건 그저 참기만 했습니다.

간단히 말해서, 이것은 저항이 우위를 점하는 방법입니다. 누구나 저항에 부딪히며 생기는 한계를 부담스러워 합니다. '나'는 이 과정의 일부인데, 왜냐하면 자아는 과거에 우리 뜻대로 되지 않았던 모든 시간에 의해 형성된 것이기 때문입니다. 닫힘의 전체 문제는 단순한 사실에 좌우되고 있습니다. 경험은 오고갑니다. 그러나 어떤 경험들은 지속되고 있다는 인상을 남깁니다. 이러한 인상은 매우 얕은 것부터 매우 깊은 것까지 다양한 스펙트럼을 가지고 있습니다. 다른 사람들에게서 받은 첫인상은 지속적인 적대감으로 남기도 하고 평생의 사랑으로 남기도 하지만, 대부분의 경우 그 사이 어딘가에 있습니다.

이런 일이 일어나고 있다는 것을 전혀 몰랐음에도 불구하고 당신에게 지속적인 인상을 남겼습니다. 깊은 인상은 완전히 각인되는 반면 얕은 인상은 꽤 빨리 사라집니다. 당신을 울게 했던 영화는 몇 시간 혹은 그보다 더 오래 마음속에 남아 있을 수 있지만, 그보다 더 오래 남는 영화는 거의 없습니다. 어린 시절의 초기 경험에서 만들어진 좋은 인상과 나쁜 인상을 수량화할 수 있는 방법은 없습니다. 그러나 의심의 여지 없이 그런 경험들은 우리에게 흔적을 남깁니다. 동시에 우리는 나쁜 점을 보완하며 앞으로 나아갑니다.

이러한 대응 패턴은 현재의 문제 해결 방법이 일반적으로 효과적이지 않다는 사실을 부정하지 않습니다. 흡연과 폐암 간의 연관성이 명확하게 설명된 지 50년이 넘었지만, 미국 성인 중 거의 4분의 1이 계속 담배를 피우고 있다는 사실이 증명하듯이, 일방적으로 주어진 정보는 그 정도의 역할만을 할 뿐입니다. 포장 식품에 붙어 있는 영양에 대한 정보를 주는 라벨은 그 나라의 비만율을 낮추는 데 아무런 영향을 미치지 못합니다.

전통적인 심리치료는 가장 흔한 형태의 정신적 고통도 제대로 치료하지 못합니다. 수십억 달러 규모의 항우울제와 진정제 시장은 이같은 심리치료의 실패를 증명하고 있습니다. 하지만 이런 약품들 역시 일부 환자들의 증상을 완화할 뿐입니다. 첨단 의학도 우울증과 불안증을 실질적으로 낮게 할 수 있는 치료법을 여전히 찾지 못하고 있습니다.

본질적인 문제는 우리가 더 많은 저항에 부딪칠수록 자신을 더욱 제한적인 방법으로 규정할 가능성이 높다는 것입니다. '우울하다' 또는 '불안하다'는 증상이 오래 지속되면 그것이 그 사람의 이미지가 됩니다. 우리는 실망스러운 결과에 대해 때로는 자책하기도 합니다. 평소에는 외부 상황을 비난하지만, 우리가 자신에 대해 어떻게 말하든 꿈이 실현되지 않을 때, 우리는 불가피하게 자신에 대한 기대를 줄이기 시작합니다.

불행의 주요 원인 중 하나는 낮아진 자신에 대한 기대치입니다. 의식의 관점에서 기대는 무한해야 합니다. 닫힘에서 풀려날수록, 더 높은 기대치에 대한 전망은 꾸준히 향상됩니다. 그러나 더 높은 기대치가 실현되기 전에 매일매일 저항에 마주하는 경험들을 해결해야 합니다.

삶의 저항에 승리하기

삶이 저항할 때, 우리는 무언가를 해야만 합니다. 여행을 하는 중에 공항에서 내가 타려는 비행기가 연착되었다는 것을 알게 되었다고 상상해봅니다. 비행기가 얼마나 지연되느냐가 다음에 무엇을 해야 할지 결정하는 데 중요합니다. 삶이 우리의 계획에 저항할 때, 우리는 무엇을 해야 할까요? 사람들은 대부분 다음의 행동 중에서 선택을 합니다.

그 자리에 앉아서 마음을 졸입니다.

다른 것에 주의를 기울이기 위해 주변을 돌아다니거나 책을 읽습니다.

체크인하는 곳으로 가서 항의를 할 수도 있습니다.

다른 비행기를 타기 위해 항공사와 협상을 할 수도 있습니다.

일정을 다음날로 변경하고 집에 가서 휴식을 취할 수 있습니다.

가능성이 낮은 다른 선택지들도 있습니다. 만약 아주 부자라면 전용기를 구입할 수도 있습니다. 혹은 날씨 때문에 비행기가 연착되었다면 조금 더 현실적으로 기차를 선택할 수도 있습니다. 너무나 다양한 선택지가 있어서 대부분의 사람들은 어떤 선택지를 골라야 할지 확신할 수 없습니다. 결국은 내면의 혼란과 갈등으로 끝나기 일쑤입니다. 연착된 비행기는 단순한 문제지만, 직장이나 개인적인 관계처럼 다른 상황에서 저항에 대응하는 건 훨씬 더 복잡해질 수 있습니다.

닫힘은 저항이 승리할 때의 결과입니다. 반면에 앞으로 나아가는 것은 당신의 의도가 이겼을 때 결과입니다. 당신은 다양한 결과들을 조절할 수 있습니다.

저항에 부딪쳤을 때 다음 대응 중 하나 혹은 그 이상을 보여주었다면, 스스로 저항이 승리하는 것을 허락했기 때문입니다.

화, 분노, 두려움에 굴복합니다.

선택지를 조절할 수 없습니다.

효과가 없을 것 같은 낡은 대응에 의지합니다.

의심 때문에 동요하고 있습니다.

누구를 탓할지를 찾고 있습니다.

대항해서 싸우기에는 저항이 너무 강해서 포기합니다.

스스로 희생양이 됩니다.

장애물을 밀어버리거나 괴롭히려고 노력합니다.

해결책도 없이 그냥 피해버립니다.

다른 사람에게 당신을 위해 문제를 해결해달라고 요청합니다.

위의 목록은 좌절감을 해부한 것입니다. 어떤 대응도 당신을 궁지에서 벗어나게 해주지 못합니다. 당신의 전략이 단기적으로 승리할 수 있을지라도 말입니다. 다음번에 저항에 부딪치면, 당신은 다시 내면의 혼란과 갈등에 빠져서 저항을 지나쳐가기 위해 이리저리 뛰어다닐 겁니다.

한 가지 대응책만을 고수하는 사람들도 있습니다. 그런 사람들은 항상 다른 사람을 괴롭히거나 그대로 포기하고는 아무것도 하지 않습니다. 그런 이들이 바로 우리가 해결하려는 바로 그 문제에 갇혀 있는 셈입니다. 반대로 저항에 직면해서 다음과 같은 대응을 한다면 저항에 맞서 승리하게 됩니다.

화, 분노, 두려움에 굴복하지 않습니다.

가능한 선택 사항을 분명히 알 수 있습니다.

효과가 있을 것 같지 않은 낡은 대응책에는 의지하지 않습니다.

의심스러울 때는 어떤 결정도 내리지 않습니다.

자신을 포함하여 아무도 비난하지 않습니다.

자신이나 다른 사람들과 싸우지 않습니다.

좋은 결과가 있을 것이라 믿습니다.

장애물을 밀어버리거나 괴롭히지 않습니다.

예상하지 못했던 해결책에 열려 있습니다.

　　삶에서 저항에 부딪혔을 때 꽤 많은 요소들이 관여하고 있지만, 대부분의 사람들은 사물의 복잡성을 있는 그대로 보지 못합니다. 그리고 반대에 부딪히면, 항상 같은 방식으로 반사적으로 대응합니다. 예를 들어, 부부 간의 다툼은 매번 같은 패턴을 반복하고 있습니다. 그러나 저항이 승리할 때 동시에 발생하는 모든 항목을 언급하는 것은 소용이 없을 겁니다.

　　결론은 더 명확합니다. 저항이 이기거나 당신이 이기거나 둘 중 하나입니다. 지나치게 단순하게 이야기하는 게 아닙니다. 우리가 균형을 잡을 때, 몸마음이 완전한 의식과 일치한다는 전제로 거슬러 올라갑니다. 오직 완전한 의식만이 작용 중인 모든 다양한 요소들을 통제할 수 있습니다. 이것이 세포 하나의 삶에 유효하듯이 우리의 일상생활에도 마찬가지로 유효합니다.

chapter 5

갇힘에서 벗어나는 삶

갇힘에서 벗어나는 것은 전적으로 의식의 작용입니다. 의식만이 모든 경험이 존재하는 장소이기 때문입니다. 오직 완전한 명상만이 이 사실을 이용합니다. 만약 무언가를 잊을 수 없거나 과거의 누군가를 용서할 수 없다면, 그 문제를 해결할 수 있는 물리적인 방법은 없습니다. 의식만이 의식을 바꿀 수 있습니다. 기억을 지우는 약은 존재하지 않습니다. 만약 있다 하더라도 그 약이 어떻게 좋은 기억은 그대로 두고 나쁜 기억만을 지울 수 있는지 알기는 쉽지 않습니다.

　영어에서 '인상impression'이라는 단어는 범죄 현장에 남겨진 지문이나 눈 위에 새겨진 발자국처럼 물리적 흔적을 떠오르게 합니다. 그러나 현실에서 의식은 스스로를 각인시킵니다. 뇌의 기억중추에서 해답을 찾는 것은 아무 소용이 없습니다. 무언가를 기억하기 위해서는 두뇌가 필요한데, 이것은 전자신호를 영상으로 바꾸기 위해 텔레비전이 필요한 것과 같습니다. 텔레비전을 3층 창문에서 떨어뜨리면 화면이 부서지며 더 이상 영상이 나타나지는 않습니다. 하지만 신호는 그대로 남아 있습니다.

이와 마찬가지로 뇌는 의식에서 비롯된 신호로부터 생각, 이미지, 그리고 기억을 만들어냅니다. 뇌진탕으로 일시적인 기억상실증을 겪기도 하고, 영구적인 기억 상실을 가져오는 알츠하이머병은 가장 끔찍한 질병 중의 하나일 겁니다. 이처럼 뇌가 손상되면 기억력에도 문제가 발생하지만, 그것으로 정상적인 기억에 대해서 알 수 있는 것은 거의 없습니다. 사실 정상적인 기억은 대부분 여전히 수수께끼로 남아 있습니다. 최근 수십 년 동안 기억에 대한 연구에서 상당한 진전이 이루어졌습니다. 오늘날 연구원들은 사람들에게 거짓 기억을 심어주기도 하고, 실험실 동물들에게서 기억을 지워버리기도 합니다. 하지만 우리는 이미 두 가지 경우 모두에 익숙합니다.

영국의 신경학자 올리버 색스는 런던 기습 공격이 시작된 1940년 가을에 일곱 살이었습니다. 그의 가족은 독일 전투기가 방화폭탄을 투하했던 지역에 살고 있었습니다. 방화폭탄은 폭발물로 채워진 폭탄이 아니라, 넓은 지역에 화재를 일으키고 테러를 확산시킬 목적으로 투하된, 마그네슘이나 인과 같은 고연성 화학물질로 가득 찬 폭탄이었습니다. 색스는 아버지가 방화폭탄이 떨어지고 난 후에 물통을 들고 뒤뜰로 뛰어가던 것을 기억하고 있었습니다. 그러나 마그네슘이나 인이 섞인 불에 물을 부으면 불길이 더 세게 타오르며 상황이 더 나빠질 뿐이었습니다.

수십 년 후 색스는 기억력에 대한 글을 쓰면서 자신이 가지고 있던 그 생생한 기억들 중 어느 것도 사실이 아니라는 것을 그의 형으로부터 듣게 되었습니다. 그 당시 대부분의 어린아이들이 그랬던 것처럼, 색스도 기습 공격이 일어나는 동안 시골에 내려가 있었습니다. 뒤뜰에 방화폭탄이 떨어졌을 때 그는 그곳에 없었습니다. 색스는 형으로부터 들었던 이야기에서 그 부분들을 흡수해서 자신의 기억 속에 심은 것이었습니다. 다시 말해 집을 떠나 시골에 있었던 진짜 기억은 지워졌고, 거짓 기억이 그 자리를 대신했습니다.

실제로 우리는 생각이 어떻게 만들어지는 전혀 알지 못합니다. 생각이 어떻게 기억되고, 어떻게 잊히는지는 어둠에 싸여 있습니다. 의식 안에 남겨져 우리의 행동을 형성하는 인상을 뜻하는 산스크리트어 '삼스카라Samskara'(마음에 남은 인상이나 흔적을 의미함—옮긴이)에 해당하는 단어가 영어에 있었다면 이해를 하는 데 더 도움이 되었을 겁니다. 삼스카라는 음악적인 재능이나 예술적인 재능과 같이 좋은 것일 수도 있고, 폭력에 대한 경향과 같이 바람직하지 않은 것일 수도 있습니다.

삼스카라는 과거에서 기인한 것이기 때문에 기억에 작용하지만, 왜 어떤 기억은 지워지지 않는 인상을 만들어내고, 어떤 기억은 그렇지 않은지 아무도 모릅니다. 하나의 단서는 바로 감정입니다. 강한 감정이 경험과 연결될 때, 그 결과로 생긴 기억은 더 강하고 더 생생해질 가능성이 있습니다. 그래서 첫 키스의 기억은 생생하지만, 같은 해에 이웃집 자동차가 무슨 색깔이었는지는 기억하지 못합니다. 이것은 매우 상식적입니다. 강한 느낌을 끌어내지 못하는 중립적인 경험보다 강한 감정을 동반한 경험이 더 분명한 기억으로 남는 것은 분명한 사실입니다. 전 세계적으로 한 세대는 케네디 대통령이 총에 맞았다는 뉴스를 들었던 걸 기억합니다. 수백만 명의 사람들이 그 충격적인 소식을 들었을 때 자신이 어디에 있었는지 기억하고 있습니다. 반면에 더 작고, 더 개인적인 기억들은 훨씬 더 이해하기 어렵습니다.

기억에 대해 연구하는 사람들은 왜 기억이 선택적이고, 불완전하며, 개인적인지 알지 못합니다. 심지어는 과거가 얼마나 기억되는지조차 알지 못합니다. 특별한 기억력을 가진 몇몇 사람들은 다섯 살 때 침실 벽지의 무늬, 그 시절에 들었던 노래, 특정한 날에 봤던 TV쇼, 또는 월드시리즈 3회에 자신이 응원하던 팀의 점수가 몇 점이었는지 등 과거의 모든 순간들을 기억합니다. 간단히 말해 그들의 기억은 흠잡을 데가 없습니다.

우월한 자전적 기억력으로 알려진 이런 상태는 극소수의 사람들만이 해당될 뿐이며, 보통의 사람들이 자신의 과거를 전부를 저장해두었는지 그렇지 않은지는 알지 못합니다. 기억력이 문제가 아닐 수도 있습니다. 그러나 회상은 문제가 될 수 있습니다. 우리는 겸손하게 현대 서양 세계에서 유전학이 단순한 일상생활의 경험보다 인간에 대해 더 분명하게 설명하지 못한다는 사실을 인정해야 합니다. 아이가 어떤 면에서 그들의 부모를 닮았을 때, "집안 내력이야"라고 말하는데, 이 말은 특정 유전자를 식별하는 것만큼 정확합니다. 유전자나 경험 모두 인간에 대해 단순한 개연성으로 표현할 뿐이며, 때로는 그것마저도 제대로 표현하지 못합니다. 예를 들어, 아이들의 키는 식이요법과 어린 시절의 다른 요소들과 함께 20개 이상의 독립된 유전자에 의해 영향을 받습니다.

재능이나 천재성과 같은 선천적인 경향에 대해서 우리는 유전자를 전적으로 믿을 수 없습니다. 예를 들어 유튜브에 히마리 요시무라라는 일곱 살 난 일본 아이가 파가니니의 바이올린 협주곡 1번을 연주하는 영상이 올라왔습니다. 이 작품은 눈부신 기교를 필요로 하며, 요시무라는 같은 또래의 아이들이 신발끈을 매는 것을 배울 때 명망 있는 바이올린 경연에서 1등을 했습니다. 이 사실은 뇌의 조기 발달 능력에 대한 오늘날의 지식을 완전히 뒤엎는 것입니다.

각인된 기억, 공유된 가족의 특성, 선천적인 성향, 천재성, 명망 있는 재능 또는 흡인력이 있는 일상의 경험에 대해 적절한 이름을 갖고 있든 그렇지 않든, 그것은 큰 문제가 아닙니다. 문제는 삼스카라가 우리의 기억을 제한할 때 어떻게 삼스카라를 지나칠 것인가입니다. 이 문제와 관련해서는 의식이 개입할 필요가 있습니다. 여기서 우리는 심리적인 한계를 살펴보아야 합니다. 왜냐하면 유전적 장애나 선천적 결함과 같은 신체의 삼스카라는 별개의 문제이기 때문입니다. 먼저 과거에 뿌리를 둔 심리적 한계가 무엇을 의미하는지 살펴봅시다.

학교에서 힘들어하는 아이는 선생님과 부모의 지원과 도움을 필요로 합니다. 만약 이런 지원이나 도움이 없으면, 아이 내면에서 작은 목소리가 "아무도 너를 돕지 않을 거야"라고 말하기 시작합니다. 더 나쁜 경우는 아이가 자신이 어리석다고 느끼고 상처를 입으면 이 작은 목소리가 "넌 여기에 어울리지 않아"라고 말하기 시작하는 것입니다.

최근에 나는 숙련된 소프트웨어 프로그래머인 중년의 남자를 만났습니다. 편의상 그를 랜디라고 부르겠습니다. 그는 숙련된 프로그래머였는데도 자신감이 너무 없어서 직장을 구하거나 직업을 갖는 것을 매우 힘들어했습니다. 나와 대화를 나누면서 그는 어린 시절에 겪었던 충격적인 경험을 떠올렸습니다. 그는 1학년과 2학년 때 선생님이 주는 간단한 내용조차 제대로 흡수하지 못해서 자기 안으로 움츠러들기만 하고 말도 거의 하지 못했습니다. 학교에서는 랜디가 학습 장애를 가지고 있다고 판단했고, 랜디의 부모는 그를 특별학급에 넣는 것에 동의했습니다. 특별학급에서도 랜디의 성적은 계속 좋지 않았고, 행동상의 문제로 인해 그 학급으로 왔던 아이들에 둘러싸인 채 두려움에 떨며 지냈습니다.

이런 식으로 2년이 지났고, 그즈음 부모들은 랜디가 공을 잘 못 잡는다는 걸 처음으로 알아차렸습니다. 시력 검사를 한 결과 랜디는 고도근시였습니다. 랜디는 평균보다 높은 아이큐를 가지고 있었지만 칠판에 적힌 글씨를 볼 수 없어서 학교에서 낙제를 한 것이었습니다. 이유는 간단했습니다. 그는 정상적인 학교과정으로 돌아왔고, 안경을 쓰고 잘 볼 수 있게 되면서 성적도 좋아졌습니다. 그러나 2년 동안 열등한 학생으로 오해받고, 그런 취급을 받았던 것에 그는 깊은 상처를 받았습니다.

20대 초반에 성인이 되었을 때 랜디는 명상을 시작했고, 두 가지 방법으로 상처를 없애기 시작했습니다. 그는 자신을 과거의 경험과 더 이상 동일시하지 않아야 한다는 것을 알았고, 오래된 상처의 기억이 되살아났을 때 그 기억들이 더 이상 그의 기분을 상하게 하지 않으며 자신이 전반적으로 과거로부터 자유로워지고 있다고 암시했습니다. 과거에 깊은 뿌리를 가지고 있던 자아가 명상을 통해 보다 확장된 자아감각을 갖게 되면서, 자신을 삼스카라의 각인으로부터 해방시키는 과정은 자연스럽게 일어날 수 있습니다.

어린 시절에 인도에서 처음 들었던 말이 생각납니다. 삼스카라스는 처음에는 돌 위에 쓰여지고, 그 다음에는 모래에, 그리고는 물에, 마지막에는 공기 중에 쓰여진다는 말이었습니다. 이 말은 의식이 어떻게 과거로부터 받은 인상의 영향을 감소시키는지를 시적으로 표현하고 있습니다. 그런데 실용적인 용어로 표현될 때, 그 과정은 어떻게 될까요? 이 질문에 답하기 위해서, 우리는 어떻게 과거의 경험이 애초에 갇혀 있던 장소에 달라붙어 고착되는지를 조금 더 면밀하게 살펴보아야 합니다.

내재화된 감정 배출하기

'달라붙는다'는 깊은 인상을 남기는 경험을 잘 표현해주는 단어로, 경험은 우리의 주변에 접착제처럼 끈끈하게 달라붙어 있습니다. 이 이미지는 쉽게 이해되지만, 그건 단지 이미지일 뿐입니다. 어떤 경험이 달라붙어서 기억에 남고, 어떤 경험이 인상을 남기지 않고 단순히 사라질지 미리 예측할 수 있는 사람은 없습니다. 그러나 우리의 관심사는 현재에 있습니다. 달라붙음이나 갇힘에서 벗어나는 건 지금 여기에서 일어나고 있습니다. 과거에 대한 설명은 흥미롭지만 실제로는 연관이 없습니다.

　기억에 관한 연구를 보면 과거의 어떤 충격적인 사건들, 예를 들어 세 살 무렵 슈퍼마켓에서 엄마를 놓쳐서 공포에 떨었던 것과 같은 사건에 대한 기억을 떠올렸을 때, 그 기억을 완전히 믿을 수 없음을 알 수 있습니다. 그런 기억은 종종 생각나지 않는 몇몇 공포스러운 경험과 합쳐지기도 합니다. 게다가 기억의 세

부사항들은 사진보다 더 몽환적입니다. 철물점이나 주차장에서 길을 잃었을 수도 있습니다.

실제로 달라붙음은 그것이 가지고 있는 두 가지 측면, 즉 믿음과 감정을 통해 접근할 수 있습니다. 경험은 우리가 우리의 개인적인 이야기에 진실성이 더해진다는 믿음이 있을 때, 그리고 강한 감정이 더해질 때 훨씬 더 뚜렷한 기억으로 우리에게 달라붙습니다.

우선 믿음부터 살펴봅니다. 잠시 휴식을 취한 후에 "나는 _____이다"라는, 자신에 대해 진실이라고 믿는 개인적인 자질에 대해 생각해봅시다. 밑줄 부분을 '호감이 가는', '매력적인', '지적인'과 같은 긍정적인 단어들 중 하나로 채워봅니다. 보통의 경우 '반사회적인', '멍청한', '서툰', '매력적이지 않은' 등의 부정적인 단어들에 더 강하게 끌리고 있습니다.

자신이 어떤 자질을 선택했든 그것은 갑작스러운 것이 아닙니다. 그 자질은 그것을 고착시키는 조건과 함께 믿음으로 내재되어 있습니다. 근본적인 믿음은 일반적으로 다음의 네 가지 요소를 특징으로 합니다.

자신에게 무언가를 말해준 첫 번째 사람을 믿습니다.
종종 반복되는 것들을 믿습니다.
자신이 신뢰하는 사람들을 믿습니다.
우리는 상반되는 믿음을 듣지 못했습니다.

만약 당신이 매력적이라고 믿거나 혹은 매력적이지 않다고 믿는다면, 아마도 당신에게 그렇게 말했던 첫 번째 사람이 부모님 중 한 사람인 경우가 일반적일 겁니다. 당신은 같은 말을 계속 반복해서 듣거나, 그 말을 강화하는 반복된 경험들을 하면서 그런 믿음의 씨앗을 심었습니다. 어렸을 때 부모님을 믿었고, 그들이 당신에게 하는 말을 믿었습니다. 그리고 아무도 당신의 믿음을 반박하지 않습니다.

부모님들이 우리에게 말해준 개인적인 것들, 규범적인 진술로 알려진 것들은 특히 강력합니다. "넌 게을러", "넌 다른 여자애들만큼 예쁘지 않아" 또는 "넌 절대로 굉장한 사람이 되지 못할 거야"와 같은 말들을 어린아이들은 사실로 받아들입니다. 그런 말들은 주관적인 가치나 규범에 영향을 받고 있을 뿐인데도 말입니다.

"산수에서 A를 받았구나"라고 말하는 것은 "넌 너무 똑똑해. 산수에서 A를 받았잖아"와 같은 규범적인 진술에 비해 주관적인 영향력이 부족합니다. 후자의 진술이 훨씬 더 흡인력이 있을 가능성이 높습니다.

자신에 대한 이야기 중에서 흡인력 있게 달라붙는 것은 삼스카라처럼 내재화됩니다. 인상은 인생 전체의 누적된 이야기에 섞이면서 강력해질 수도 있고, 희미해질 수도 있습니다. 흡인력 있는 경험의 영향은 전적으로 개인적인 것입니다. 다른 여자애들처럼 예쁘지 않다는 말을 듣는 것은 다양한 반응으로 이어집니다. 자신보다 더 예쁘다고 생각되는 아이들을 부러워하며 성장할지도 모릅니다. 아니면 예쁜 것과 멍청한 것은 같은 거라고 생각할 수도 있습니다. 개인적인 외모를 아예 무시하거나 혹은 완전히 반대로 화장품에 집착할 수도 있습니다. 어떤 반응도 가능합니다.

현실과 환상 사이의 차이를 인식하는 것은 바로 깨어 있는 의식의 일부입니다. 의식은 당신 삶의 모든 것에 작용하지만, 무의식적으로 받아들인 믿음에 집중할 수도 있습니다. 달라붙어 있는 믿음을 의식하기 위해서는 우선 그 믿음을 하나씩 해체해야 합니다. 그 강력한 믿음 뒤에 숨겨진 네 가지 요소를 들여다보고, 다음의 질문을 던져봅시다.

누가 처음 나에게 이 말을 말했지?
많이 반복되었었나?
나는 왜 그 말을 나에게 한 사람을 믿었을까?
그 반대되는 것을 믿을 이유가 있을까?

다시 말해, 자신의 신념을 달라붙게 만든 경험들을 돌이켜보면 그 신념들은 점점 덜 달라붙게 됩니다.

엄마에게 예쁘지 않다는 말을 듣거나 아빠에게 게으르다는 말을 들었을 때, 왜 자동적으로 그 말을 신뢰하는 걸까요? 얼마나 자주 그들의 의견을 들었는지는 중요하지 않습니다. 이제 당신은 어른이 되었으니, 의견과 사실을 구별할 수 있습니다. 다른 사람의 눈에 당신이 얼마나 매력적인지 또는 당신이 얼마나 성실하게 일했는지를 보여준 경험에 대해 생각해봅시다.

요점은 당신이 믿고 있는 것을 계속 반복하는 것이 아니라 당신 내면의 상처 입은 아이와 접촉하는 것입니다. 우리가 집중해야 하는 가장 중요한 분야는 자신의 내면에 깊이 자리 잡고 있는 개인적 신념, 핵심적인 신념입니다. 핵심적인 신념은 다음과 같은 몇 가지 결정적인 질문에 대한 당신의 관점 안에 고정됩니다.

인생은 공평한가요?

다른 사람들을 믿을 수 있을까요?

우주에는 더 고양된 힘이 있을까요?

선이 악을 이길까요?

최고의 것을 기대해야 할까요, 아니면 최악에 대비해야 할까요?

내 태도가 여유가 있을까요, 아니면 경계를 해야 할까요?

난 안전한가요?

다른 사람들은 나를 사랑하고, 보살피고, 지원하고 있을까요, 아니면 나는 자신만을 의지할 수 있을까요?

난 정말 착하고 친절한 사람일까요?

어떤 질문들이 당신에게는 다른 질문들보다 더 중요할지라도, 당신은 분명히 이 모든 것에 대해 어떤 믿음을 가지고 있습니다.

　당신을 안내할 수 있는 대답, 그것도 사실에 기반을 둔 대답은 없습니다. "나는 안전하다" 또는 "난 사랑스럽다"는 주관적인 평가입니다. 그런 평가들은 자아 인격이 어떻게 형성되었는지에 뿌리를 두고 있습니다. 성인으로서 당신은 당신의 핵심 신념이 당신의 성장 과정과 많은 관련이 있다는 것을 알 수 있습니다. 부모의 주관적인 의견이 당신의 주관적인 의견이 되거나 혹은 그 반대일 겁니다. 이렇듯 '나'는 본질적으로 근거가 없고 간접적인 가치 체계에서 만들어집니다.

　당신이 가장 아끼는 신념이 실제로는 얼마나 삐걱대며 제구실을 못하는 것인지를 알게 될 때, 당신은 현실을 본 것입니다. 이제 당신은 자신의 핵심 신념을 자유롭게 창조할 수 있는데, 이것이야말로 성숙한 어른이 하는 일입니다. 그 신념들은 자신만의 개인적인 가치를 갖고 있습니다. 또한 실제 사실과 직접적인 경험에 근거하여 판단을 내립니다. 자신이 직접 창조한 신념은 간접적인 의견에 지나치게 영향을 받지 않습니다. 심리학적으로 말하면, 실제로 모든 신념은 환상입니다. 이 신념들은 삶이 불공평하다거나 다른 사람들을 믿을 수 없다고 생각하는 것과 같은, 본질적으로 신뢰할 수 없는 포괄적인 대응으로 이어집니다. 삶은 언제나 변합니다. 그것은 원칙으로서 공평하거나 혹은 불공평한 것이 아니며, 심지어는 주먹구구식도 아닙니다. 마찬가지로 당신이 다음에 만나는 사람은 완전히 믿을 수 있거나 혹은 뺀질뺀질한 거짓말쟁이일 수도 있습니다.

이에 대한 해결책은 모든 믿음을 뛰어넘는 것입니다. 그리고 그것이 완전한 명상의 목표입니다. 낡은 믿음을 짊어지지 않고 현재를 살아가면서 눈앞에 닥친 상황에 깨어 있는 것입니다.

핵심 신념을 해부하는 것의 요점은 그들에게 작별을 고하는 것입니다. 건강하지 못한 신념은 과거에 있었던 믿을 수 없는 생각이 화석화된 결과입니다. 그것들을 붙잡을 필요가 없습니다.

고착성의 두 번째 측면은 그것이 감정적이라는 것입니다. 감정은 사실보다 더 잘 달라붙습니다. 어렸을 때, 아주 공격적인 개 때문에 놀란 적이 있다면, 개들에 대한 태도를 바꾸기는 쉽지 않습니다. 말을 더듬었던 사람들 대부분이 어린 시절 이후 나이가 들면서 괜찮아졌다고 해도 말을 더듬은 것 때문에 놀림을 받았던 경험은 상처가 됩니다.

앞에서 나는 아주 적은 수의 사람들, 아마도 전 세계에서 스무 명 남짓한 사람들만이 과거의 모든 일들을 사진처럼 정확하게 기억할 수 있는 능력을 갖고 있다고 말했습니다. 그러나, 탁월한 자전적인 기억도 사진만큼 중립적이지는 않습니다. 기억과 관련된 감정은 동시에 되돌아옵니다. 한 여성은 그녀의 완벽한 기억력 덕분에 엄마가 그녀에게 뚱뚱하다고 말했던 모든 시간을 기억하고 있었습니다.

기억에서 가장 달라붙어 떨어지지 않는 부분은 감정의 습격인데, 어떤 심리학자들은 그것을 "과거에서 온 우리의 감정적

부채"라고 불렀습니다. 우리는 오래된 원한, 불만, 두려움, 상처 받은 감정을 고집스럽게 움켜쥐고 있습니다. 양전하와 음전하가 구름 속에 쌓이면, 번개와 천둥이 폭발적으로 방출되는 것을 보게 됩니다. 사람도 마찬가지입니다. 누군가가 "더 이상은 안 되겠어"라고 말할 때, 쌓였던 분노가 한꺼번에 터집니다.

갑작스럽게 폭발하지 않고 감정 에너지를 방출하는 것이 요령입니다. 케케묵은 분노, 두려움, 원한을 쌓이지 않게 풀어주는 방법이 있습니다. 혹은 당신이 이미 쌓이고 쌓인 감정을 붙잡고 있다고 해도 같은 방법을 사용하면 쌓인 감정을 해소하는 데 도움을 받을 수 있습니다. 이런 감정을 쌓아두지 않는 것이 중요합니다. 감정을 오래 붙잡고 있을수록, 그것을 푸는 데 시간이 더 걸리기 때문입니다.

끈끈하게 달라붙어 있는 감정을 배출하기 위해서는 다음의 방법을 사용하는 것이 도움이 될 겁니다. 감정은 본질적으로 떠오르기도 하고 사라지기도 합니다. 대부분의 감정은 냉각기를 갖기 때문에 우리는 충분히 안정된 상태로 돌아갈 수 있습니다. 그러나 착 달라붙어 있는 감정은 저절로 없어지지 않습니다. 그럴 경우 다음과 같은 방법으로 감정을 배출해봅시다.

방법 #1

불편한 감정이 지속되고 있다고 느끼면, 중심을 잡고 감정적인 습격이 잦아들기 시작한다고 느낄 때까지 천천히 심호흡을 합니다.

방법 #2

자신에게 오랫동안 지속된 감정을 알게 되었다면, 이렇게 말합니다. "늘 이런 식이었지. 하지만 지금 나는 같은 상황이 아니야. 저리 가버려."

방법 #3

특별히 완고하게 버티던 감정이 느껴지면, 조용히 앉아서 눈을 감고 그 감정을 느낍니다. 너무 깊이 빠져들지 않습니다.

심호흡을 하고 천천히 숨을 내쉬면서, 몸에서 감정적인 에너지를 내보냅니다. 그것은 당신의 숨결을, 당신에게서 유독한 감정을 운반하는 하얀 빛을 보도록 도와줄지도 모릅니다.

방법 #4

특별한 감정을 느끼지는 않지만, 전반적으로 기분이 가라앉아서 우울하거나, 마음이 언짢으면, 조용히 앉아서 당신의 가슴 부위에 주의를 집중합니다. 작은 하얀 빛이 거기 있다고 상상하고, 그 빛이 퍼지도록 합니다. 하얀 빛이 계속 퍼지며 당신의 가슴 전체를 꽉 채우는 걸 바라봅니다. 이제 그 빛은 당신의 목으로 그리고 머리로 그리고 그 위로 올라가 정수리 밖으로 퍼집니다.

이 기법이 완성되었다고 느낄 때까지 몇 분 정도 시간을 들여 끝까지 진행합니다. 이제 심장으로 돌아가고, 그 하얀 빛은 가슴을 가득 채울 때까지 다시 퍼져갑니다. 이제 그 빛이 아래쪽으로 퍼져서 복부를 가득 채우고, 다리까지 내려가더니 마침내 발바닥을 통해 땅으로 들어가는 걸 지켜봅니다.

이 네 가지 기법을 따로따로 적용할 수도 있고 하나씩 차례대로 해볼 수도 있습니다. 그러나 중요한 건 인내를 가져야 한다는 것입니다. 일단 이 방법들을 이용하면, 감정체계 전체가 감정을 방출하는 데 적응하기 위한 시간이 필요할 것입니다.

즉각적으로 기분이 좋아지지 않을 수도 있습니다. 그러나 달라붙어 있는 감정을 방출하려는 의지가 강해지고, 그 메시지는 모든 세포와 당신의 의식 구석구석에 전달됩니다.

또한, 감정이 분출되고 싶어 한다는 것을 기억해야 합니다. 그것이 감정의 본성입니다. 그래서 그들이 따라갈 수 있는 길을 만든다면, 감정들은 당신을 떠날 겁니다. 그들을 보낼 것인지, 아니면 붙잡기 위한 이유를 만들 것인지는 전적으로 자신의 선택입니다. 그 선택의 밑바닥에는 자아가 자리잡고 있습니다. '나'는 원한을 붙잡고, 아주 사소한 불만도 무시하지 않고, 복수에 대한 환상을 품으며, 자신이 정당하다고 느낍니다. 하지만 당신의 본모습에는 그런 의제가 없습니다. 예민한 사람이라면 다음에도 자신이 감정적으로 급전환하거나 또는 다른 누군가가 그렇게 하는 것을 보게 될 때, 자아가 저장된 분노를 표출하면서 독선적인 즐거움을 얻고 있다는 걸 눈치 챌 수 있을 겁니다.

그러나 그런 즐거움은 근시안적입니다. 장기적으로는 당

신에게 달라붙어 있는 감정들이 당신을 자아에 묶어두고, 당신에게서 깨어 있는 삶을 빼앗아갑니다. 낡은 감정을 방출하는 데 어느 정도 주의를 기울이고 그것을 진정으로 원하는 것은 당신이 깨어나고 있다는 신호입니다. 그럴 수만 있다면, '나'는 유해한 감정들을 어떤 식으로든 저장할 가치가 있다고 잘못 믿으며, 언제까지나 그 감정들을 고수할 것입니다. 하지만 그 감정들은 고수할 가치가 없습니다.

chapter 6

능력을 강화하는 삶

완전한 명상은 통해 우리는 의식을 확장할 수 있습니다. 그리고 확장된 의식 속에서 개인적인 힘이 생깁니다. 의식에 기초한 힘에는 비밀이 있습니다. 힘을 가진 사람에 대한 전형적인 이미지를 생각하면 우리는 돈이나 사회적 지위, 다른 사람들에게 지시하는 능력 같은 것을 떠올립니다. 그리고 유감스럽게도 역사를 보면 알 수 있듯이, 엄청난 힘을 갖게 된 소수의 사람들이 자신보다 약하거나 무기력한 이들을 지배하곤 했습니다.

실제로 힘의 원천은 불가사의합니다. 부유하고 저명한 유명인사가 자신의 생각을 솔직하게 말하면서 자신이 그 위치까지 올라간 것에 대해 당황했다고 털어놓기도 합니다. 대부분의 사람들은 운이 크게 작용했다고 말할 것입니다. 그들은 적절한 시기에 적절한 장소에 있었습니다. 하지만 우리는 운을 기대하기보다 자신의 역량을 강화하는 길을 분명히 밝히고 그것을 실현가능하게 만들 필요가 있습니다.

179

당신은 지금까지의 인생의 선택에 만족하고 있을지도 모릅니다. 그렇다면 당신의 인생은 잘 풀리고 있다는 것입니다. 그러나 대부분의 사람들은 자신이 인생에서 내린 선택에는 좋은 것도 있었고 나쁜 것도 있었다고 생각합니다. 어떤 태도를 가지고 있든 지금까지의 어떤 성공도 무한한 가능성의 출발점에서 살아가는 것과 같지는 않습니다.

완전한 명상을 하면 완전한 의식의 원천에 가까이 다가가면 자신에 대해 더 높은 기대를 갖게 됩니다. 그러면 능력도 저절로 회복되기 시작합니다. 이것은 어떤 상황에 처했을 때 혹은 어떤 도전을 하면서 올바른 결과를 가져오는 의식의 단계와 자연스럽게 이어지는 것을 의미합니다. 만약 자신의 욕망이 긍정적인 목표와 일치한다면, 역량 강화의 문제는 전부 해결됩니다.

반면에 출발점이 바뀌면 자신의 능력에 대한 전체 그림이 바뀝니다. 당신이 검사나 상사 등 권위 있는 사람들에게 추궁을 받게 될 방으로 들어간다고 상상해봅시다. 그 방 안에서 무슨 일이 벌어질지 모릅니다. 그런 상황에서 어떤 느낌이 들까요? 어떤 사람들은 자신과 자신의 일, 자신의 의견을 강력하게 옹호하는 반면, 어떤 사람들은 온순한 태도로 임하거나 긴장을 하고는 쉽게 겁을 집어먹습니다.

그런 상황에서 자신이 어떻게 반응할지 충분히 잘 알고 있습니다. 그런 경우 자신에 대한 지식은 사실 자신의 한계에 대한 것일 가능성이 높습니다. 표면적으로 아주 강력한 자아를 가진 사람은 조용하고 태평한 사람보다 우월해 보일 수 있습니다. 그러나 그들 중 누가 옳은 선택을 할지는 예측할 수 없습니다. 사실 우리는 강하고 성공한 것처럼 보이고 통제력을 갖고 있는 것처럼 보이기 위해 애쓰면서 간접적인 힘에 의지하는 반면, 삶이 어떻게 작용하는지에 대해서는 매우 당황하곤 합니다.

우리가 당황하는 이유는 힘의 원천과 단절되어 있기 때문입니다. 그러나 의식이 어떻게 작동하는지를 이해하면, 힘의 원천과 연결되어 있는 것과 단절되어 있는 것 사이의 차이가 명확해집니다. 결정을 내리는 모든 순간에 사람들의 생각은 그다지 합리적이지 않습니다.

잠시 멈추고 휴식을 취하며 자신이 마지막으로 내린 중요한 결정을 떠올려봅시다. 무엇이라도 상관없습니다. 새 집을 장만하거나 직장을 옮기기로 했을 때, 목소리를 높여 어떤 문제에 대해 토론하거나, 친구나 가족에게 조언을 하고 직장에서 발표를 했을 때, 한참 고민해야 할 정도로 비싼 물건을 사기로 결정했던 상황일 수도 있습니다. 결정을 내리는 순간에 의식의 자질이 발휘됩니다. 당신은 다음 중 한 가지에 해당될 수 있습니다.

자신에 대해 확신을 가지고 올바른 선택을 할 것이라고 자신합니다. 마음속에 확실한 목적을 갖고 있으며, 충분히 상황을 통제하고 있습니다. 따라서 다시 생각해보는 일은 없습니다.

머뭇거리고 의심을 하며 이런 저런 방향으로 흔들립니다. 원하는 결과가 나오리라고 확신하지 못합니다. 쉽게 걱정하고 남들이 한 말을 계속 생각합니다.

이러한 인식의 특징은 가장 최근에 중요한 결정을 내렸을 때, 자신이 얼마나 강력한 힘을 느꼈는지를 보여줍니다. 이성적인 사고를 통해 결정을 내렸더라도 분명히 거기에는 다른 여러 가지 요소들이 혼합되어 있습니다. 결정을 하는 과정에서 자신이 정말로 우유부단하다고 느꼈다면, 아마도 충동적으로 최종 결정을 내렸을 가능성도 있습니다. 물건을 구입한 후에 느끼는 후회에 익숙해질 수 있는 사람이 과연 있을까요?

자신의 선택을 의심하는 대신 자신감을 가지려면 어떻게 해야 할까요? 대부분의 사람들은 의심을 감추고 실제보다 더 자신감 있는 태도를 취하려고 합니다. 우리는 자신감, 방향, 확신, 목적, 의미, 통제 그리고 성공적인 결과가 기준이 되는 의식의 수준을 찾기보다는 자신의 자아를 보호하려고 합니다. 자아는 우리를 의식의 수준으로 데려가지 않습니다. 따라서 자신의 자아를 넘어서는 것이 완전한 명상의 중요한 부분입니다. 문제는 자아가 의사 결정에서 너무 큰 역할을 하고 있어서 그것을 벗어나기가 힘들다는 것입니다.

앞에서 성공적인 결과가 표준이 되는 의식 수준이 있다는 이야기를 들었을 때 어떤 생각이 들었습니까? 만약 즉시 의심을 했거나 회의가 들었다면, 그건 자아가 반응했기 때문입니다. 이것은 자기중심적이라는 의미가 아닙니다. 자기중심적이란 것은 결국 자아가 과장되어 있는 상태를 말합니다. 일상생활에서 자기중심적이든 겸손하든 관계없이, 자아는 자신의 개인적인 관점입니다. 그것은 경험과 기억, 습관과 신념, 다시 말해서 자신이 지금 이 순간까지 살아온 모든 이야기를 포괄하고 있습니다.

자아에서 벗어나는 건 너무 낯선 경험이기 때문에 대부분의 사람들은 그것이 무엇을 의미하는지를 알지 못합니다. 하지만 충분히 이해할 수도 있습니다. 순수한 의식에는 정체성도 없고, '나'도 없습니다. 순수한 의식은 기억, 습관, 오래된 조건과 관계가 없는데, 그것이 오직 현재의 순간에만 집중하기 때문입니다. 자아의 시각에서 볼 때 순수한 의식은 공백과 같습니다. 자아는 욕망과 사리사욕을 통해 경험을 알아챕니다. "나는 ___를 원해"와 "나는 ___를 원하지 않아"가 주요 고려사항입니다. "나는 이 느낌이 좋아"와 "나는 이런 느낌이 좋지 않아"는 "이것은 나에게 좋은 것일까, 나쁜 것일까?"와 같이 중요한 역할을 합니다.

욕망과 사리사욕이 결여되어 있으면, 자아는 경험이 없다고 느낍니다. 순수한 의식에 대한 경험은 간접적인 생각이나 사리사욕 없이 올바른 방식으로 단순히 여기 있으면서, 관찰하고, 허용하고, 행동하는 것에 달려 있습니다. 뒤로 물러서면 경험은 거꾸로 뒤집힙니다. 마음이 그저 가끔 고요하고, 평화롭고, 편안하며, 끊임없이 활동적이고, 안절부절 못하는 대신, 언제나 평화롭고 편안하며, 그저 가끔 말하거나 생각하거나 해야 할 일이 생길 뿐입니다.

그 차이가 너무나 극명해서 많은 사람들이 그들의 마음이 자연스럽게 들어가고 싶어 하는 고요하고 편안한 상태를 거부하고 있습니다. 그들에게 내면의 평온함은 '아무 일도 일어나지 않는' 것처럼 느껴집니다. 그래서 활동의 즉각적인 원천을 추구하게 됩니다. 스스로 약간 긴장하거나 초조해한다고 느낀 적이 있나요? 그러면 갑자기 군것질거리를 찾거나 문자를 확인하는데, 그럴 필요가 없는 상황에서도 자신도 모르게 그런 행동을 합니다. 그런 충동적인 행동은 단순히 여기 있는 것을 거부할 때 나타납니다. 자아는 진정 고요하고 편안한 곳에서 자신이 차분한 상태가 되지 못한다는 것을 알아차립니다. 그리고 '아무 일도 일어나지 않는다'는 것이 무의미한 정신활동의 도화선이 됩니다.

어느 누구도 하룻밤 사이에 자아의 비행기에서 내려서 무한한 가능성의 비행기로 갈아탈 수는 없습니다. 그런 도약은 불가능합니다. 그러나 우리는 의식이 모든 것에 관여하며 모든 곳에 존재한다는 기본 진리에 의지할 수 있습니다. 이런 진실은 전적으로 인간적이면서도 자아보다 훨씬 더 확장된 중간 지점을 제공해주며, 우리가 어떻게 삶을 영위하는지에 참여합니다. 이 중간 지점에서 의식의 조직적인 힘과 몸마음을 관장하는 힘이 만나게 됩니다. 그리고 이 지점에서부터 각성된 삶의 모든 혜택을 누릴 수 있습니다.

최소의 노력을 들인다는 것

우리는 매일 '네' 혹은 '아니오'라고 대답해야 하는 선택의 순간
에 부딪힙니다. 이런 선택의 순간에 '아니오'라고 말하는 것이
습관이 된 사람은 인생을 쉽게 만들지 못합니다. 언제나 '네'라
고 말하는 것 또한 그 나름의 문제가 있습니다. 우리는 과거에
여러 번 선택했던 것을 반복하면서 '네' 혹은 '아니오'라고 대답
합니다. 습관에 따라 행동하는 것입니다.

아이가 "먹기 싫어"라고 말하며 새로운 음식을 거부할 때,
부모들은 "먹어보지도 않았잖아"라며 화를 내지만 소용없습니
다. 이미 어른이 된 우리가 새로운 것을 거부할 때, 그것은 아무
생각도 하지 않고 "싫어"라고 말하는 어린애 같은 습관으로 되
돌아가는 것입니다. 이런 문제는 저항의 관점에서 볼 수 있습니
다. 만약 자신의 삶에서 아무런 저항에 부딪치지 않았다면, '아
니오'라고 말할 이유가 훨씬 줄어들 것입니다. 그렇다면 저항은

어디에서 온 것일까요? 다른 사람들이 저항할 때, 그 충동은 짜증스럽고 우리를 뒷걸음치게 만듭니다. 그러나 우리가 주목해야 하는 건 우리 내면에 존재하는 숨겨진 저항입니다. 누구도 다음의 내용에 이의를 제기하지 않을 것입니다.

○ 저항하지 않을 때, 다른 사람들을 더 수용하게 됩니다.
○ 자신이 원하는 것을 얻으려면 다른 사람들에게 그들이 원하는 것을 주어야 합니다.
○ 협력하지 않을 때보다 협력할 때 더 많은 성과를 거둡니다.
○ 다른 사람이 그들의 방식으로 반응하는 것을 우리가 막을 수는 없습니다.
○ 새롭고 아직 알지 못하는 것에 대해 싫다고 말하기는 쉽습니다.

　누구나 이런 기준을 가지고 삶을 대해야 하지만, 당신이 의식의 본질을 이해할 때, 목록에 있는 사항이 바뀝니다. 의식은 완전하기 때문에 결코 스스로 저항하지 않습니다. 바다에 폭풍우가 몰아칠 수 있지만, 파도가 아무리 거세도 스스로에게 저항하지 않습니다. 파도는 그저 바다가 평온함 대신 폭풍우가 몰아치는 새로운 모드로 들어간 것일 뿐입니다. 의식은 인간의 행동에서 모든 종류의 폭풍을 일으킵니다. 오랫동안 인류를 힘들게 했던 폭력, 불화, 갈등을 확인할 필요는 없습니다. 일상 속에서도 우리에게는 투쟁하거나, 포기하거나, 논쟁에 참여하거나, 한

발 물러서야 하는 순간들이 찾아옵니다. 이 모든 상황에 들어맞는 행동 패턴이란 없습니다. 우리 사회는 전쟁에서 승리하는 것을 기뻐하는 동시에 간디와 같은 평화주의자를 숭배합니다.

이런 상반된 충동은 깊은 고민 없이 전쟁 상태로 지속될 겁니다. 의식은 그 자체로 질서정연하고 조직적입니다. 의식은 최소한의 노력으로 스스로의 힘을 펼치고 있습니다. 우리는 이것을 세포의 완벽한 조직에서 확인할 수 있습니다. 세포는 산소와 영양분을 조금도 낭비하지 않습니다. 자연은 A에서 B로 가는 최단거리를 택하는데, 그 이유는 그것이 최소한의 노력을 필요로 하기 때문입니다.

최소한의 노력이 모든 경우에 효율적인 것은 아니지만, 그것은 목표에 도달하는 가장 강력한 방법입니다. 또한 마찰이 가장 적고 가능한 한 신속하게 장애물을 지나갈 수 있는 방법이기도 합니다. 이것을 일상생활에 적용하면 자신의 능력을 발휘하는 것은 전혀 다르게 보입니다. 다음과 같이 최소의 노력으로 모든 선택사항에 맞추어 자신의 능력을 조정할 수 있습니다.

○ 긴장을 풀고 집중하면서 더 깊은 의식이 반응하는 과정 없이, 즉각적으로 '아니오'라고 거절하면서 밀어내지 않습니다.
○ 기회가 있다면, 더 깊은 의식은 최소한의 노력으로 올바른 결과를 가져오는 것을 선호합니다. 충동적으로 행동하지 않습니다.
○ 스트레스가 많은 상황에 직면했을 때, 저항할 수 있는 최소한 방

법이 열려 있는지를 자신에게 의식적으로 물어봅니다. 만약 그렇다면, 그 길을 택합니다.

○ 억지를 부리고 통제하려 하는 대신 더 자주 허용하고 놓아주는 법을 배웁니다.

○ 합의와 협력을 지지합니다.

○ 괴롭히거나 강요하지도 말고, 물러나지도 않습니다.

○ 당신만큼 의식적인 사람에게서 가능한 한 많은 의견을 구합니다.

○ 위에서 언급한 모든 것과 반대되는 행동을 하는 사람을 피합니다.

　　최소한의 노력이 묵인 또는 정신적 게으름을 의미하는 것은 아닙니다. 우리가 최소한의 노력만을 기울여 의식에 다가가고 자기 능력을 발휘하지 않는 주요 원인은 사회적으로 그렇게 훈련되었기 때문입니다. 모든 신화가 결코 포기하는 법 없이 맞서 싸우고, 어떤 대가를 치르더라도 승리하고, 적을 패배시키는 것에 대한 보상에 대해 이야기하고 있습니다. 처음에는 이 신화에 유혹당할지도 모르지만, 의식은 더 나은 길을 보여줍니다.

　　최소한의 노력을 '지금 여기에' 적용할 수 있습니다. 그러나 의식에서 파생된 어떤 힘은 우리의 의식이 더 깊어질수록 더 강해진다는 것을 기억할 필요가 있습니다. 시간을 내어 명상을 하고 최소한의 노력을 들이는 법을 더 많이 연습하면, 순수한 의식의 원천에 더 가까워질 것입니다. 그리고 당신의 선택은 점점 더 성공적인 결과를 낳게 될 것입니다.

휴먼 매트릭스

만약 완전한 의식이 우리가 하는 모든 일을 지지하고 있다는 말을 듣는다면, 우리는 "그것이 오늘 우리에게 무슨 도움이 될까?"라고 물어봐야 합니다. 이것은 이기적이거나 주제넘은 질문이 아닙니다.

자신의 삶을 자세히 살펴보면, 의식이 매일 우리를 위해 많은 일을 하는 것이 아니라, 모든 걸 하고 있다는 것을 알게 됩니다. 지금까지 나는 더 적은 힘과 더 많은 힘을 비교하는 것에 익숙했습니다. 그러나 실제로 자신을 다른 사람과 비교할 필요가 없습니다. 완전하다고 해서 의식이 당신에게 더 적은 힘을 줄 수도 없고, 더 많은 힘을 줄 수도 없습니다. 의식은 모두에게 모든 것을 제공합니다. 의식은 마치 살아 있는 것과 같습니다. 살아 있다는 것은 그 자체로 그냥 살아 있음을 의미합니다. 50퍼센트만 살아 있거나 10분의 1만 살아 있는 것은 가능하지 않습니다. 삶은 하나로서 존재합니다. 미생물이나 고래, 두더지쥐, 이구아나 그리고 인간도 마찬가지입니다.

인간이라는 존재로서 우리에게는 가장 작은 단위의 미립자뿐 아니라 가장 사소한 생각의 단계까지 존재를 조직하고, 지배하고, 관리하는 네트워크가 내재되어 있습니다. 나는 이 네트워크를 '휴먼 매트릭스human matrix'라고 부릅니다. 이것은 순수한 의식과 자아 사이의 중간 지점입니다. 휴먼 매트릭스에서 의식은 우리의 삶을 위한 설정을 구성합니다. 다른 생명체에게는 그들만의 또 다른 매트릭스가 있습니다. 거대한 오징어를 잡아먹기 위해 전체 몸마음이 바닷속 수천 킬로미터 아래로 잠수하도록 설정된 향유고래 역시 우리와 마찬가지로 어떤 매트릭스 안에 살고 있습니다. 향유고래의 매트릭스가 우리의 것보다 더 단순하거나 더 원초적이라고 할 수는 없습니다.

의식이 하나의 매트릭스를 창조할 때, 아무도 그것이 어떻게 이루어지는지에 대해 완전한 지식을 가질 수 없습니다. 그 이유는 그 과정은 눈에 보이지 않기 때문이고, 그것이 흔적을 거의 남기지 않기 때문입니다. 세포 내부의 화학반응은 완벽하게 조직되어 있지만, 그 반응들은 수천 분의 1초 만에 사라집니다. 생각은 의미 있는 메시지를 전달하지만, 그런 다음에 흔적도 없이 사라집니다. 휴먼 매트릭스는 역동적이고, 항상 변하고, 우리 자신에게 엄청나게 유리하게 작용하는 어떤 것입니다.

의식은 완전한 힘으로 우리를 둘러싼 채 우리를 위해 작동할 뿐만 아니라, 우리에게 필요한 완전한 지식을 가지고 있습니다. 우리가 새로운 욕망이나 의도를 가질 때마다 전체 매트릭스가 반응합니다. 나는 양자물리학과 의식 사이의 연관성을 탐구하는 데 많은 시간을 보냈습니다. 내가 이 주제에 매료된 것은 "전자가 진동할 때, 우주가 흔들린다"라는 영국 물리학자 아서 에딩턴 경의 말 때문이었습니다. 휴먼 매트릭스에서도 마찬가지입니다. 우리가 가진 모든 욕망은 아무리 사소한 것이라도 의식을 통해 진동하고 살아 있는 구조 안에서 변화를 만들어냅니다.

우리가 생각하고, 말하고, 행동하는 모든 것의 배후에 놓인 조직력을 우리는 볼 수 없습니다. 뇌를 스캔한다고 해서 지능을 볼 수 있는 건 아니지만, 지능은 존재합니다. 어떤 기계도 우리가 얼마나 많은 사랑을 느끼는지 측정할 수는 없지만, 사랑에 빠진 모든 사람은 그 엄청난 힘을 느낍니다. 휴먼 매트릭스는 호모 사피엔스가 이루어낸 모든 진보와 함께 진화하면서 수십만 년 동안 제자리를 지켜왔습니다. 우리의 먼 석기시대 조상들의 더 뛰어난 두뇌는 수학, 문학, 과학이 그들의 첫 번째 번뜩이는 신호가 나타나기 수천 년 전에 이미 예측되도록 조직되었습니다.

우리 뇌의 DNA는 쥐와 85퍼센트, 고릴라와 98퍼센트, 우리와 가장 가까운 유전적 관계에 있는 침팬지와 99퍼센트 같은 구조를 가지고 있습니다. 그러나 그 작은 차이 속에서 휴먼 매트릭스는 구성되었습니다. 아무도 어떻게 그것이 가능한지 알지 못합니다. DNA를 예로 들어 말하는 것은 오해를 불러일으키고 부적절한 것 같습니다.

호모 사피엔스가 나타난 지는 20만 년이 되지 않습니다. 침팬지는 1800만 년 전에 처음 나타났습니다. 침팬지는 지능이 높지만, 침팬지 매트릭스에는 수학, 문학, 과학에 대한 잠재력이 거의 없습니다. 침팬지는 침팬지에게 완벽한 매트릭스를 가지고 있을 뿐입니다. 그리고 만약 진화가 진행되고 있다면, 분명히 아주 느린 속도로 진행되고 있을 겁니다. 우리가 결코 확실히 알지는 못하겠지만, 조상 침팬지는 아마도 오늘날의 침팬지와 매우 비슷하게 행동했을 것이라고 추측할 수 있습니다.

휴먼 매트릭스는 그에 비하면 번개처럼 빠른 속도로 진화해왔습니다. 만약 석기시대의 인간이 수학, 문학, 과학에 대한 잠재력을 갖고 있었더라도, 그들은 그것을 몰랐을 겁니다. 마치 두 살짜리 아이가 자신에게 글을 읽을 수 있는 잠재력이 있다는 것은 전혀 알지 못하는 것과 마찬가지입니다. 읽는 것을 배우는 과정은 곧 진화의 과정을 따라잡는 과정과 같습니다. 우리의 의식은 그 잠재력을 차근차근 펼쳐 보였습니다. 그러나 이런 단계들은 과거에서 왔습니다. 말하고, 읽고, 이성적으로 생각할 수 있는 것은 유산 덕분입니다. 그리고 우리는 태어나면서부터 자동적으로 그것을 획득합니다.

그러나 일단 성숙해지면 현 시점의 진화를 옹호하는 사람이 됩니다. 조상들의 어깨에 서서, 우리는 우리가 원하는 곳이라면 어디든지, 휴먼 매트릭스를 자신의 몫을 밀어 넣을 수 있습니다. 그래서 우리는 다음에 어디로 가게 될까요? 길을 안내하는 지도는 없습니다. 70억 인구가 매초마다 끊임없이 선택을 하는 상황에서 어떻게 그것이 가능할까요? 하지만 당신이 물러서면, 거기에 기록된 모든 역사를 거쳐 인류를 하나로 묶는 연결고리가 있습니다. 이 연결고리는 우리의 보이지 않는 잠재력이며, 우리를 의식을 가진 독특한 종으로 만들고 있습니다. 우리는 우리 자신의 진화의 길로 향할 수 있습니다.

잠시 우리의 손을 보면, 의식이 어떻게 작동하는지를 직접 관찰할 수 있습니다. 인간의 손에는 27개의 뼈가 있는데, 이는 침팬지의 손에 있는 뼈의 수와 같습니다. 중요한 차이점은 손에 힘을 풀면 엄지손가락이 손바닥에 닿는다는 것인데, 이것이 진화론자들이 말하는 그 유명한 '마주보는 엄지손가락'(다른 네 손가락과 맞닿아 물건을 쥘 수 있게 해주는 엄지라는 의미-옮긴이)입니다. 침팬지와 다른 고등 영장류들 또한 마주보는 엄지손가락을 갖고 있어서 바나나 껍질을 벗기고, 서로를 쓰다듬으며 손질을 하고, 먹을 것을 찾아 나무를 쑤시는 데 이용하는 원시적 도구를 나뭇가지로 만드는 데 이 엄지손가락을 활용합니다.

엄지손가락이 인류에게 진화의 기적을 만든 것을 뼈에서는 찾아볼 수 없습니다. 그 기적은 의식에서 일어났고, 그래서 눈에 보이지 않습니다. 마주보는 엄지손가락은 예술가가 동판 위에 바늘을 이용하여 미세한 가는 선들을 긁어서 예술작품을 만들 때처럼, 인류가 정교하고 세밀한 작업을 하는 것을 가능하게 했습니다. 렘브란트가 젊은 시절의 자신을 묘사했던 판화도 그런 것이었습니다. 섬세하게 묘사된 그의 머리카락이 뒤엉킨 후광처럼 그의 머리를 감싸고 있습니다. 이 판화의 원본 지름이 대략 2인치라는 것을 알지 못한다 해도 충분히 놀랄만 합니다. (온라인에서 '렘브란트 자화상 에칭'을 검색하면 볼 수 있습니다. 왼쪽 어깨 너머로 바라보고 있는 사람입니다.) 아무리 솜씨가 좋은 침팬지도 렘브란트의 작품이나 뉴욕 골목에 스프레이 페인트를 뿌리는 거리 예술가의 작품과 같은 것을 만들어낼 수 없습니다.

다이아몬드를 자르거나, 카메오 초상화를 그리거나, 베네치아식 레이스를 만들 때 필요한 정교한 작업을 하기 위해서는 마주보는 엄지손가락이 필요합니다. 그러나 그것은 의식에 유용한 도구일 뿐입니다. 의식이 없으면 그 도구는 쓸모없거나 영장류에서처럼 제한적으로 사용될 뿐입니다. 인간 삶의 모든 부분을 곰곰이 생각해보면, 휴먼 매트릭스가 얼마나 독특한지, 그것이 우리를 얼마나 완전히 감싸안는지를 알 수 있습니다.

보이지 않는 의식의 흐름

의식이 우리에게 준 모든 것

생물학 (신체를 구성하고 운영하는 것)

생존 본능 (투쟁 도피 반응)

자각 (오감)

심리학 (개성, 감정, 분위기 등)

이성적인 사고

사회적 유대감, 개인적인 관계

언어

창조성

호기심, 발견, 발명

자기 인식

이 목록에 관해서는 두 가지 놀라운 일이 있습니다. 첫 번째는 그 복잡함입니다. 그리고 두 번째는 통일성입니다. 의식은 한꺼번에 모든 것을 하고 있습니다. 다양성과 통합이라는 두 가지 기능이 결합되어 전체성의 윤곽을 선명하게 그려내고 있습니다. 전체성과 같은 추상적인 용어를 사용하지 않아도 상관없지만, 그럼에도 이런 용어를 사용하는 데는 이유가 있습니다. 완전함은 경험이 아닙니다. 휴먼 매트릭스에서는 모든 것이 동시에 조정되고 있지만, 경험은 분리되어 개별적으로 나타납니다.

이 장애물을 극복하기 위해 총체성이 우리의 시야 밖에서 무엇을 하고 있는지를 보여주는 실험을 해봅시다. 다음의 문장을 읽으면서 알파벳 e가 나타나는 횟수를 세는 동시에 단어들이 무엇을 의미하는지 이해하려고 노력해봅시다.

There are, by best estimate, although no one
knows for sure, somewhere between 100,000 and
a million types of proteins in our bodies.
(비록 아무도 확실히 알지는 못하지만, 어림잡아, 우리 몸 안에 10만에서
100만 종류 정도의 단백질이 있습니다.)

분명히 우리의 마음은 두 가지 일을 동시에 하는 것에 저항할 겁니다. 마음은 의미를 이해하기 위해 문장을 읽거나 또는 알파벳 e가 나타나는 단어를 세거나 둘 중 하나만 하기를 원합니다. 그것이 선형경험의 한계입니다. 그러나 삶의 모든 순간에서 의식의 전체성은 앞에서 '의식이 우리에게 준 모든 것'에서 열거했던 신체적인 과정에서부터 감정, 이성적인 사고에 이르기까지, 휴먼 매트릭스의 전부를 관리하는 데 아무런 어려움이 없습니다. 우리는 의식이 지구상에서 성취할 수 있는 것의 정점에 있는 휴먼 매트릭스 안에 살고 있습니다. 이 깨달음은 우리가 누구인지를 근본적으로 새롭게 정의합니다.

만약 자신의 전체성이 무엇인지를 이해한다면, 정상적인 기대감은 우리 내면과 외부에 존재하는 힘을 묘사하기에 터무니없이 부족합니다. 사실 거기에는 내면도 외부도 없습니다. 의식의 전체성은 경계에 아랑곳하지 않고 창조를 지배합니다. 이 보이지 않는 구조, 휴먼 매트릭스는 완전한 명상의 의미를 확장합니다. 우리는 명상을 휴먼 매트릭스 안에서 모두를 아우르며 영향을 주는 모든 것으로 간주해야 합니다. 여기에서 다시 바다와 비교하는 것이 이해를 하는 데 도움이 될 겁니다.

기후변화에서 가장 놀랍고 고통스러운 측면 중의 하나는 세계의 바다가 사소한 변화에 의해 빠르게 영향을 받는다는 것입니다. 2019년에 세계 산호초의 3분의 1 이상이 심각한 피해를 입거나 죽었다는 놀랍고도 두려운 소식이 전해졌습니다.

아무도 바다의 온도가 몇 도 올라간 것이 그렇게 급격한 영향을 미치리라고 생각하지 않았습니다. 호주 동해안에 있는 그레이트 베리어 리프의 산호초는 식욕이 왕성한 불가사리가 갑작스럽게 확산되며 고통을 겪고 있습니다. 해류도 영향을 받았습니다. 해류가 바뀌면서 세계는 엘니뇨를 겪어야 했고, 이는 페루 멸치 어부들의 운명에 결정적인 영향을 주었습니다.

우리는 양극 지방에서 녹고 있는 만년설, 빙하가 녹아내리며 빙하 사이를 헤엄쳐 건너지 못하고 익사하는 북극곰, 남극 만년설의 거대한 덩어리가 갈라지고 녹으며 바다의 수위가 높아지는 데 대한 위험성을 경고하는 보도를 지속적으로 들으며 이미 익숙해졌습니다. 인도양의 몰디브와 같은 저지대 섬들은 이미 위협받고 있습니다.

이처럼 바다는 삶의 한 영역에서 전체성을 의미합니다. 기후변화가 야기하는 모든 사소한 영향은 휴먼 매트릭스의 다양성을 상징하고 있습니다. 우리는 바다를 상상하고, 지도로 만들고, 그 안의 모든 종류의 변화를 관찰하고 측정할 수 있습니다. 그러나 휴먼 매트릭스는 그 자체 내에서 움직이는 의식의 보이지 않는 흐름을 반영하고 있습니다. 열과 온실가스에 수동적으로 반응하는 바다와는 달리, 의식은 무슨 일이 벌어지고 있는지를 알고, 끊임없이 새롭게 대응하고 있습니다. 이 무한한 역동적 힘은 또한 우리를 통해 표현됩니다. 전체성과 관련이 있는 모든 것과 마찬가지로 이 힘은 바로 우리 자신입니다.

완전한 하나됨

의식이 완전하다는 것을 진정으로 이해하게 되면, 무한한 힘의 비밀을 알게 됩니다. 하나가 된다는 것은 추상적으로 들립니다. 사방으로 물이 넓게 퍼져 있는 바다에 떠 있는 자신을 발견한다는 건 두려운 일일 겁니다. 그러나 하나됨을 경험한다는 건 그것과 같지 않습니다. 최대한 멀리까지 의식에 둘러싸인 자신을 발견한다는 건 창조의 중심에 있는 것과 같습니다. 완전히 깨어 있을 때, 우리는 자신의 존재를 이와 같은 방식으로 느끼게 됩니다. (많은 종교적 전통은 온몸에 눈을 가진 신성한 존재를 묘사하고 있으며, 1달러 지폐에는 모든 것을 볼 수 있는 신비로운 눈이 있습니다. 이런 이미지는 완전한 의식 상태를 의미합니다.)

그러나 깨어나야 한다거나 각성해야 한다는 부담감은 없습니다. 하나됨은 이미 당신의 몸마음을 통해 자신을 표현하고 있습니다. 본질적인 과제는 전체성에 맞서지 말고 자신을 그것에 맞추는 것입니다. 그러나 어떻게 그럴 수가 있을까요?

다음과 같은 순간에 당신은 하나됨과 일치합니다.

당신이 있는 곳에 존재하는 걸 즐길 때

당신이 어떤 판단도 하지 않고 자신을 받아들일 때

자연이 당신을 지원하고 있다고 느낄 때

인생이 장애물 없이, 반발 없이 순조롭게 흘러갈 때

당신의 욕망이 거의 노력하지 않고도 이루어질 때

당신이 여기 있는 것을 즐길 때

당신이 어떤 판단도 하지 않고 자신을 받아들일 때

자연이 당신을 지원하고 있다고 느낄 때

마지막 항목이 혼동이 될 수도 있지만, 사실 가장 중요한 점입니다. 자연에 의해 지원을 받는다는 건 모든 살아 있는 생명체의 경험입니다. 모든 생명이 있는 존재는 그것이 살고 있는 서식지와 서로 어울립니다. 생명체와 그 서식지는 너무 자연스럽게 지원을 하고 있어서 알락돌고래, 수염고래, 아이리시 세터, 또는 붉은털원숭이는 하나됨에 대해 생각할 필요가 없습니다. 이처럼 살아 있는 생명체는 자연의 지원에 반대하거나 그것을 약화하지 않습니다. 하지만 인간은 선택이 커다란 역할을 하는 서식지에 살고 있기 때문에 자연의 지원에서 쉽게 벗어나곤 합니다.

다음과 같은 경우에 우리는 자연의 지원에서 벗어납니다.

고군분투하고, 고통받는 자신을 발견할 때
깨끗한 음식, 물, 공기를 포기할 때
두려움과 분노가 우리의 행동에 명령을 내리는 걸 허용할 때
오래된 습관과 길들임의 힘이 우리를 압도할 때
현실의 공동 창조자로서 우리의 역할을 잊을 때

우리는 아이들이 하나됨과 자신을 일치시키는 것에 대한 훈련과 교육을 받지 못하는 그런 세상에 태어났습니다. 훈련과 교육이 이렇게 부족한 것은 끊임없는 혼란과 의심의 여지를 남겼습니다. 우리가 생각하고, 말하고, 행동하는 모든 것을 자연이 지원할 수 있다는 것을 알지 못한다면, 크고 작은 방법으로 삶을 던져버리기로 선택하기가 너무 쉽습니다.

더 나은 선택을 하기 위해 노력을 기울이는 건 해결책이 아닙니다. 언제나 예측하지 못한 결과가 발생하기 때문입니다. 비결은 자신을 하나됨에 맞추는 것, 즉 완전한 명상을 실행하는 것입니다.

생각한다는 것과 의식적인 것

우리는 우리가 얼마나 강한지를 알지 못합니다. 우리의 삶은 휴먼 매트릭스에 몰입한 채 고정된 한계 내에서 진행되고 있습니다. 무한한 권력에 가까운 것 중 어느 것도 우리에게 속하지 않습니다. 그러나 우리가 끌어낼 수 있는 힘은 눈에 잘 띄지 않는 곳에 숨어 있습니다. 우리의 삶이 우리의 생각을 말해주는 머릿속의 목소리에 지배당하기 때문에 우리는 그것을 보지 못합니다. 하지만 당신은 그 목소리에 무심코 끼어들지 않습니다. 그것은 당신에게 깊은 영향을 주며, 시간이 흐르면서 당신이 생각하는 것이 당신이 됩니다. 분명히 말하면 그게 문제입니다. 생각한다는 것은 의식적인 것과 같지 않습니다. 흔히 생각한다는 건, 특히 지나치게 생각한다는 건 의식의 적입니다.

아동심리학자들에 따르면, 부모들이 "방을 청소해라", "텔레비전을 꺼라", "이제 자러 가라" 같은 잔소리를 하면 아이들이 쉽게 이 말들을 무시한다고 합니다. 그러나 부모가 아이를 묘사하는 말, 특히 "넌 다른 여자애만큼 재미있지 않구나", "넌 머리가 좋지 않아", "넌 나쁜 애야"와 같은 부정적인 묘사를 말할 때, 이 말들은 아이들에게 흡수되어 종종 평생 동안 기억되곤 합니다.

만약 이런 서술적인 진술이 반복되고 강한 감정으로 뒷받침되면, 그 효과는 치명적일 수 있습니다. 부모에게서 듣는 말은 아이의 성격에 내재화되어 아이들의 머릿속에서 계속 반복되며 죄책감, 수치, 낮은 자존감 등의 문제로 연결됩니다.

당신 머릿속의 목소리는 언제나 과거를 떠올리고 있습니다. 심지어는 그 목소리가 말할지도 모를 파괴적인 말들 너머에서 과거로 끌려가는 것은 당신이 현재를 인식하지 못하게 합니다. 당신의 마음은 다른 곳에 있습니다. 의식은 언제나 존재하지만, 당신이 존재하지 않는다면 의식의 힘은 고립된 자아의 특성인 '나'를 규정하는 생각에 가려져 숨어 있게 됩니다. 다음의 비교사항들을 살펴봅시다.

> 의식 속에서 당신은 한계가 없는 지식, 무한한 가능성, 순수한 자각과의 끊을 수 없는 연결고리를 갖게 됩니다.
> 생각 속에서 당신은 제한된 지식, 한 줌의 가능성, 순수한 자각과의 잘못된 연결고리를 갖게 됩니다.

이런 불일치 때문에 우리가 자아에 의지할 수밖에 없는 것은 놀랄 일이 아닙니다. 자아는 머릿속에서 반복되는 목소리에 우리를 묶어두고, 우리의 개인적인 이야기를 계속하게 합니다. '나'는 다른 사람들의 이야기에 연결되어 있다고 느끼고, 그래서 우리는 혼자라고 느끼지 않습니다. '내'가 이런 식으로 모든 것을 함께 묶을 수 있는 한, 의식하지 못하는 것이 그렇게 나쁘지는 않아 보입니다. 대부분의 사람들이 그렇듯이, 당신은 그것을 간과할 수도 있습니다.

머릿속의 목소리는 자아와 공모하여 당신에게 정체성에 대한 감각을 줍니다. 당신은 알려진 특질, 예를 들어 회사에서 성공의 사다리를 오르는 중인 40대의 전문직 백인 남성, 또는 혼자 아이들을 먹이고 입히기 위해 애쓰는 유색인종의 젊은 여성 등 알려진 특질로서 거울 속의 자신을 볼 수 있습니다.

만약 당신이 더 나은 삶을 원한다면, 당신의 자아는 당신이 살고 있는 이야기를 향상시키며, 그 노력은 성공할지도 모릅니다. 그러나 이런 종류의 성공은 자아가 결코 신뢰할 수 있고 실질적인 것이 아니라는 사실을 감추고 있을 뿐입니다. 그것은 정말로 기억, 인상, 호불호, 사회의 길들이기, 믿음, 그리고 부정의 무리일 뿐입니다. 이 무리는 폭풍우 속에서 거리를 떠내려가는 신문지만큼 마구잡이로 조합되어 왔지만, 지저분한 조립품 전체가 당신이라는 것을 당신에게 확신시키는 방법이 있습니다. 만약 당신이 거울을 들여다보고 자아에 바탕을 둔 이야기가 당신에게 반사되는 것을 보지 못했다면 당신은 어디에 있는 걸까요?

사실, 당신은 훨씬 더 잘 지낼 겁니다.

생각이 만들어내는 어떤 것도 의식적인 상태를 대신할 수 없습니다. 당신이 자신을 감싸고 있는 정체성에는 거짓, 손상, 중개자 등이 많이 포함되어 있습니다. 예를 들어, "나는 충분히 _____ 하지 않다"라고 씁니다. 빈칸에 당신이 부족하다고 생각하는 어떤 것을 묘사하는 말들, 예를 들어 "나는 충분히 똑똑하지 않아"와 같은 말로 채웁니다. 자신감 있는, 날씬한, 매력적인, 부자인 또는 착한 등과 같은 단어를 선택할 수도 있습니다. 이런 표현들은 단지 자신을 판단하는 단어들이 아닙니다. 그것들은 당신의 이야기 안에 내재되어 있습니다. 머릿속에 있는 목소리는 이런 판단을 기억하도록 프로그래밍되어 있는데, 당신이 또는 부모님처럼 권위 있는 누군가가 당신을 충분히 괜찮지 않고, 충분히 똑똑하지 않고, 충분히 매력적이지 않다고 말했었던 과거에서 생겨난 것입니다.

　이 논의는 그렇게 내재된 자기 판단을 청산할 필요가 있다는 것을 분명히 해줍니다. 이 책의 2부에서는 그 과정을 집중적으로 다루고 있습니다. 당신의 이야기를 여기와 현재에 대한 인식을 근거로 한 개념으로 바꾸는 것이 필요합니다. 현재에 존재하는 자아가 당신의 진정한 자아입니다. 그것은 완전한 의식과 연결되어서 항상 그래왔던 자아입니다. 당신의 진정한 자아는 인류의 삶에서 가장 높은 가치의 원천이고, 그것을 통해 당신은 휴먼 매트릭스에서 당신에게 적절한 위치를 만들어냅니다.

　자아가 제공하는 거짓된 지원과 당신의 머릿속에 있는 목소리에 매달릴 필요가 없습니다. 당신이 깨어나기 시작하는 순간부터, 완전한 명상의 과정은 당신의 진정한 자아를 드러낼 것입니다. 당신이 지금까지 경험했던 모든 의심, 두려움, 비판은 자아가 만들어낸 것입니다. 자아는 자신의 의제를 충족시키기 위해 당신의 이야기를 계속 강화하고 있습니다. 당신이 현실처럼 보이는 한계를 벗어나게 되면, 당신은 그 본질에 의한 자아가 비판적이고, 불안정하고 두려워한다는 것을 아주 분명하게 보게 될 것입니다.

당신이 실제로 누구인지를 알기 위해 환영을 걷어내는 것이 닫힘에서 벗어나려는 모든 과정을 수월하게 만듭니다. 환영은 두려운 것이기는 하지만, 궁극적으로는 현실이 아니고 또한 실체도 없습니다. 현실적이고 실질적인 모든 것은 당신의 진정한 자아와, 의식 속에서 기다리는 무한한 가능성 사이의 연관성 속에서 존재합니다. 당신이 직접 현실을 경험할 수 있도록 그 연관성을 새롭게 만들어야 할 시간입니다.

chapter 7

매일 깨어나는 삶

관습적으로 생각하면 모든 것을 의식 속에 두는 건 매우 급진적인 출발점입니다. 우리 모두는 현실이 서로 분리되는 매우 불평등한 두 개의 영역으로 나뉜다는 것을 받아들이면서 자랐습니다. 객관적인 세계는 거의 모든 것을 지배하며 '거기 외부에' 있습니다. 그곳에서 우주가 시작되었고, 끝이 날 것입니다. 그리고 수십억 명의 사람들이 그곳에서 태어나고, 살고, 죽었습니다.

그에 비해 '여기 안에' 있는 주관적인 세계는 단지 스쳐 지나가는 관심만을 만들어냈습니다. 사람이 어떻게 느끼느냐는 그들이 생계를 유지하고, 가족을 부양하고, 삶을 개선하기 위해 무엇을 하는지보다 보통 덜 중요하게 생각됩니다. 내면으로 들어가는 것은 냉혹한 현실주의자들에게는 거의 의미가 없습니다. 그들은 실용적인 것에 대해 생각하고 계획을 세우기 위해 자신들의 내면 세계에 접근할 뿐입니다.

실제로 들여다보면, 주관적인 세계도 또한 성자와 성인들을 낳았습니다. 현명한 사람들은 자신들의 지혜를 주관적인 세계에서 얻습니다.

증오, 질투, 두려움, 불안과 마찬가지로 사랑도 '여기 안에서' 솟아납니다. 사랑하는 사람에게 거부당하거나 쓸쓸함과 분노 속에 인간관계를 끝냈던 사람들이 잘 알고 있듯이, 우리는 감정이 언제 자신을 해칠지를 알기 쉽지 않습니다. 두 개의 영역 중에서 객관적인 영역은 견고하고, 예측 가능하고, 유용하게 느껴집니다. 주관적인 영역은 변덕스럽고, 신뢰할 수 없고, 너무 변화무쌍해서 실제로 정확하게 알아내기가 어려워 보입니다.

두 영역이 하나의 현실로 통합될 수 있는 가능성은 거의 없는데, 그 이유는 두 영역이 서로 너무 다르고 심지어는 서로 적대적이기 때문입니다. 직장에서, 전투나 위급상황에서, 집에서, 또는 다루기 힘든 십대 청소년에게 하기 싫은 일을 시키기 위해 애쓰면서 "난 네가 어떻게 느끼는지 관심 없어. 어서 일이나 해"라고 말합니다. 그러나 통합을 이루는 것은 완전한 명상 뒤에 있는 핵심 개념입니다. 어떤 상황에서 우리는 의식적으로 또는 무의식적으로 반응합니다. (인터넷 연결이 끊기거나, 타이어에 펑크가 나거나, 고지서를 지불해야 한다고 독촉을 받는 등의) 외부적인 문제든, (우울하거나, 돈 걱정을 하거나, 집을 떠나 있는 자녀를 보고 싶어하는 등의) 내면의 문제든 아무 상관이 없습니다. 어떤 경험이든 그것은 당신의 마음에 관련되어 있고, 당신의 마음은 의식 상태를 표현하고 있습니다.

이 모든 것에 표를 붙일 수 있는 쉬운 방법이 있습니다. 당신이 무의식적으로 행동할 때, 당신은 잠들어 있습니다. 의식적으로 행동할 때는 깨어 있게 됩니다. 이 표들은 언제나 둘 중 하나를 선택한다는 걸 분명히 함으로써 문제를 단순하게 만듭니다. 아무도 완전히 잠들어 있거나 깨어 있는 것은 아니지만, 우리는 그 차이를 아주 명확하게 설명할 수 있습니다.

잠들어 있다는 것(무의식적인 것)

습관적으로 행동합니다.

갑작스런 충동에 따릅니다.

생각하지 않고 말합니다.

고정된 믿음과 의견에 의존합니다.

반사적으로 대응합니다.

좋아하는 것과 좋아하지 않는 것을 미리 결정합니다.

예상치 못한 결과에 시달리고 있습니다.

순응을 받아들입니다.

단도직입적으로 판단합니다.

분노, 두려움, 다른 부정적인 감정들과 씨름합니다.

마주하고 싶지 않은 것들을 부정합니다.

이 목록을 읽는 것이 벅찰 수 있습니다. 아마도 자신이 믿

는 것만큼 의식적이고, 성숙하고, 사려 깊고, 이성적이지 않다는 걸 깨달으면 충격을 받을 수도 있습니다. 우리는 종종 잠들어 있습니다. 게다가 목록에 있는 어떤 항목에 대해 곰곰이 생각하면, 이런 행동들 중 하나를 바꾸는 것이 쉽지 않다는 걸 인정하지 않을 수 없습니다. 그러나 모든 사람들은 다음과 같이 자신이 깨어 있음을 보여주는 경험을 갖고 있습니다.

깨어 있다는 것(의식적인 것)

> 말하기 전에 생각합니다.
>
> 결정을 내리기 전에 선택지를 저울질합니다.
>
> 사실을 수집합니다.
>
> 자신의 행동이 가져올 결과를 예상합니다.
>
> 다른 사람들이 말하는 것에 귀를 기울입니다.
>
> 당신의 감정을 느끼지만, 항상 그것에 따라 행동하지는 않습니다.
>
> 충동을 조절할 수 있습니다.
>
> 미리 계획을 세웁니다.
>
> 상황이 바뀌면 계획을 수정하는 것에 열린 태도를 가집니다.
>
> 인간의 본성을 이해하고 그래서 더 관대합니다.
>
> 성급하게 결론을 내리지 않습니다.
>
> 개인적인 판단을 하지 않습니다.
>
> 순응하는 것과 저항하는 것 사이에서 균형을 맞춥니다.

당신 주변의 상황과 그 상황에 놓인 사람의 상태를 파악하기 위해 주의를 기울입니다.

문제에 계속해서 집중할 수 있습니다.

이 긴 목록을 한 번만 보아도 깨어 있는 것이 잠을 자는 것보다 훨씬 낫다는 것을 알 수 있습니다. 사실 습관과 무지함으로 금세 빠져들어도 많은 사람들이 너무 많은 시간을 의식적인 상태로 보내고 있고, 깨달음은 대부분의 사람들이 생각하는 것만큼 멀리 떨어져 있지 않습니다. 깨달음이 세상 속에서 살고 싶어 하는 모든 사람에게 현실적인 목표라고 상상할 수 없을 만큼 멀리 있는 것이 아닙니다. 오히려 진실은 정반대편에 있습니다. 모든 사람은 더 큰 의식의 상태로 들어가는 방법을 알 수 있으며, 일단 이 과정이 시작되면 온전히 깨어난다는 것, 깨달음의 진정한 의미가 이루어집니다.

인간이 로봇처럼 될 수 있다면, 모든 행동이 의식적인 상태에서 나오도록 프로그램을 만드는 것이 가장 최선일 겁니다. 그러나 이런 프로그램은 절대로 만들어질 수 없는데, 로봇은 미리 설정된 지침을 근거로 선택을 하기 때문입니다. 깨어 있는 것은 미리 결정된 것과는 반대입니다. 깨어 있을 때, 우리는 무한한 가능성들 중에서 자유롭게 선택할 수 있습니다. 이상적으로 말하면, 영감과 통찰의 날개 위에서 선택을 하는 순간 우리는 자신의 현실을 창조합니다. 본질적으로 영감과 통찰력은 예측할 수 없는 성질의 것입니다.

　깨어 있는 삶은 잠들어 있는 순간에 혼란스러울 수 있는 모든 것들을 분명하게 합니다. 부모 노릇과 같은 것이 그런 사례입니다. 좋은 부모로서 당신은 자신이 성인이라는 것을 인식하고 있는 반면, 그렇게 훌륭하지 않은 부모는 때때로 이런 일이 일어난다는 걸 알지 못한 채 아이나 청소년처럼 행동합니다. 그 누구도 부모에게 완벽한 교육을 받으며 성장하지 않습니다. 그러나 만약 당신이 부모로서의 인식이 부족했다면, 아마도 아이들에게 읽기, 쓰기, 정크푸드 대신 채소를 먹는 것, 다른 사람들을 감정적으로 비난하는 대신 함께 어울리는 것의 중요성, 그리고 깨어 있는 어른이라면 의심하지 않았을 모든 것과 같은 어떤 기본적인 필요성에 대해 명확한 방향을 제시하지 않았을 것입니다.

　어린 시절의 성장은 어린아이처럼 행동하지 않는 안정된 부모에게 달려 있습니다. 두 살배기 아이가 떼를 쓸 때마다 엄마가 짜증을 낸다면, 또는 아이가 쿠키 상자에서 쿠키를 훔치는 걸 본 아빠가 이 행동을 대수롭지 않게 넘겨버린다면, 육아는 혼란과 마구잡이로 섞인 메시지 속에서 무너지게 됩니다. 현재 상황에서 심리학자들은 "충분히 좋은 육아"가 아이가 받을 수 있는 최상의 육아라는 것을 발견했습니다. 유감스럽게도 세상은 종종 무의식적인 행동을 하는 엄마와 아빠들로 가득 차 있는데, 그들도 자신의 불완전한 부모에게 물려받은 나쁜 습관 때문에 이런 행동을 하곤 합니다.

충분히 좋은 부모는 좋은 교훈과 나쁜 교훈을 섞어서 전달하는데, 이것이 불가피한 이유는 그들이 자신의 의식 수준에서만 행동할 수 있기 때문입니다. 그들은 당신과 나를 포함한 다른 누구 못지않게 잠든 상태이고 방황하고 있습니다. 만약 우리가 사람들이 줄 필요가 없는 것을 누군가에게 요구할 수 없다는 원칙을 인정한다면, 우리는 우리의 부모에게 더 친절하고, 더 현실적으로 대할 것입니다. 진실이거나 도움이 되는 원칙은 많지 않습니다.

완전한 명상은 당신을 수면 상태에서 깨어나게 할 것입니다. 그러나 이런 깨어 있음은 무의식적인 행동의 목록에 있는 모든 항목을 하나씩 언급해야 일어나는 것은 아닙니다. 잠들어 있는 상태와 깨어 있는 상태는 완전히 다르고, 하나를 다른 상태와 교환해야 하는 것이 문제입니다. 변화가 필요합니다. 작은 행동에 변화를 가져오는 것도 쉽지 않습니다. 그런데 몸마음 전체에 관여하는 변화가 가능할까요? 변화는 완전한 명상에서 가장 중요한 과제입니다.

변화를 받아들인다는 것

각성된 삶은 작고 점진적인 변화가 아니라 보다 급진적이고 완벽한 변화를 수반합니다. 그런 것이 가능하다고 믿으려면 비전과 헌신이 필요합니다. 대부분의 사람들은 그들의 삶이 어떻게 진행되는지에 대해 엇갈린 감정을 가지고 있습니다. 13세기까지 거슬러 올라가는 영어 속담인 "쓴맛은 단맛과 함께 먹는다"는 모든 사회의 보편적인 경험을 표현하고 있습니다.

그러나 인생의 엇갈린 축복과 마주했을 때, 변화를 깊이 갈망하면서 축복과 역행하는 행동을 하는 경향이 있습니다. 갈망은 종교에서는 영원한 행복을 얻을 수 있는 하늘에 대한 환영을 통해, 낭만주의 문학에서는 완벽한 사랑에 대한 비전을 통해, 잃어버린 에덴동산이나 황금시대를 포함한 모든 종류의 상상의 유토피아 안에 표현되어 있습니다.

변화를 향한 이 갈망은 당신이 복권에 당첨되면 무엇을 할 것인지를 꿈꾸는 것처럼 그저 단순한 소원 성취에 불과한 것일까요? 만약 당신이 완전히 실용적인 성향의 사람이라면, 그런 환상을 버리고, 당신의 에너지를 더 잘 살 수 있도록 생산적인 것에 쏟을 수 있습니다. (적어도 한 권의 베스트셀러는 10퍼센트 더 행복해지는 방법을 약속합니다. 이건 마치 예금통장 계좌를 개설하는 것처럼 들립니다. 이자는 높지만 훨씬 더 위험한 것보다는 적지만 안전한 수익을 얻는 것이 더 낫습니다.)

그러나 아무리 작은 목표라도 항상 달성할 수 있는 건 아닙니다. 우리는 반 덩어리 또는 그 이하라도 만족하는데, 상식이 우리에게 그렇게 말하기 때문입니다.

하지만 더 깊은 곳에 진짜 문제가 있습니다. 변화는 자연 전반에 걸쳐 존재합니다. 눈에 보이지 않는 두 개의 가연성 기체인 산소와 수소가 결합하여 물을 형성할 때 일어나는 변화를 생각해봅니다. 이 액체는 불연성이어서 불을 끕니다. 두 가지 성분의 본질적인 특성을 보면 그것들이 그처럼 완전히 변형될 수 있다는 것을 생각할 수 없습니다. 그러나 그것이 바로 점진적인 단계를 밟아 변하는 것과는 달리 변형이 의미하는 것입니다.

개인적인 변화를 이루어낸다는 건 무엇을 의미할까요? 신념, 두려움, 편견에 매달리는 것, 이성적인 이유가 없는 개인적인 습관 등 사람들이 변화에 저항하는 고집스러운 방식에도 불구하고, 다음과 같은 일상의 경험에서 볼 수 있듯이 우리는 변화무쌍한 존재입니다.

○ 생각이 떠오르면, 정신적 침묵이 당신 머릿속에서 목소리로 바뀝니다.

○ 당신이 어떤 물체를 볼 때, 당신의 뇌에서 눈에 보이지 않는 전기 신호가 그 물체를 색깔과 형태로 바꿉니다.

○ 시각의 감각은 개별적으로는 움직임이 없는 아주 작은 스냅샷을 찍음으로써 작동합니다. 그러나 당신의 마음은 이것을 움직이는 세계로 바꿉니다. 영화가 빠른 속도로 돌아가는 일련의 정지된 프레임들에서 만들어지는 것과 같습니다.

○ 갑작스러운 충격이 생겼을 때, 움직이지 않는 당신 몸의 균형 잡힌 상태가 투쟁 도피 반응의 흥분 상태로 변합니다.

○ 적당한 시기에 적당한 사람이 "나는 당신을 사랑합니다"라고 말하면, 사랑에 빠지는 것으로 알려진 완전한 심리적 변화를 만들어 냅니다.

이런 경험들 중 어느 것도 점진적인 또는 단계적인 변화를 통해 일어나지 않습니다. 그 대신 갑작스러운 변화는 하나의 상태를 완전히 다른 상태로 만듭니다. 물과 소금의 경우와 마찬가지로, 첫 번째 상태는 새로운 상태가 어떨지에 대한 단서를 주지 않습니다. 처음으로 사랑에 빠진 사람이 깜짝 놀라며 "이런 사랑이 있는 줄 정말 몰랐다"라고 자주 말을 하는 것은 이런 이유 때문입니다.

그렇다면 왜 변화는 그렇게 가능성이 낮고 멀리 떨어져 있는 것처럼 보이는 것일까요? 대답은 변화를 향한 우리의 태도에 있습니다. 분명히 우리 사회의 기본적인 분위기는 순응성, 일상성, 관습성으로 급격히 기울어 있습니다. 우리는 다르지 않아야 한다고 압박을 받습니다. 그러나 이중 어느 것도 우리가 자연의 변화에 둘러싸여 있다는 사실을 바꾸지는 못합니다. 게다가 우리의 뇌는 오감에게 받은 가공되지 않은 신호를 변형시키지 않고는 3차원의 이미지로 바꿀 수 없습니다.

여기서의 교훈은 변화는 항상 도달할 수 있는 범위 내에 있으며, 그것을 달성하기 위해 특별한 노력이나 고군분투가 필요하지는 않다는 것을 수용하는 겁니다.

이미 깨어 있는 것처럼 살기

인간은 단순히 외부 세계에서 원하는 것을 얻었다고 성취감을 느끼지는 않습니다. 내면의 성취감이 그만큼 중요합니다. 의식에만 전념하는 생활방식은 두 가지를 모두 포함합니다. 이것은 매력적인 가능성이지만, 여전히 대부분의 사람들은 "난 무엇을 해야 할까?"라고 궁금해할 것입니다. 대답은 바로 이것입니다. "이미 완전히 깨어 있는 것처럼 살아라." 만약 당신이 완전히 깨어 있다면, 다음의 진실들이 완벽하게 명백해집니다.

당신의 삶 속에 있는 모든 것이 의식의 표현입니다.
당신은 당신의 근원에 직접적으로 다가가며, 그것은 순수한 의식입니다.
당신은 완벽한 역동적인 균형에 도달했습니다.
당신은 당신의 충동과 욕망이 당신에게 좋다는 걸 믿습니다.
당신은 개인적인 현실을 창조합니다.
당신의 삶은 무한한 가능성으로부터 매 순간 뛰어오릅니다.

"그것을 만들 때까지 가짜로 만들어라"라는 일종의 우주적 진리에 따라 사는 것이 깨달음을 기다리는 것보다 훨씬 낫습니다. 자외선은 우리의 인식 너머에 있지만 어쨌든 우리는 선크림을 바릅니다. 엄청난 속도로 충돌하는 힘 또한 우리의 인식을 넘어서지만 우리는 안전벨트를 착용합니다.

　모든 사람의 삶이 뒤섞여 있기 때문에 우리는 이미 깨어 있는 경우가 있습니다. 잠을 자는 동안 자신을 알아채는 것이 요령입니다. 즉, 무의식적으로 행동하는 겁니다.

　놀랍게도 여기에서 분열된 자아가 도움이 됩니다. 왜냐하면, 우리는 마음속으로 말하면서 동시에 두 장소에 있는 것에 익숙하기 때문입니다. 사실 우리는 항상 자신의 관심을 나누고 있습니다. 우리는 다른 사람의 말을 듣는 척하면서 다른 생각을 합니다. 합리적인 성인처럼 행동하면서 가끔은 성적 충동을 감추고 있습니다. 예의 바르고 친근하게 행동하면서 누군가에 대한 혐오감을 숨기려 합니다. 우리가 무엇을 하고 있든 백일몽, 환상, 희망적인 생각은 우리의 생각 안을 들락날락합니다.

　관심을 나누는 능력은 그것이 깨어나는 데 도움이 될 때 유용합니다. 자신의 관심이 두 군데로 빠져나갔다는 것을 알아차리는 것만으로도 우리는 의식적으로 있는 걸 선호하게 됩니다. 일단 이것을 알아차리면, 깨어 있음으로 갑자기 들어가는 데 아무런 노력이 필요하지 않습니다. 하루에도 여러 번 깨어 있는 걸 좋아하면서, 우리의 몸마음을 부드럽게 그리고 여러 번 반복해서, 마침내 의식을 유지하는 것이 자연스럽게 될 때까지 교육을 시킵니다. 힘들지 않지만, 즉시 효과를 나타내는 소소한 방법들이 많다는 사실에 놀랄 것입니다.

깨어남을 위한 가장 쉬운 방법

당신의 마음이 잠이 들면, 다시 집중하도록 합니다.

당신의 몸에서 미묘한 느낌이나 감각을 알아챌 때, 당신의 주의력을 거기에 둡니다.

어떤 상황에서 스트레스를 느낄 때, 가능한 한 빨리 그 상황에서 벗어납니다. 균형이 깨졌다고 느낄 때, 중심을 잡도록 합니다.

마음이 혼란스러울 때, 조용하고 차분한 장소를 찾습니다.

당신 자신이 반대하거나 저항하는 것을 들을 때, 그 상황을 재고하기 위해 잠시 멈춥니다.

당신이 싫어하거나 혐오감을 느낄 때, 당신의 감정에 책임을 집니다.

당신이 다른 사람을 괴롭히고 있다는 걸 알게 되면, 당신이 하고 있는 모든 것을 멈춥니다.

완전히 확신한다고 느낄 때, 다른 사람들에게 크게 말하고 그들의 의견을 말하도록 합니다.

통제를 받고 싶은 충동이 강할 때, 누군가가 당신을 통제하는 것을 당신이 좋아하는지 생각해봅니다.

성질이 날 때는 진정될 때까지 아무런 결정도 내리지 않습니다.

확실하지 않고 의심이 되면, 선택을 연기합니다.

당신 자신을 방어하고 싶을 때, 자신의 불안감을 마주합니다.

반드시 이겨야 한다고 느낄 때, 상황을 경쟁으로 보지 말고, 그 대신 협력을 시도해봅니다.

당신이 옳다는 것을 보여주려 할 때, 누군가 당신이 틀렸다고 지적하는 경우 어떻게 느껴질지 생각해봅니다.

비난 때문에 발끈 화가 치밀면, 그것이 어쩌면 정당할 수도 있다고 가정해봅니다.

이 모든 선택에서 당신은 이미 완전히 깨어 있는 것처럼 행동하기 시작합니다. 그리고 그 순간 당신은 깨어 있습니다. 다른 사람의 통제를 받거나 또는 언제나 옳다고 생각하는 습관이 있다면, 고정된 행동은 변화를 잘 받아들이려 하지 않을 것입니다. 그러나 당신이 그런 행동을 하고 있다는 걸 스스로 인식할 수 있고, 습관이 원하는 곳으로 가는 대신 잠시 멈춥니다. (5장에서는 굳어진 모든 종류의 행동을 바꾸는 방법에 대해 이야기했습니다. 우리 모두 그것 때문에 고통받고 있으니까요.)

매번 완벽하기 위해 훈련하거나 노력하지 않아도, 누구라도 잠에서 깨어나도록 스위치를 켤 수 있습니다. 비록 무의식적인 습관에서 벗어나기 위해 꾸준하고 세심하게 반복할 필요가 있지만, 새롭게 배워야 할 건 없습니다. 깨어 있는 건 우리의 자연스러운 상태입니다. 우리의 세포는 이미 알고 있고, 이것은 모든 세포가 실제로 어떻게 깨어 있는지를 명확히 하는 데 도움이 됩니다.

자세한 예를 들어보겠습니다. 심장세포는 난소가 수정되

고 난 후 18~19일이 지나면 형성되기 시작합니다. 초음파를 통해서 자궁 안에 있는 살아 있는 배아를 들여다보면, 훈련된 사람은 배아가 정체성을 갖기 시작할 때 이미 심장의 맥박을 감지할 수 있습니다. 그러나 그것은 세포 생물학자가 무엇을 찾아야 할지를 알고 있기 때문입니다. 만약 당신이 자신을 첫 번째 심장세포라고 상상할 수 있다면, 상황은 매우 다르게 보일 겁니다. 2주 전만 해도 당신은 존재하지 않았습니다. 태어나는 순간 당신은 전자신호와 화학신호가 혼돈 속에서 뒤섞여 있는 세포 덩어리의 일부였습니다. 당신은 자신의 궁극적인 역할이 무엇인지를 몰랐을 뿐만 아니라, 그것을 말해줄 수 있는 사람도 없었습니다.

심장세포로서 당신의 정체성이 저절로 밝혀졌고, 당신은 가차없이 변한 자신을 발견했습니다. 당신은 저항할 생각을 하지 않았습니다. 당신의 어떤 작은 부분, 당신의 세포핵 속에 있는 DNA는 당신보다 더 많은 것을 알고 있었습니다. 지금 이순간 당신이 알아야 할 필요가 있는 것이 드러났을 뿐입니다. 더 큰 계획에서 향후의 과제는 상상할 수 없을 정도로 엄청났습니다. 신생아의 2조 개의 세포를 만들어내기 위해 수정란은 수백만 번, 또는 수천 번 또는 수백 번 나뉠 필요가 없었습니다. 하나의 덩어리에서 심장, 뇌, 폐, 간 그리고 다른 모든 것이 만들어지기 위해서는 약 40번의 세포분열만 필요했습니다.

심장세포로서 당신은 앞을 내다보며, 평균수명 동안 1분에 80번, 하루에 11만 5,000번, 80세까지 산다면 3억 6,000만 번에 달하는 박동이 필요하다는 것을 미리 알게 되지 않아서 행운입니다. 첨단공학 덕분에 매우 효율적인 펌프를 플라스틱과 금속으로 설계할 수 있습니다. 그러나 심장의 펌핑 능력에 따라갈 수 있는 것은 없고, 인공심장을 개발하려고 수십 년 동안 노력했어도 이 장치를 이식한 후 죽어가는 환자를 몇 시간 또는 며칠 이상을 생존하게 하는 데 실패했습니다.

건강한 심장은 하루에 2,000갤런 이상의 혈액을 펌프질하는데, 이런 고된 삶을 준비하면서 성장한 심장세포는 여러 기능을 수행하게 됩니다. 펌프 작용 외에도, 배아 심장은 네 개의 방(2개의 심실과 2개의 심방)에 더하여 보조 밸브를 만들어야 합니다. 관상동맥을 만들어서 산소가 공급된 혈액을 심장으로 가져옵니다. 심장 박동을 일정하게 조절하기 위해 전기자극을 사용하는 법을 배웁니다. 그리고 뇌가 보내는 메시지를 받기 위해 중추신경계를 통해 연결합니다.

이 모델을 여러 겹의 과정을 통해 당신의 개인 생활로 변환하면, 두 과정은 놀라울 정도로 유사하다는 것을 알게 됩니다. 당신은 당신의 목적에 대해 확신을 갖고 현재의 순간을 살아야 합니다. 미래가 어떻게 될지 미리 알지 못한 채 삶이 펼쳐지도록 놔둘 필요가 있습니다. 어느 정도의 수준에서 의식이 당신을 올바른 방향으로 이끌고 있다는 것을 믿어야 합니다. 이것이 깨어 있음의 토대이고 기초입니다.

그러나 한 가지 중요한 측면에서 볼 때, 당신의 개인적인 삶은 하나의 심장세포의 삶에서 출발합니다. 심장 수술은 의학 교과서를 가득 채울 정도로 복잡하지만, 심장세포에게는 세포의 생물학적 틀에서 벗어나는 것이 금지되었습니다. 반면에 우리는 끝없이 방황합니다. 우리는 자신의 선택에 따라 자신만의 길을 만들어냅니다. 사람이 되는 데 본보기는 없습니다. 그것이 수많은 동양의 영적 전통에서 육체를 "운송 수단"이라고 부르는 이유입니다. 보트나 자동차와 마찬가지로 육체는 욕망, 열망, 소망, 두려움, 예측과 기대가 설계한 목적을 위해 봉사하면서 우리가 가고 싶은 곳으로 우리를 데려갑니다. 온통 뒤죽박죽 뒤섞인 이런 충동들이 당신이 하는 모든 방황의 배후에 놓여 있으며 평생 동안 계속될 것입니다.

인생의 혼란스러움을 조직적이고 의미 있는 무언가로 바꾸는 것은 도전이고, 매 순간마다 당신은 그것에 직면합니다. 오늘이 끝날 즈음이면, 당신은 깨어 있을지, 잠들어 있을지를 수십 번도 더 결정하게 될 겁니다. 당신의 존재의 모든 성질은 가장 사소한 의도에도 반응하도록 구성되어 있습니다. 이것은 당신이 배태된 날부터 사실이었습니다. 완전한 의식은 언제나 거기 있었습니다. 자궁 안에서의 성장은 단편적인 과정이 아니라 전체적인 과정으로 이루어집니다. 심장세포가 뇌세포와 간세포와 구별되는 동안에도, 그것들은 서로 밀접하고 복잡하게 접촉 중입니다.

질서를 지키고 궁지에 몰린 혼란을 막을 수 있는 자연의 능력은 거의 기적과 같습니다. 오차 범위는 미미한 수준입니다. 만약 심장세포가 완벽한 의사소통을 중단한다면, 심장 박동은 섬유성 연축이라고 알려진 혼란 맥박으로 변할 수 있습니다. 그러나 심장은 그런 재앙을 막기 위한 안전장치를 갖고 있으며, 또한 관용이 시스템 안에 내재되어 있습니다. 이것이 당신의 심장이 박동을 건너뛰거나 우연히 심장에서 이상음이 들렸을 때도 해롭지 않은 이유입니다.

마음의 질서정연함을 당신 자신에게 적용하면, 심각한 정신적 문제를 갖고 있더라도 아무런 영향 없이 삶을 살아갈 수 있습니다. 사실 의식의 관용에는 실질적으로 한계가 없습니다. 흡연자들은 폐로 흘러 들어가는 발암물질이 지속적으로 축적되며 폐암에 걸릴 가능성이 85퍼센트에서 90퍼센트에 이릅니다. 기록상 최고령자인 프랑스 여성 잔느 칼맹은 남편의 권유로 흡연을 시작했습니다. 줄담배를 피운 적은 없지만 117세까지 식사 후에는 담배를 피우곤 했습니다. 이 습관을 끊은 후에도 그녀는 5년을 더 살았습니다. 물론 이것이 일반적인 경우는 아닙니다. 여기서 강조하고 싶은 것은 의식은 적응력이 뛰어나서 인간은 가장 불리하고 가혹한 환경에서도 생존할 수 있다는 것입니다. 의식은 우리가 자신을 돌보지 않을 때에도 우리를 돌보고 있습니다.

알아차리기

"자신이 알지 못하는 것을 바꿀 수는 없다"는 이 책에서 반복적으로 등장하는 격언입니다. 인식하고 있다는 것은 마음챙김이라고도 부르는 매우 바람직한 상태입니다. 그것은 당신을 현재 순간에 있게 합니다. 그것은 경각심을 갖고 새로운 경험을 향해 마음을 여는 것과 연관되어 있습니다. 마음챙김은 또한 분리될 수 있습니다. 당신은 현재의 순간에 열려 있지만, 당신이 원하거나 두려워하는 어떤 결과에도 집착하지 않습니다.

그러나 마음챙김에는 역설적인 요소가 내재되어 있습니다. 당신이 현재의 순간에서 멀어질 때 당신은 자신에게 어떤 식으로 마음챙김에 대해 상기시키고 있나요? 당신이 멀어졌다는 것을 알아차리는 데 마음챙김이 필요하지만, 마음챙김은 당신이 부재한 바로 그 상태입니다. 누군가에게 마음챙김을 하라고 말하는 건 "기억하는 걸 잊지 마세요"라고 말하는 것과 같습니다.

다행히 당신은 이 내재된 역설을 지나칠 수 있습니다. 당신의 마음은 무의식적인 것들을 포함하여 사물을 알아차리도록 설계되어 있습니다. 대부분의 사람들은 아침에 자명종 없이 특정 시간에 쉽게 일어납니다. 마음은 당신이 잠들어 있을 때도 지금이 몇 시인지 알고 있습니다.

우리는 생각하는 마음에 너무 익숙해 있어서, 얼마나 많은 의식이 생각을 하지 않는지 알지 못합니다. 당신이 군중 속에서 친구를 알아보거나, 레스토랑 메뉴에서 먹음직스러운 것을 발견하거나, 매력적인 낯선 사람을 발견할 때, 실제로 무슨 일이 벌어지는 것일까요? 스위치를 잽싸게 돌려서 주의를 기울이기 시작합니다.

당신이 알아차린 것은 당신이 알아차리지 못하는 다른 많은 것들 중에서 선택된 것입니다. 군중 속에서 친구를 알아볼 때, 당신은 주변의 다른 사람들은 무시하게 됩니다.

스위치를 돌린다는 건 간단하게 들리지만, 알아차린다는 건 매우 강력할 수 있습니다. 다음의 예들에 대해 생각해봅니다.

○ 1928년, 스코트랜드의 의학 연구원인 알렉산더 플레밍은 휴가에서 돌아와 귀찮게도 녹색 곰팡이가 배양균의 열린 접시 몇 개를 망쳐버린 것을 발견했습니다. 오염된 표본을 그냥 쓰레기통에 버리지 않고 관찰하다 그는 곰팡이가 박테리아 배양균을 죽였다는 걸 알게 되었습니다. 이것을 알아차린 것이 페니실린의 발견으로 이

어진 '아하!'의 순간이 되었습니다.

○ 돌조각이 언제 채석되었는지를 확실하게 아는 것이 불가능하기
때문에, 스톤헨지가 건축된 시기를 알 수 있는 방법은 없었습니다.
따라서 선사시대 사람들이 왜 그것을 세웠는지 아무도 알 수가 없
습니다. 영국 태생의 미국인 천문학자 제럴드 호킨스가 돌의 배열
이 분점(춘분점과 추분점의 총칭—옮긴이), 하지와 동지점, 일식과 같
은 천문학적 사건들을 추적하는 역할을 할 수 있다는 걸 알게 될
때까지 수세기 동안 스톤헨지의 건축 이유는 혼란 속에 있었습니
다. 논란의 여지는 있지만, 이 영감의 폭발은 스톤헨지의 존재에
대한 설명이 되었습니다.

이 두 가지 예는 알아차림이라는 단순한 행위 뒤에 의제가
있다는 걸 보여줍니다. 우리는 임의로 알아차리지 않습니다. 그
대신 우리는 다음과 같은 것을 알아차리게 됩니다.

우리가 찾고 있는 것
우리가 불리한 판단을 하는 것
우리가 두려워하는 것
우리가 끌릴 수 있는 어떤 것
설명이나 해결책을 제공하는 것

비록 두 개의 의제가 일치하지는 않지만, 이것들이 모든 사람의 의제 속에 있는 재료입니다. 완전한 명상은 그 자신의 의제를 갖고 있는데, 그것은 진화한다는 것입니다. 의제는 의식적인 상태에 있는 것을 목표로 하며, 당신은 더 의식적일 수 있는 더 많은 기회를 알아차릴 수 있습니다. 자신이 잠들어 있거나 무의식적으로 무언가를 하는 걸 발견한다는 것이 이 의제의 중요한 부분입니다. 그러나 거기에는 또 다른 차원의 완전한 명상의 의제가 있습니다. 말하자면 다음과 같습니다.

○ 누군가가 관심과 감사를 필요로 한다는 걸 알아차립니다.
○ 봉사를 제공하거나 제공될 기회를 알아차립니다.
○ 친절해야 하는 상황을 알아차립니다.
○ 도움이 필요한 상황을 알아차립니다.
○ 자연 속에 있는 아름다움을 알아차립니다.

자기 내면의 의제를 이런 기회를 활용하여 설정한다는 건 더 깊은 의식을 재설정하는 데 도움이 됩니다. 당신이 잠들어 있을 때조차 몇 시인지를 알아차리는 내부의 시계와 같이 더 깊은 수준의 의식은 생각하는 마음보다 훨씬 더 많은 것을 알고 있습니다.

특히, 당신의 깊은 의식은 인간 존재에서 가장 가치 있는 것들, 즉 사랑, 동정, 창조성, 호기심, 발견, 지능, 진화 등의 원

1부_완전한 명상, 깨어 있는 삶으로 가는 길

천입니다.

당신의 의제를 이런 것들에 맞추면, 그것은 당신이 점점 더 많은 것을 알아차리기 시작하는 기회로 바뀔 겁니다. 알렉산더 플레밍은 페니실린을 발견하기 위해 준비되어 있었는데, 그는 이미 중요한 것을 발견해낸 저명한 연구원이었기 때문입니다. 사랑하는 어머니는 이미 플레밍이 몸이 불편하다는 것을 알아차릴 수 있었는데, 그것은 소홀한 부모들은 놓치기 쉬운 점이었습니다.

알아챈다는 건 의식의 문을 열어두는 것입니다. 그러고 난 후에 당신이 무엇을 하느냐는 전적으로 당신에게 달려 있습니다. 완전한 명상을 통해 우리는 이전에 했던 것보다 훨씬 많은 것들을 알아차릴 수 있습니다. 그러나 어떤 방식으로 행동해야 한다는 의무사항은 없습니다. 의식은 무엇이든 성취할 수 있지만, 의식이 그 자체의 보상입니다.

요가의 전통에서 의식은 주로 세 가지 목적, 즉 헌신, 행동, 지식을 위해 사용됩니다. 이 세 가지를 완성하는 것이 '요가의 제왕'으로 불리는 라즈 요가입니다. 라즈 요가는 어떤 일이 발생하더라도 스스로 완전한 깨어남에 다다릅니다. 자유 안에서 사는 삶은 다른 정당성을 필요로 하지 않습니다.

일상생활에서 당신의 내면의 의제를 바꾸는 것은 또한 개인적인 진화에 도움이 되지 않는 어떤 종류의 앎을 지나치는 것입니다. 다른 사람의 잘못을 알아차리는 것, 다른 사람을 바로잡기 위해 경계하는 것, 자신에게 규칙 집행자의 역할을 부여하는 것, 사람들을 승자나 패자로 판단하는 것은 알아차림을 잘못 활용하는 것입니다.

의제가 어두운 면을 가지고 있다는 사실은 피할 수 없습니다. 즉각적으로 판단하지 않고 어떤 것을 알아차리기는 어렵습니다.

완전한 명상에서는 자신의 판단을 의식하지만 그것에 따라 행동하지 않는 것이 중요합니다. 우리는 모두 호불호, 수용과 거부, 매력과 혐오에 너무 익숙해 있습니다. 이런 대립이 우리의 내면의 의제를 지배하고 있습니다. 그러나 단순히 새로운 의제를 선호하는 것으로 당신은 변화할 수 있습니다. 그리고 시간이 지나면 당신이 알아차린 것은 점점 더 자신을 강화하려 할 것입니다. 판단으로부터의 자유는 당신이 부정적이라고 알고 있는 판단을 선호하지 않는 것에서 시작됩니다. 알아차림은 마구잡이로 하는 것이 아닙니다. 당신은 지금 당장 깨어날 기회를 알아차릴 수 있습니다. 이것만으로도 당신의 개인적인 진화를 엄청나게 가속화하기에 충분합니다.

미지의 것에 대한 '계획 없음'

우리는 미래를 알 수도 예측할 수도 없습니다. 당신의 다음 생각은 100년 후에 세상이 어떻게 될 것인지만큼이나 알 수 없습니다. 미지의 것에 직면한 채 우리는 계속 계획을 세우고 있습니다. 그 계획 중 어떤 것은 잘 진행되지만, 이것마저도 예측할 수 없습니다. 그러나 우리는 다른 관점을 취할 수 있습니다.

삶에는 근본적인 계획이 없다는 진리를 파악하는 것이 곧 계획될 수 있습니다. 어느 정도 수준에서는 우리 모두가 이것을 본능적으로 깨닫지만, 계획이 없다는 사실에 대해 무조건적으로 기뻐하는 반응을 보이지는 않습니다. '계획 없음'은 당신이 항상 미지의 것에 마주하고 있다는 것을 의미합니다. 그것은 창조적인 기회일까요, 아니면 두려움의 원천일까요?

다른 모든 것과 마찬가지로 삶에는 상반되는 것들이 불편하게 공존하고 있습니다. 우리는 행복과 두려움을 동시에 느낍니다. 또한 자유로우며 동시에 구속되어 있다고 느낍니다. 구속의 표현인 사회에 적응하기 위해 순응하는 반면, 자유의 표현인 개인이기를 고집하는 이유입니다. 인간은 두 가지를 동시에 할 수 있는 무한한 능력을 가지고 있습니다.

자기계발서 중 수잔 제퍼스의 《두려움을 느끼고, 어쨌든 해봅니다》는 고전이 되었습니다. 이 책의 제목이 슬로건으로서는 좋은 조언이지만, 사람들은 두려움을 느끼면 도망가거나, 두려움을 느끼지 않거나, 자신들이 두려워하고 있다는 것을 인정하기를 거부합니다. 우리는 두려움뿐 아니라 모든 종류의 원하지 않는 경험과 함께 살기 위해 해결책에 대해 고민합니다. 좋은 표정을 짓는 건 시작일 뿐입니다. 우리는 나쁜 상황을 너무나 설득력 있게 다루어서 우리가 실제로 행복하다고 믿도록 자신을 속일 수 있습니다. 부부 중 한 사람은 모든 것이 잘 되어가고 있다고 믿는 반면, 다른 한 사람은 매일 떠나는 것에 대해 고민하는 그런 결혼생활을 하는 부부의 숫자를 생각해봅니다.

만약 우리가 최종적으로 계획이 없다는 걸 수용한다면 이런 타협, 순응, 보상적 행동의 많은 부분은 필요하지 않을 것입니다. 미지의 것은 매 순간 우리의 얼굴을 응시합니다. 당신은 이것을 낙관주의, 창조성, 기쁨의 원천으로 바꾸거나 혹은 당신이 피할 수 없는 감정과 결코 수그러들지 않는 불안감에 대해 평생 보상하며 살게 됩니다. 당신의 심장은 그것이 언제 내달릴지 또는 속도를 늦출지 예측할 수 없습니다. 당신의 폐는 언제 자신이 산소를 들이마시느라 헉헉거리며 숨을 쉴지, 완전히 이완하느라 매끄럽게 움직일지 예측할 수 없습니다. 심지어는 행동에서 본보기라고 할 수 있는 심장이나 폐에도 계획이 없는 겁니다.

그러나 미지의 지평선에는 오직 호모 사피엔스에게만 열려 있는 가능성, 즉 깨어남이 있습니다. 당신이 완전히 의식적일 때, 당신은 미지의 것이 두렵지 않을 것입니다. 왜냐하면 미지의 것이 위협이나 기회로 존재하지 않기 때문입니다. 그 말들은 정반대의 분야, 우리가 완전히 무기력하게 살아가는 양자택일의 세계에 속합니다. 인간의 마음은 수용하고 거절하거나, 매력과 거부감을 느끼거나, 다른 사람을 (그리고 자기 자신을) 좋거나 나쁘다고 판단하도록 훈련되어 있습니다. '계획 없음'은 당신이 그런 훈련에서 자유롭다는 것을 의미하며, 이것은 오직 삶을 가능한 한 예측할 수 있게 만드는 역할만 합니다.

예측 가능성에 대한 욕구는 날씨, 전기의 흐름, 가전제품에 대한 신뢰성과 같은 것에 국한되어야 합니다. 인간의 마음에까지 예측 가능성을 확장하는 건 현실을 왜곡하게 만듭니다. 우리는 자유롭게 생각하고, 상상하고, 창조하고, 탐험하고, 발견하고 진화하도록 설계되었습니다. 이런 자유를 제한하는 건 자기 창조이고 자멸입니다. 당신이 완전히 깨어 있는 것처럼 살아야 할 가장 기본적인 이유는 당신이 이미 깨어 있기 때문입니다. 오직 당신만이 아직 그것을 모를 뿐입니다.

마음은 마음으로부터 숨게 됩니다. 그것은 경계를 만들고 그 안에 갇힌 느낌을 주는데, 그것이 무엇을 만들었든 그것은 전멸시킬 수 있다는 걸 잊고 있습니다.

그것이 완전한 명상이 풀어내는 역설입니다. 당신이 진정 누구인지와 당신이 여기에서 성취하려는 것에 대한 명확함으로 시작하며, 삶의 당황스런 혼란에서 나와, 당신은 명확성과 확실성에 눈뜰 수 있습니다.

완전한 자유를 위하여

완전한 자유는 완전한 명상의 목표입니다. 그러나 우리가 자유라는 단어를 이해할 때, 거기에는 엄격한 한계가 있습니다. 어떤 경험들은 우리를 공포에 떨게 하고 괴롭힙니다. 우리는 수많은 일들이 우리가 할 수 있는 범위 밖에 있다고 스스로에게 말합니다.

제한된 자유와 완전한 자유 사이에는 엄청난 간극이 있습니다. 제한된 자유는 당신이 삶에게 이성적으로 기대할 수 있는 것을 근간으로 합니다. 완전한 자유는 삶을 무한한 가능성의 장으로 보는 것에서 시작됩니다. 완전한 자유를 몽상 이상의 것으로 보이게 하려면 약간의 설득이 필요합니다. 무한하다고 느끼는 것이 과연 바람직할까요? 그 결과는 망상일 수 있고 또는 무정부 상태로 이어질 수 있습니다.

인간으로서 우리는 하고 싶은 것과 벗어날 수 있다고 생각하는 것 사이에서 분열되어 있습니다. 다른 어떤 생물체도 이런 불확실성을 느끼지 않습니다. 길들여진 호랑이가 조련사에게 등을 돌리고 공격을 해서 치명상을 입혀도 이 동물은 회한을 느끼지 않습니다. 오직 사람의 눈에서만 호랑이가 선에서 악으로 변했을 뿐입니다. 우리 대부분이 일상에서 이런 위협을 받는 일은 거의 없습니다. 그러나 우리는 여전히 어떤 것은 따르고 어떤 것은 억압하면서, 우리의 욕망과 끊임없이 협상하고 있습니다.

문제는 자발성입니다. 사회의 기본 입장은 자발적인 행동을 불신하고 그것에 반대하는 법과 규칙을 관철시키는 것입니다. 규칙을 시행하는 것이 사람들의 동조를 얻는 가장 확실한 방법이고, 규칙을 시행하는 사람들은 그렇게 믿고 있습니다.

이런 태도를 거의 상상도 할 수 없는 극단으로 몰고가는 것도 가능합니다. 미국에서는 은행에 가서 대출을 신청하면 은행이 당신의 신용등급, 소득, 카드빚 등을 확인하는 것이 보통의 절차입니다. 그러나 중국에서는 전자 대출 대행사들이 클라우드에 저장된 데이터를 이용해서 당신을 조사합니다. 스마트폰을 사용하는 신청자는 대출 대행사가 당신이 신청서를 작성할 때 손을 얼마나 단호하게 움직이는지, 그리고 당신이 휴대전화를 충전하기 전에 배터리를 얼마나 낮게 두었는지 등을 포함하여 5,000개의 개인적인 요소들을 확인한 후, 10분의 1초 만에 대출을 허락하거나 거절합니다.

우리는 각자 자신이 규칙을 실행하는 것을 기쁘게 생각합니다. 우리를 위해 그것을 할 수 있는 권위 있는 인물도 필요하지 않습니다. 자기 수양과 충동 조절은 성숙한 성인으로서 바람직하다고 여겨집니다. 아동심리학에서 유명한 실험이 있는데, 어린아이를 마시멜로가 놓인 책상 앞 의자에 앉게 합니다. 그리고 아이에게 지금 당장 마시멜로를 먹을 수도 있지만, 만약 5분을 기다리면 마시멜로를 2개 받을 수 있다고 말합니다. 실험자는 방을 나와 양면 거울을 통해 방 안에서 벌어지는 상황을 관찰합니다. 어떤 아이들은 즉시 만족감을 충족시키려는 충동과 싸우며 안절부절 못합니다. 다른 아이들도 즉시 마시멜로를 집거나 또는 5분이 다 될 때까지 참을성 있게 기다립니다. (그들의 행동을 '마시멜로 테스트'라는 유튜브 동영상에서 볼 수 있습니다.)

이 실험은 우리가 아주 어릴 때부터 이미 충동 조절(또는 조절 실패)에 대한 성향을 갖고 있다는 걸 암시합니다. 자제력을 가진 아이에게 보상이 돌아간다는 사실은 사회가 우리의 행동이 어떤 방향으로 가기를 원하는지 보여줍니다. 그러나 삶이 주는 많은 위대한 선물에는 자발성이 늘 연루되어 있습니다. 사랑에 빠지고, 아름다움을 감상하고, 음악을 작곡하고, 예술작품을 만들고, '아하!'의 순간에 놀라고, 소위 최고의 경험을 하는 것도 자발성과 관련이 있습니다.

어떻게 우리가 자발성을 억누르지 않고 삶을 향상시킬 수 있을까요? 우리 모두는 자발적인 충동이 당황, 거부, 수치, 또는 죄책감으로 이어질 거라고 걱정하면서 두려움을 가지고 충동을 감시하고 있습니다. 이것들은 인간 정신 안에 있는 강력한 생존의 메커니즘입니다. 중국에서는 진보된 디지털 기술이 사람들에게 수치심을 조장하기 위해 무단 횡단자들의 얼굴을 즉시 공공장소의 스크린에 나타나도록 하는 실험으로 이어진 반면, 도로 위에 껌을 뱉는 것과 같이 사소한 위반이 규칙을 준수하는 데 있어 천국이라고 할 수 있는 싱가포르에서는 매우 중대한 결과를 초래할 수도 있습니다.

모든 사람들이 '모든 것이 허용된다'와 '모든 것이 금지된다' 사이의 균형을 맞추려 하지만, 어느 지점에 경계를 그려야 하는지를 실제로는 알지 못합니다. 누드 해변에서 휴가를 보내는 것이 어떤 사람에게는 태양 아래에서 누리는 자유이지만, 다른 사람은 공공의 수치라고 생각할 수도 있습니다. 앉은 자리에서 한 번에 5개의 핫도그를 먹는 것이 대부분의 사람들에게는 충동 조절의 참담한 실패를 의미하지만, 2018년 한 남자는 코니 아일랜드 대회에서 10분 만에 74개의 핫도그를 먹어서 세계 신기록을 세웠습니다. (우승자는 2만 1,000칼로리의 음식을 먹고 몇 분 후에 행복한 표정으로 "전 오늘 기분이 아주 좋았어요"라고 말했습니다.)

우리의 내적 갈등에 대한 해결책은 자발성을 제한하기 보다는 자발적이 되도록 허용하는 것입니다. 그런 자발성은 완전한 의식의 수준에서만 가능합니다. 그렇지 않으면 우리는 자진해서 부과한 한계들, 규칙에 대한 복종, 당황하거나 수치스러운 것에 대한 신경질적인 초조함, 그리고 평생 자아의 의제를 따를 때 자연스럽게 갖게 되는 유사한 걱정들 속에 갇혀 살게 됩니다.

분열된 자아가 지시하는 의식 수준에서는 내면의 갈등을 해결할
수 없습니다.

우리가 우리의 욕망과 벌이는 전쟁은 분열된 자아 안에서
일어납니다. 한꺼번에 각각의 갈등을 해결하려고 하는 건 무의
미하고 실패할 확률이 높기 때문에 많은 것을 그대로 남겨두어
야 합니다. 우리가 어느 정도로 자발적이기를 원하는지를 결정
하려 할 때, 모든 종류의 판단, 믿음, 나쁜 결과에 대한 두려움,
과거 곤란했던 상황에 대한 기억, 사회적으로 훈련된 억제가 뒤
엉키게 됩니다. 분열된 자아는 자신을 신뢰하지 않을 만큼 현명
합니다.

다행히도 모든 사람들은 자발성의 순간을 즐길 수 있는 자
유를 충분히 누리고 있습니다. 만약 우리가 충분히 깨어 있다면,
우리는 평생 동안 웃음, 기쁨, 농담 등을 (이것들이 정상이라면) 경
험할 수 있습니다. 가장 깊은 영적 진리는 자유가 절대적이라는
걸 보여줍니다. 당신이 자신 안에 자리를 잡고 더 이상 두려워할
어두운 장소가 없으면, 아무것도 시야 밖으로 숨지 않습니다.

자신을 억압하는 것이 미치는 해로운 효과는 당신이 자아
판단을 없애기 위해 취하는 모든 단계와 함께 줄어듭니다. 나쁜
행동은 금지될 때 더 유혹을 받게 됩니다. 마치 쿠키병을 아이 눈
앞에 놓고 아이에게 쿠키를 먹지 말라고 말하는 것과 같습니다.
엄마가 등을 돌리면 무슨 일이 일어나는지 우리 모두 알고 있습
니다.

지금 당장 당신은 자신의 규칙 집행자이자 그 규칙에 저항하는 사람입니다. 분열되지 않기 위해서는 의식 안으로의 여정이 필요합니다. 당신은 자신을 기소하면서 동시에 방어하도록 설계되지 않았습니다. 당신이 다음에 하고 싶은 것이 당신에게 최고가 되도록 설계되었습니다. 사회가 우리에게 믿으라고 말하는 것을 근본적으로 다시 생각해야 합니다. 그러나 당신이 의식에 근거한 생활방식을 채택하면, 현실은 밝아질 겁니다. 자발성은 삶의 본질이고 창조성의 정신입니다.

2부

깨어 있는
삶을 위한 연습

Total Meditation

chapter 8
삶을 기적으로 만드는 10가지 방법

이 순간 당신이 완전히 깨어 있다면, 당신의 삶이 기적적으로 느껴질 것입니다. 그런 느낌이 없이 기적은 없습니다. "당신의 삶을 사는 방법에는 두 가지만이 있을 뿐입니다. 하나는 아무것도 기적이 아닌 것처럼 사는 것이고, 다른 하나는 모든 것이 기적인 것처럼 사는 겁니다"라는 아인슈타인의 말을 진지하게 받아들여야 합니다. 이 말은 우리를 격려하고 있습니다. 하지만 실제로 어떻게 모든 것이 기적이라는 인식을 가지고 살아갈 수 있을까요?

이 장에서는 이 질문에 대답하기 위한 10가지 완전한 명상법을 연습해볼 것입니다. 각각의 연습에서 새로운 시각으로 자신의 일상을 경험하고 보게 될 것입니다. 종교적 기적이나 초자연적인 어떤 것과 연결하려는 게 목적이 아닙니다. 매일매일의 세계가 기적적입니다. 우리는 매 순간 수수께끼에 몰두하고 있지만, 우리가 이 기적을 설명할 수 있는지는 중요하지 않습니다.

기적은 우리의 시각과 상관없이 계속 일어나고 있습니다.

우리가 세계관을 바꾸는 이유는 우리가 순수한 의식 속에서 자신의 근원에 더 가까이 이끌리기 때문입니다. 순수한 의식은 기적을 우리의 삶으로 소환하는 모든 것의 창조자로서 자신의 역할을 수행하고 있습니다. 더 근원적인 것은 없습니다. 아무것도 기적이 아닌 것처럼 살기를 원한다면, 과학적인 세계관이 당신을 지원할 것입니다. 과학은 물리적인 현상을 받아들이고 각각의 현상을 최대한 합리적으로 설명해줍니다. 나는 이런 과학적 접근이 기여하는 바를 평가절하하고 싶지는 않습니다. 우리가 진보된 기술과 그것이 주는 모든 혜택을 (감춰진 위험과 꼭 숨겨지지 않은 위험도 마찬가지로) 받고 있는 것이 분명하기 때문입니다.

비록 과학적 세계관이 기적의 가능성을 확실히 없애기는 하지만, 기적의 가능성을 없앤다는 사실이 과학적 세계관의 문제는 아닙니다. 문제는 의식이 아주 최근까지의 과학의 역사에서 설 자리가 없었다는 점입니다. 의식이 어디에서 비롯되는지 설명하는 '어려운 문제'가 과학의 주목을 받기 시작했던 2010년대를 제외하고 과학자들은 두 가지 가정을 당연하게 받아들였습니다. 첫 번째 가정은 의식은 설명할 필요가 없다는 것입니다. 이는 의식을 우리가 숨 쉬는 공기처럼 항상 우리와 함께하는 것으로 받아들이는 것을 의미합니다. 두 번째는 만약 의식이 설명되어야 한다면, 신체적 과정의 한계 내에서 설명하는 것으로 충분하다는 것입니다. 그리고 신경과학이 완벽하게 두뇌를 지도화하면, 마음은 모든 비밀을 드러낼 거라고 생각하는 겁니다.

둘 중 어느 가정도 타당하지 않습니다. 우리는 사랑에 빠집니다. 우리의 뇌가 사랑에 빠지는 것이 아닙니다. 우리는 소망, 꿈, 믿음, 두려움, 통찰력, 편견, 호기심을 갖고 있습니다. 우리의 뇌가 그러는 것이 아닙니다. 의식이 모든 사람의 존재에서 가장 중요한 측면이라는 것을 과학이 언제 받아들이게 될지는 알 수 없습니다. 그러나 의심의 여지없이 우리는 모두 의식에 완전히 의존하고 있습니다. 우리가 이 사실을 당연하게 여기지 않기 위해서 지금 이 순간 의식이 얼마나 기적적인지를 깨닫는 것이 중요합니다. 그래야만 우리는 모든 것이 기적인 것처럼 살 수 있을 겁니다.

다음에 소개하는 10가지 연습은 삶을 기적으로 보기 위한 방법입니다. 이 연습들은 아주 간단하고 단순해서 휴식을 취하며 한꺼번에 또는 한 번에 하나씩 실행에 옮길 수 있습니다. 앞에서 더 자세하게 소개된 내용들이 있지만, 개인적 경험과 결합하여 집중하면 이와 같은 명상 연습에 진정으로 몰입할 수 있을 겁니다.

기적 1 ⟩ 빛

기적 연습

눈을 감고 완벽한 어둠을 상상합니다. 탄광이나 땅속 깊은 동굴, 별이 없는 밤 하늘, 또는 그저 칠판의 이미지를 이용해도 됩니다. 이제 눈을 뜨고 주변을 둘러봅니다.

기적 찾기

눈을 감고 오직 어둠만을 상상할 때도 당신은 방을 실제처럼 보고 있습니다. 눈에 보이지 않는 광자를 밝기, 색깔, 모양으로 바꾸는 기적을 행할 수 있는 빛은 당신 없이는 존재하지 않습니다. 밤하늘은 실제로 검은색입니다. 별은 빛나지 않습니다. 정오의 하늘 또한 검은색입니다. 태양은 빛나지 않습니다.

물리학은 광자가 눈에 보이지 않는다는 것과 광자가 빛을 운반하는 기본 입자라는 것을 알고 있습니다. 우리가 사물을 본다는 사실은 전적으로 의식 속에서 일어납니다. 뇌는 지하동굴만큼이나 그 내부가 어둡습니다.

시각피질에는 아무런 영상이 없습니다. 뇌를 구성하는 평범한 화학물질인 수소, 탄소, 질소, 산소 등이 어떻게 우리가 보고 살아가는 3차원의 세계를 만들어내는지 물리학은 설명하지 못합니다. 이 수수께끼 전체가 일상의 기적적인 본성의 정수입니다.

기적 2 〉 변화

기적 연습

의자에 앉을 때, 공기가 코로 들어오고 나가는 것을 의식합니다. 공기의 시원함과 숨을 들이쉬고 내쉬는 동작을 느껴봅니다. 이제 물 한 잔을 들어 한 모금 마셔봅니다.

기적 찾기

우리가 호흡하는 공기는 우리가 마시는 물과 같습니다. 공기 속에는 산소와 수소, 두 가지 기체가 있습니다(공기에는 다른 기체, 주로 질소도 포함하고 있습니다). 공기를 물과 다르게 만드는 것은 변화지만, 이 변화 뒤에는 기적이 있습니다. 물은 왜 젖어 있고, 그것이 왜 보편적인 용액인지에 대한 합리적인 설명은 없습니다. 그리고 우리가 아는 한 눈에 보이지 않는 두 가지 기체가 어떻게 생명체가 존재할 수 없는 하나의 물질이 될 수 있는 잠재력을 가졌는지 설명할 수 있는 방법도 없습니다.

불안정한 금속인 나트륨과 녹색 기체인 염소는 둘 다 치명적인 독성을 갖고 있습니다. 그러나 그 기체들이 결합되면 독성은 사라지고, 우리 몸의 모든 세포에 필수적 구성요소인 염화나트륨, 즉 소금이 됩니다.

나트륨 원자가 염소 원자와 결합하는 것은 기적적인 일은 아닙니다. 두 원자의 결합 과정은 기초 화학입니다. 기적은 그런

247

단순한 결합이 갑자기 기대하지도 않았고 설명할 수도 예측할 수도 없는 어떤 변화를 가져온 것입니다. 만약 물이 존재하지 않는다면, 두 가지 기체가 염화나트륨을 만들어낼 것이라고 예측하는 것은 불가능합니다. 만약 소금이 존재하지 않았다면, 독성을 지닌 두 가지 물질이 결합함으로써 우리가 경험했던 모든 것과 호모 사피엔스를 이끌었던 일련의 사건들의 출발점인 단세포 생명체는 출현하지 못했을 겁니다.

기적 3 ▷ 아름다움

기적 연습

아름답다고 생각하는 누군가의 사진을 들여다봅니다. 영화배우, 갓난아기, 사랑하는 사람일 수도 있지만, 마음의 눈 속에 있는 영상이 아니라 사진이어야 합니다. 사진을 거꾸로 놓고 다시 한 번 봅니다.

기적 찾기

얼굴 사진을 거꾸로 돌리면, 그 사람이 누구인지 더 이상 인식할 수 없습니다. 이것은 뇌가 우리가 보는 것을 인식하는 방식과 관련된 현상입니다. 시각피질은 물체를 똑바로 놓아야 인식할 수 있도록 설정되어 있습니다. (우리가 낯익은 얼굴을 바로 알아볼 수 있다는 사실이 아직 설명되지 않았지만, 이 점은 부차적인 기적으로 제쳐놓을 것입니다.)

사진을 올바른 방향으로 보면 나타나는 아름다움이 거꾸로 돌려놓으면 사라지는 이유는 무엇일까요? 그것이 바로 기적입니다. 아름다움은 어디로 갔을까요? 처음에 어디에서 아름다움이 오는지를 묻지 않고는 이 질문에 대답할 수 없습니다. 아름다움은 보는 사람의 눈 속에 있다고 하지만, 그것은 사실이 아닙니다. 우리의 눈은 거꾸로 놓인 사진에서 아름다움을 발견할 수 없습니다. 아름다움이 의식의 특질이기 때문입니다. 그래서 우리는 아름다움의 추상적인 특질을 다르게 봅니다. 당신이 아름답다고 느끼는 사랑하는 사람이 나에게는 낯선 사람일 수 있습니다. 아이 엄마가 자신의 아기에게서 보는 특별한 아름다움은 이웃의 아이나 산부인과 병동에 누워 있는 신생아에게서 보는 아름다움보다 더 강렬합니다.

아무도 아름다움을 발명하지 않았습니다. 아름다움이 어디에서 유래했는지를 설명할 필요도 없이 우리는 이미 아름다움을 알고 있습니다. 뇌세포는 시각적 이미지를 처리하지만, 오직 의식만이 그 이미지에 아름다움을 더하거나 빼앗을 수 있습니다. 아름다움이 어떻게 태어났는지, 왜 왔다가 사라지는지, 무엇이 우리를 아름다움에 민감하게 만드는지, 이 모든 것이 매일매일의 기적입니다.

기적 연습

이 연습은 자신이 사랑하는 어떤 것을 선택하라고 요구하는데, 무엇을 선택할지는 당신에게 달려 있습니다. 만약 당신이 초콜릿을 정말 좋아한다면, 초콜릿 한 조각을 깨물고 그것을 좋아하지 않으려고 노력해봅니다. 맛이 밋밋하고 심지어는 불쾌하게 느껴지도록 해봅니다. 정말 좋아하는 영화가 있다면, 마음의 눈으로 영화 속의 장면을 떠올리며 상상합니다. 영화 속 한 장면이나 그 영화에 출연하는 영화배우를 떠올릴 수도 있습니다.

이제 그 영화를 싫어하며 시간을 낭비하는 쓰레기라고 생각해봅니다. 이 연습이 어떻게 작동하는지 볼 수 있습니다. 당신이 세상에서 가장 사랑하는 사람을 포함해서 당신이 좋아하는 것이라면 무엇이든 짚어봅니다. 그리고 그 물건이나 사람이 당신에게 중립적이거나 심지어는 혐오의 대상이 되도록 그것을 좋아하는 마음을 거두어들입니다.

기적 찾기

일단 우리가 무언가를 사랑하면, 그 사랑을 거두어들이는 건 불가능합니다. 이것은 사랑이 증오로 변하거나 또는 시큰둥하게 변해버린 애정관계와 같지 않습니다. 우리는 지금 이 순간 자신이 진심으로 사랑하는 것에 관해서 이야기하고 있습니다. 사랑의 특질은 자신이 사랑하는 것과 합쳐집니다. 사랑이 어떻게 대상을 선택하고, 그것에 애착을 가지고, 놓아주기를 거부하는지 아무도 모릅니다.

　비극적인 상황에 놓인 연인을 생각해봅시다. 사랑하는 사람은 떠나거나 죽어도 남아 있는 사람에게 사랑은 결코 죽지 않습니다. 우리 모두가 알고 있듯이, 모든 종류의 합병증은 사랑이 관련된 곳에서 일어납니다. 하지만 사랑의 순수하고 기본적인 매력에는 설명이 필요하지 않습니다. 사람에게 특정 호르몬의 양을 늘려서 애정에 대한 충동을 느끼게 만들 수 있지만, 그것은 사랑의 감각만을 조정할 뿐입니다. 수천 년 동안 전해져 내려온 로맨스의 전설과 신화가 증명하듯이, 사랑을 통해 충만함과 완전함을 느낄 때 그 사랑의 감정은 육체적인 감각을 뛰어넘습니다.

　자신의 반려동물을 얼마나 사랑하는지, 하느님이 당신을 얼마나 사랑하는지를 생각하든 그렇지 않든 사랑의 신비는 의식에 묶여 있습니다.

　우리는 사랑을 알고 있고 인류의 기록된 역사 동안 계속 그것을 알고 있었습니다. 왜 사랑이 보편적인지에 대한 설명이 없기 때문에 사랑은 여전히 일상의 기적이며, 우리가 개인적으로 느낄 수 있는 하나의 기적입니다.

기적 연습

친해지고 싶은 사람을 떠올려봅니다. 그리고 그 사람과 자신이
연결되어 있다고 느낍니다. 그러면 그들의 얼굴, 목소리, 그들과
관련된 좋은 기억을 상상하는 데 도움이 됩니다. 친해지고 연결
되고 싶은 마음을 가지고 있을 때, 그 사람이 곧 당신에게 연락
을 하는지 기다려봅니다.

기적 찾기

이것은 즉각적으로 실행할 수 없는 유일한 연습입니다. 나는 우
연히 팟캐스트 방송을 하면서, 시청자들에게 자신이 연결되고
싶은 누군가를 상상해보라고 말했습니다. 동시발생성에 대해 논
의하기 위한 한 가지 방법으로 이 연습을 제시한 겁니다. 나를
포함해서 방송을 시청을 하던 모두는 누군가를 생각했는데, 그
다음 순간 갑자기 그들과 연락이 되는 경험을 했습니다. 이것은
동시발생성의 전체 현상을 인식할 수 있는 가장 익숙한 방법 중
하나로, 의미 있는 우연이라고 정의할 수 있습니다.

　　동시발생성은 자발적입니다. 보통의 경우 그저 생각을 한
다고 해서 다른 사람들과 의사소통을 하게 되지는 않습니다. 그
런데 팟캐스트 방송을 하던 그날 아침에 시청자들이 잇달아서
"몇 년 동안 보지 못했던 친구를 떠올렸었는데, 그 친구가 저에

게 전화를 걸었어요. 정말 근사해요!"라는 메시지를 나에게 보내왔습니다.

　나는 적지 않게 놀랐습니다. 텔레파시가 그것을 의심하는 사람들에 의해 완전한 미신이라고 비난받을 때, 텔레파시 혹은 우리가 뭐라고 부르든 관계없이 그 힘을 사용하라고 사람들에게 요청하는 것은 위험합니다.

　사실, 의식 속에서 발생하는 어떤 현상도 믿음이나 회의, 승인 또는 반감, 수용 또는 거부를 필요로 하는 건 아닙니다. 의식은 끊임없이 그 안에서 움직입니다. 의식 속에서는 모든 것이 연결되어 있는데, 그것의 한 측면을 분할하거나 잘라낼 수 없기 때문입니다. 의식은 전체입니다. 일상생활에서 우리는 마치 자신이 단절되고, 고립되고, 개별적인 존재인 것처럼 행동합니다. 나의 마음은 당신의 마음과 같지 않습니다. 그러나 이 문장에는 잘못된 가정이 있습니다. 나의 생각이 당신의 생각은 아니지만, 그러나 우리의 의식은 같습니다.

　우리는 무엇보다도 인간 의식에 참여하면서 서로 연결되어 있습니다. 우리는 돌고래들이 듣는 것을 듣지 못하고, 개들이 맡는 냄새를 맡지 못합니다. 우리는 뱀처럼 혀로 공기를 느끼지 않습니다. 이 넓은 연관성 안에 특별한 유대관계도 있습니다. 예를 들어, 사람들은 같은 종교나 국적을 가집니다. 더 구체적인 예를 들면, 가족관계를 갖고, 가족관계 속에서도 일란성 쌍둥이를 발견하게 됩니다. 일란성 쌍둥이는 서로 멀리 떨어져 있어도 서로에게 무슨 일이 일어나고 있는지를 감지할 수 있을 만큼 친밀한 관계에 있는 것으로 유명합니다. 예를 들어 쌍둥이 중 한 명이 다른 쌍둥이가 죽는 순간을 감지했다는 이야기는 무척 많습니다.

이런 종류의 연결은 어떤 물리적 설명도 뛰어넘습니다. 만약 당신이 어떤 친구에게서 소식을 듣고 싶다는 신호를 보내고 있는데, 그 친구가 갑자기 당신에게 연락을 해왔습니다. 그렇다고 당신이 친구와 무선신호를 주고받은 것은 아닙니다.

연결은 일상생활의 또 다른 기적으로 존재합니다. 의식적이라는 것은 완전한 의식 안에 내재하는 것을 말합니다. 당신과 전체성은 결코 분리되어 있지 않습니다.

기적 6 > 각성

기적 연습

조용히 앉아서 어떤 감각이나 생각이 당신의 뜻대로 오는 것을 인식합니다. 눈은 떠도 되고 감아도 됩니다. 자신의 내부를 또는 자신의 신체 주변을 볼 수 있습니다. 이제 자신이 완전히 알지 못하도록 합니다. 지금 당장 모든 것을 비워냅니다.

기적 찾기

일단 당신이 인식하고 있다는 것을 깨달으면, 당신은 인식하지 못하게 될 수 없습니다. 다시 말해서, 이 연습은 가능하지 않습니다. 예전에 한 유명한 인도의 영적 스승이 사후세계가 있다는 걸 증명해달라는 요청을 받았습니다. 그는 이런 놀라운 대답을 했습니다.

> 당신은 당신의 질문에 현혹되고 있습니다. 당신은 당신이 태어났고 죽을 거라고 믿고 있습니다. 당신이 어렸을 때 부모님들이 그렇게 말했기 때문입니다. 부모님들은 그들의 부모님에게서 같은 이야기를 들었습니다. 진실을 알고 싶다면, 그 이야기는 잊고 당신 자신의 경험을 들여다봐야 합니다. 당신은 존재하지 않는다는 걸 상상할 수 있습니까? 당신은 태어나기 전이나 죽은 후에 어떤 기분이었는지 느낄 수 있나요? 당신이 아무리 열심히 노력해도 당신은 인식하고 있는 상태를 벗어날 수 없습니다. 여기에 영원한 삶의 비밀이 있습니다.

이 책에서 내가 말하려는 것도 그렇고 많은 영적 전통에서도 깨어 있는 것과 자각하는 것은 같습니다. 깨달음을 추구하는 것은 깨어 있는 것과 더 깨어 있기 위해 노력하는 것을 바탕으로 합니다. 당신이 뒤로 물러날 때, 이것은 재미있는 찾기처럼 보입니다. 깨어 있다는 건 깨어 있는 것입니다. 그것은 당신이 존재할 수 없다는 것 없이, 의식의 상태로 존재합니다. 당신이 아무리 힘들게 노력해도 의식을 말살하는 것은 불가능합니다. 의식을 말살하기 위해서는 당신은 존재하는 걸 멈추어야 합니다.

존재하는 것과 깨어 있는 것은 그저 함께 가는 것이 아닙니다. 이 두 가지는 동일한 것입니다. 여기에 실제로 두 가지 기적이 있습니다. 첫 번째 기적은 우리가 완전히 깨어 있으며, 돌이나 좀비가 아니라는 것입니다. 두 번째 기적은 우리는 우리가 깨어 있다는 걸 안다는 겁니다. 깨달음을 추구하는 것은 더 깨어 있는 것에 관한 것이 아닙니다. 깨어 있음의 기적에 대해 더 많은 지식을 얻는 것입니다. 더 많이 알기 위해서는 더 많은 걸 경험해야 합니다. 경험은 더 많은 사랑, 더 많은 창조성, 더 많은 열정, 또는 다른 의식적인 경험을 포함할 수 있습니다. 영감을 얻는 순간의 섬광은 압도적인 통찰을 가져올 수 있습니다. 그러나 깨어 있지 않으면 어떤 것도 가능하지 않습니다. 그래서 깨어 있음은 일상생활의 또 다른 기적입니다.

기적 7	폭로

기적 연습

이 연습은 완전히 열린 결말을 향하고 있습니다. 잠시 휴식을 취하고 다음 생각을 기다립니다.

기적 찾기

우리가 가지고 있던 모든 생각은 하나의 폭로입니다. 무無에서 빛이 빛납니다. 이것이 폭로에 대한 합리적인 정의입니다. 이 현상에 종교적인 의미를 부여할 필요는 없습니다. 기본적인 기적은 생각을 갖는 것만으로도 명백해집니다. 생각은 예측할 수 없습니다. 생각이 어디에서 오는지 아무도 알지 못합니다. 당신이 생각은 뇌에서 온다고 말하며 밝게 빛나는 뇌의 MRI를 가리킨다 해도, 그 영상은 그저 열과 신진대사의 단계를 감지할 뿐입니다. 우리의 뇌는 전기와 화학적인 활동으로 가득 차 있는데, 그런 것들은 생각이 아닙니다.

만약 생각이 폭로라면, 그것은 무엇을 폭로하고 드러내는 것일까요? 생각은 스스로를 드러냅니다. '하늘이 파랗다'라는 단순한 생각을 해봅니다. 어떤 사실이 언급되고 있지만, 그것은 단지 생각의 내용일 뿐입니다. 내용에 대한 메시지를 받기 전에 생각은 "여기 내가 있어, 너의 다음 생각이야"라고 말합니다. 무에서 나와서 백일하에 드러나는 것이 폭로입니다. 무에서 유를 끊임없이 창조하는 것은 빅뱅에서 우주가 어떻게 창조되었는지에 대한 궁극적인 수수께끼처럼 여겨집니다.

생각, 이미지, 감각 그리고 느낌이 드러나면서 우리는 매일 천 개의 작은 폭발음과 함께 존재하고 있습니다. 우리가 존재하도록 요구한 적은 없습니다. 그럼에도 어떻게 '아무것도 아닌 것'이 '어떤 것'으로 변하는 놀라운 일이 일어났는지 알지 못합니다. 우리는 완전한 폭로로 그 앞에 서 있습니다. 그것이 폭로가 일상생활의 또 다른 기적인 이유입니다.

기적 8 〉 초월

기적 연습

분홍색을 생각합니다. 분홍색을 생각하면서 마음속으로 분홍색 솜사탕의 이미지를 봅니다. 이제 솜사탕의 색을 파란색으로 바꾸었다가 다시 녹색으로 바꿉니다. 마지막으로 솜사탕이 사라지는 것을 봅니다.

기적 찾기

마음의 눈으로 이미지를 보는 것과 그것의 색깔을 바꾸거나 사라지게 하는 것이 매우 쉽다는 것을 알 수 있습니다. 이 능력을 당연하게 여기지 말고, 잠시 생각해봅니다. 당신은 당신이 보았던 솜사탕의 이미지입니까? 분명히 아닐 겁니다. 마음의 눈 속에 있는 이미지를 조작함으로써, 당신은 당신이 그 이미지가 아니라는 증거를 갖게 됩니다. 당신은 그것 너머에 있습니다. 마찬가지로, 당신은 당신이 생각할 수 있는 어떤 것도 초월합니다. 당신 마음속에서는 어떤 일도 일어나지 않습니다. 당신은 마음 속에서 무슨 일이 벌어지는지에 주의를 기울입니다. 또는 주의를 기울이지 않습니다. 그러나 누가 주의를 기울이고 있는 것일까요?

주의를 기울이는 사람은 마치 거리의 모퉁이에서 신호등이 바뀌기를 기다리는 보행자처럼 마음의 끊임없는 활동을 초월합니다. 차량과 보도를 지나는 행인들은 끊임없이 움직입니다, 그러나 보행자들은 그저 기다리며 지켜봅니다. 그들이 아무리 어떤 광경에 이끌려도 그들은 자신이 바라보는 것 너머에 있습니다.

당신이 마음속으로 솜사탕 색깔이 바뀌는 것을 보았을 때, 무언가 더 깊은 것이 작동하고 있었습니다. 당신은 자신이 선택한 색깔을 창조해냈습니다. 어느 것이라도 창조해낼 수 있는 능력은 어디에서 비롯된 것일까요?

당신은 물리적으로 어느 장소로도 이동하지 않았으며, 분홍색을 선택하기 위해 마음 안에 있는 색깔 상자를 열지도 않았습니다. 당신은 단지 창조적이면서 정신적인 이미지를 창조했을 뿐입니다. 이것이 어디에도 존재하지 않는 동시에 모든 곳에 존재하는 의식의 한 측면입니다. 모든 인간은 자신의 상상력을 이용하거나, 그림을 그리거나, 공상을 하거나, 과거의 기억을 떠올리기 위해 그곳으로 갑니다.

당신이 솜사탕으로 작은 연습을 하면서 이곳에 존재하는 동시에 순수한 창조성에 접근할 수 있다는 것은 기적입니다. 이것은 시간과 공간 안에 좌표를 갖지 않습니다. 다시 말해서, 당신은 원하는 때 언제든지 영원합니다. 사실, 당신이 원하든 원하지 않든 관계없이 당신은 영원합니다. 초월적 존재로서 당신은 유한한 것(시계 위에서 매초 째깍거리는 시간)과 무한한 것(영원한 것) 사이를 여행합니다. 비록 당신이 이런 식으로 자신을 본 적이 없었지만, 그것은 일상생활의 기적이 될 자격이 있습니다.

기적 9 ⟩ 행복

기적 연습

마음속으로, 복도를 가로질러 걸어가는 어린 아기를 봅니다. 아기 엄마는 몇 걸음 떨어진 곳에서 팔을 뻗고 있습니다. 아기는 엄마한테 가고 싶어 합니다. 그들의 얼굴에는 미소가 가득합니다. 엄마를 끌어안기 위해 달려갈 때 아기의 눈은 빛나고, 동시에 그 눈 속에는 걸을 수 있다는 것에 대한 기쁨이 있습니다.

기적 찾기

우리 모두는 아기의 얼굴이 기쁨으로 밝아지는 것을 보았습니다. 당신이 마음속에 이미지를 창조했을 때, 당신이 봤던 아기는 행복해 보였습니다. 당신은 그것을 보았고, 그것을 느꼈습니다. 그러나 그것은 누구의 행복이었을까요?

당신은 그것을 상상 속의 아이의 행복이라고 생각하지만

그러나 그것을 느낀 사람은 당신입니다. 어떤 면에서 행복은 투영되고 있습니다. 그것은 당신 것이긴 하지만 또한 아기에게도 투사되었습니다.

행복에 대한 어떤 경험도 바로 그런 것입니다. 기쁨의 감정은 당신 것이지만, 또한 당신을 기쁘게 해주는 어떤 것에 투영됩니다. 무엇이든 당신에게 행복이 투사될 수 있습니다. 영국의 시인 윌리엄 워즈워드는 그의 시 〈기쁨에 놀라다〉의 몇몇 싯구에서 행복에 대한 경험을 표현했습니다.

기쁨에 놀라다
바람처럼 인내심이 없는
나는 그 운송 수단을 공유하게 되었다!
오! 누구와 공유한단 말인가
그러자 침묵의 무덤에 오랫동안 묻혀 있던 그대.

이것은 실제로 특별한 순간입니다. 왜냐하면 워즈워드는 그의 어린 아들과 기쁨을 공유했지만, 바로 다음 순간 그의 아들이 죽었다는 것을 기억했기 때문입니다. 그것은 감동적인 순간이고, 심지어 그와 독자들에게 고통스러운 순간입니다. 그러나 심리학자들이 말하는 '이유 없는 기쁨'보다 더 고무적인 것은 무엇일까요? 행복은 갑자기 나타나서 저절로 사라집니다. 우리에게 항상 일어나는 일입니다. 우리는 기쁨의 순간에 놀라고, 그러고 나면 그것은 사라지는데, 보통 우리가 눈치채지 못할 정도로 아주 천천히 사라집니다. 또는 항상 기쁘지는 않을 거라는 것을 깨닫는 순간 우리는 한숨을 내쉽니다.

　때로는 우리가 전혀 기대하지 않는 순간에 행복이 우선 존재하고, 항상 우리를 놀라게 할 준비가 되어 있다는 것이 바로 기적입니다. 행복이라는 단어도 모르고, 행복이 오고가는 것에 대한 생각이 없어도, 아기들은 어쨌건 행복을 느끼고 있습니다. 의식의 이런 측면을 설명할 수는 없습니다. 그것은 그저 일상생활의 기적일 뿐입니다.

기적 10 〉 존재

기적 연습

다이빙 보드 끝에서 다이빙을 할 만반의 준비가 된 자신을 봅니다. 아래를 내려다보면, 당신 아래는 수영장이 아니라 하얀빛의 바다가 있습니다. 바다는 사방으로 펼쳐져 있습니다. 당신은 그 광경에 이끌립니다. 당신은 그 하얀빛 속으로 다이빙하는 걸 더 기다릴 수 없습니다. 그래서 무릎을 구부리고, 팔을 활짝 벌리고, 다이빙 보드에서 뛰어내립니다. 이제 다이빙의 절정에서 이미지를 정지시킵니다. 하얀빛의 무한한 바다 위 공중에 얼어붙은 채, 백조 다이빙의 포즈를 취하고 있는 자신을 봅니다.

기적 찾기

우리가 확신하는 한 가지는 우리 한 사람 한 사람 모두가 존재한다는 것입니다. 그러나 이것은 또한 우리가 말로 묘사할 수 없는 것이기도 합니다. '나는'은 그 자체로는 어떤 행동을 의미하지 않습니다. 하지만 '나는'에 모든 종류의 행동과 연결될 수 있습니다. '나는 걷습니다.' '나는 배가 고픕니다.' '나는 변호사입니다.' '나는 곧 승진할 것입니다.' 그러나 '나는'은 아무것도 추가할 필요가 없습니다. 그것은 홀로 존재할 뿐입니다.

그러나 그런 말들조차 우리를 존재의 현실에 다가가지 못하게 합니다. 이 연습에서 당신은 하늘을 나는 꿈의 느낌을 재현했습니다. 대부분의 사람들은 하늘을 나는 꿈을 꾸었다면, 완전한 자유와 황홀함을 느꼈다고 말할 것입니다. 하늘을 나는 꿈은 중력과 추락에 대한 두려움에서 우리를 해방시켜줍니다. 하지만 여기 존재하는 것도 마찬가지입니다.

존재하는 것은 건드릴 수 없는 조건입니다. 바가바드 기타 제2권에서 크리슈나 경은 존재에 대해 유서 깊은 설명을 합니다. "무기는 그것을 자를 수 없고, 불은 그것을 태울 수 없으며, 물은 그것을 적시지 못하며고 바람은 그것을 말리지 못한다."

이 유명한 문장에 대해 어떤 사람은 다음과 같은 날카로운 해설을 내놓았습니다. "여기 보이지 않는 것이 보이는 것을 통해 설명된다." 잠시만 곰곰이 생각해보면, 이 말들이 우리의 존재 전체를 묘사하고 있다는 걸 알게 될 겁니다. 우리는 우리가 보고, 듣고, 만지고, 맛보고, 냄새 맡는 세계를 통해 순수한 의식의 보이지 않는 무한한 영역을 연출합니다.

순수한 의식의 영역을 생각으로 전환하여 연출합니다. 하얀빛의 바다 위 공중에 있는 다이빙하는 사람처럼 자세를 취한 채 우리는 아무 곳으로도 가지 않을 것입니다. 존재는 움직이지 않고, 우리는 그 존재입니다. 하지만 의식이 세상에 들어올 때, 우리는 자신이 움직이고, 태어나고, 죽고, 그 사이에 있는 모든 것을 느낍니다. 이런 일이 일어나는 모든 순간에 우리는 의식의 바다, 존재의 바다 위 공중에 떠 있습니다.

이 마지막 연습에서 모든 것이 요약됩니다. 당신이 순수한 의식의 표현, 순수한 존재라는 것을 깨달을 때, 그때 자연히 모든 것이 기적이 됩니다. 창조는 저절로 나타났고, 당신은 그 품 안에 있는 자신을 발견합니다. 어쨌든 그저 여기 있는 것만으로도 기적입니다.

chapter 9

삶을 통찰하기 위한 7일의 명상 코스

통찰력과 삶의 7가지 목표

지금까지 완전한 명상을 통해 다음과 같은 진실을 알게 되었습니다.

마음은 자연스럽게 다시 균형을 유지합니다.
당신이 균형을 잡으면, 당신은 명상 모드에 있습니다.
내면의 침묵을 만들기 위해서 어떤 노력도 필요하지 않습니다.
내면의 침묵은 유용합니다.

이제 마지막 요점을 살펴볼 차례입니다. 우선 침묵을 개인적으로 유용하게 만드는 방법에 대해 이야기해봅시다. 무엇이 당신의 삶을 움직이고 있습니까? 우리가 아무리 서로 다르다고 해도 수천 년 동안 인간은 같은 목표를 추구하고, 같은 꿈을 실현하기 위해 아침에 침대에서 일어났습니다. 만약 내면의 침묵이 유용하다면, 그것은 틀림없이 이 목표들을 성취할 수 있게 하고, 우리의 꿈을 실현시킬 것입니다.

우리가 진정으로 원하는 것

우선 우리 모두를 이끄는 일곱 가지 기본 목표를 살펴봅시다.

안정감과 안전

성공과 성취

사랑과 소속감

개인적 의미와 가치

창조성과 발견

고양된 목적과 영성

온전함과 통일성

우리는 과거의 모든 날이 그랬고 지금도 그렇듯이, 미래의 모든 순간에도 이 일곱 가지 목표를 추구할 것입니다. 인간의 본성은 복잡하고, 우리는 이 목표에서 하나 이상을 동시에 추구할 수 있습니다. 때때로 그 목표들은 서로 뒤엉켜 있습니다. 예를 들어, 우리는 안정감을 느끼는 동시에 성공을 하고, 자신을 가치 있게 느끼게 하는 직장에서 일할 수 있습니다. 이 세 가지를 포함하는 목적을 찾았습니다. 창의적인 직업을 가지고 있다면, 다른 목표까지 추가할 수도 있습니다.

결혼관계나 다른 중요한 인간관계에서 우리는 자연스럽게 안전하고 안정적이라고 느끼기를 원합니다. 다른 사람들이 나를 사랑해주고 그들 사이에서 소속감을 느끼기를 원합니다. 그것이 삶에 의미를 주기에 충분할까요? 오랜 시간 동안 여자들은 그런 삶이면 충분하다는 말을 (남자들로부터) 들었습니다. 하지만 오늘날 남성과 여성의 상황은 모두 그 어느 때보다 복잡하고 혼란스럽습니다.

전통적인 남성과 여성의 역할 모델이 더 이상 사람들 사이의 관계를 규정하지 못한다는 것을 인정하면 이런 혼란의 일부가 해소될 수도 있습니다. 그러나 모든 사람에게 맞는 삶의 청사진이란 없습니다. 우리의 최종 목표는 일곱 가지 목표를 개인적인 방식으로 실현하는 것입니다. 나와 나의 삶은 하나입니다. 마음, 몸, 그리고 영혼의 독특한 방식으로 결합되어 있습니다.

의식을 통하지 않고 삶에서 성취할 수 있는 것은 없습니다. 우리는 맹목적으로 사랑, 의미, 성공 그리고 창조성에 우연히 연결될 수 없습니다. 오히려 우리는 이런 의식의 영역으로 진화해야 합니다. 선하며 유용한 모든 것이 직선으로 온다면 마음의 논리적 부분을 만족시키겠지만, 우리의 마음은 그렇게 작동하지 않습니다. 어떤 사람들은 앉아서 "5년 안에 내가 있고 싶은 곳"

에 대해 적습니다. 그들은 5년 후에 그들이 예상했던 상황에 도달할 수도 있고, 그렇지 않을 수도 있습니다. 그러나 한 가지는 분명합니다. 삶에서 가장 가치 있는 것은 예측하지 못한 채 다가옵니다.

나는 이 일곱 가지 목표가 전부 실현될 수 있다고 생각합니다. 진정한 자아는 자신만의 독특한 길을 따라 스스로 그곳에 도달하게 하기 위해 존재합니다. 이 순간 진정한 자아는 목표에 도달하기 위해 알아야 할 것이라면 무엇이든 우리에게 줄 준비가 되어 있습니다. 이 지식은 통찰력의 형태로 나타나는데, 그저 하나의 통찰이 아니라 일상을 기반으로 한 묶음의 통찰력이 나타납니다. 통찰력은 우리가 진실을 요구하고, 그 진실이 당신에게 주어지는 순간 나타납니다.

의식은 살아나고 침묵이 유용해지는 그 순간에 중요한 진실이 전달되며 깨달음과 통찰을 얻게 됩니다. 그리고 자신의 삶의 목적을, 내가 결혼하고 싶은 사람을, 다시 말해 중요한 모든 결정을 깨닫게 됩니다. 통찰력이 반드시 거대하고 원대할 필요는 없습니다. 그것은 그저 고요한 의식에서 오는 모든 메시지를 포함하고 있습니다.

이 말이 너무 추상적이거나 이상적으로 들린다면, 우리가 항상 고요한 의식에서 통찰력을 얻으려 애쓰고 있다는 것을 눈치 채야 합니다. 다음에 항목들을 실행할 때마다 우리는 고요한 인식으로 침잠할 수 있습니다.

당신이 진심으로 어떻게 느끼는지를 자신에게 묻습니다.

더 깊이 헌신하며 관계를 맺어야만 하는지 알기를 원합니다.

눈부신 아이디어가 필요합니다.

누군가를 위해 또는 자신을 위해 기도합니다.

눈에 보이지 않는 힘에게 더 높은 안내를 요청합니다.

다른 사람들이 실제로 어떻게 느끼는지를 알고 싶어 합니다.

당신이 원하는 것을 다른 사람이 하도록 격려하는 방법을 알고 싶어 합니다.

무엇이 다른 사람을 짜증나게 만드는지 궁금해합니다.

당신의 삶이 무엇인지, 당신이 어디로 향하는지 명확하기를 원합니다.

미래에 무엇이 놓여 있는지를 예측하고 싶어 합니다.

모든 사람들이 통찰력을 찾는 데 참여하고 있습니다. 그리고 자신의 삶이 얼마나 잘 진행되고 있는지는 자신이 진실을 추구하는 방식에 달려 있습니다. 나에게 필요한 모든 방식은 이미 나의 내면에 존재합니다. 진실 그 자체의 단계에서 우리는 완전히 의식하고 있기 때문입니다.

일주일의 통찰력

　　통찰력은 자연스럽게 오지만, 항상 같은 정도로 오는 아닙니다. 인생의 일곱 가지 목표를 이루기 위해서는 깊은 통찰력이 필요합니다. 그리고 다행스럽게도 우리는 삶의 목표를 성취하게 해줄 깊은 통찰력을 구할 수 있습니다. 진정한 자아는 우리의 자아가 복제할 수 없는 가능성에 대한 명확한 비전을 갖고 있습니다. 명상은 우리를 진정한 자아로 데려갑니다. 우리는 중심에 머물면서 관계를 맺습니다. 이제 우리가 해야 할 일은 그것을 활용하는 겁니다.

　　통찰력은 요구되기 위해 거기에 있지만, 아무도 통찰력을 추구함으로써 삶을 정리하여 체계를 세우는 법을 가르쳐주지는 않습니다. 대신 우리는 습관, 다른 사람이 말해준 의견, 사회적 조건들을 무질서하게 수집한 지식들, 모든 사람들이 내면에 지니고 있는 믿음, 경험, 기억들의 덩어리를 근거로 선택을 합니다. 그러나 통찰력은 터무니없을 정도로 쉽게 배울 수 있습니다. 단순히 명상 모드로 들어가서 목표에 도달하기 위해 실제로 중요한 질문들을 자신의 진정한 자아에게 물어보는 것입니다. 그러면 우리가 선택의 근거로 삼았던 습관, 조건, 믿음이 혼란스럽게 뒤섞인 덩어리들을 지금 당장 버릴 수 있습니다.

3가지 중요한 질문들

내가 무엇을 잘 하고 있을까?
무엇이 잘못되었을까?
다음 단계는 무엇일까?

만약 이 세 가지 질문에 대한 답을 원할 때마다 갖고 있다면, 당신의 삶은 무한히 앞으로 나아갈 수 있을 것입니다. 당신의 소중한 목표에 의식적으로 도달할 수 있을 것입니다. 이것이 바로 산스크리트어로 '다르마Dharma', 즉 자신의 욕망을 가장 자연스럽고 효과적으로 지원하는 길 안에 있는 것입니다.

일곱 가지 주요 목표가 있기 때문에 7일 과정으로 통찰력을 위한 명상을 정리하는 것이 좋습니다. 이 과정에서는 진정한 자아는 선생님이고, 당신은 학생이자 찾는 사람이 됩니다. 정해진 일정도 없고, 완전한 명상의 주요 원칙과 조화를 이루기 위해 애써 노력할 필요가 없습니다. 1일 차에는 안정감과 안전에, 2일 차에는 성공과 성취에 중점을 두고 계속 진행될 겁니다.

7일 과정은 지속적으로 당신을 안내할 겁니다. 이상적인 상태는 그것이 생활방식이 되는 겁니다. 자아는 어떤 상황에서든 드러날 진실을 갖고 있습니다. 일단 고요한 의식에서 답을 찾는 법을 배우면, 이 방법이 선택을 하는 것이 올바른 것임을 알게 될 겁니다. 삶의 일곱 가지 목표를 중심으로 한 주를 정리할 수록 순수한 의식의 힘과 지식을 이용하여 목표에 더 빨리 도달할 수 있을 겁니다.

당신은 다른 누구보다 자신을 잘 알고 있습니다. 그리고 통찰력 명상을 통해 자신을 더 잘 알게 됩니다. 중요한 세 가지 질문에 대해 곰곰이 생각한다는 건 단순히 가벼운 의견이나 이전에 여러 번 했던 생각을 추구하는 것이 아니라 진실을 찾는 것입니다.

마음은 쉽게 습관화됩니다. 그리고 우리에게 대부분 같은 생각을 여러 번 반복하게 합니다. 이런 생각들은 일반적으로 삶에서 어떻게든 이어지지만, 어떤 새로운 것을 드러내지는 않습니다. 통찰력을 요구하는 것은 의식의 과정이고, 일단 당신이 그 방법을 배우면 그 과정은 자연스럽게 열릴 겁니다. 당신은 당신 주변의 세상이 어떻게 새로운 아름다운 방식으로 자신을 드러내는지에 놀랄 것입니다.

통찰력을 얻는 방법

조용한 장소에 혼자 앉아 중심을 잡습니다.

눈을 감고, 심호흡을 몇 번 하고, 당신의 심장 부위에 당신의 주의력을 가져갑니다.

자신에게 조용히 질문을 합니다.

질문을 놓아주고 대답을 기다립니다.

대답이 주어질 것이라고 믿습니다.

어떤 때는, 빠르게 또는 나중에라도, 대답은 저절로 나옵니다.

이 과정에는 어려운 것이 하나도 없습니다. 우리는 살면서 수없이 뒤로 물러서서 어리둥절해서 묻곤 합니다. "내가 무엇을 잘못하고 있을까?" 또는 "다음에는 무엇을 해야 할까?" 그러나 대부분의 경우 우리는 올바른 마음가짐으로 질문을 하지 않습니다. 우리는 보통 닫혀 있거나 혼란을 겪습니다. 저항에 부딪쳐서 탈출구를 필요로 합니다.

상황이 이미 우리에게 부담을 주고 있어서, 우리는 스트레스를 느끼면서 대답을 찾으려고 노력하고 있습니다. 이것은 바로 문제의 단계에서 고착되어 갇힌 것입니다. 통찰력 명상은 당신의 진정한 자아가 자리를 잡고 있는 해결책의 단계로 가는 것입니다. 의도적으로 중요한 질문을 하거나 편안한 상태에서 통찰력을 요구할 때, 의식을 높일 수 있는 길이 열립니다. 그러면서 해결책에 더 가까이 다가갈 수 있습니다.

몸마음은 완전체입니다. 그러므로 통찰력은 그저 정신적인 것만은 아닙니다. 우리는 그것을 감각으로 느낄 수 있습니다. 통찰력을 얻을 때 우리는 다음에서 적어도 하나 또는 두 개 이상을 느끼게 됩니다.

놀라면서 보통 기뻐합니다.

새로운 발견을 하게 되는 "아하!"의 순간이 있습니다.

당신의 통찰력에 대해 확신을 느낍니다.

다른 추측이나 의심을 할 필요가 없다고 느낍니다.

통찰력이 당신에게 의미가 있습니다.

당신이 전환점에 도달했다고 느낍니다.

몸이 따끔거리거나 가볍다고 느낄 수 있습니다.

이런 조짐은 통찰력이 일상적 생각과 어떻게 다른지 알려 줍니다. 자신의 통찰력을 갖는 것이 아름다운 이유는 그것이 당신을 흥분시키고 동기를 부여하기 때문입니다. 명상을 하면서 이런 지표를 찾아봅시다. 시간이 지나면 그것들에 친숙해질 겁니다. 깨어나는 순간 심장과 뼈에서 그것을 느낄 수 있습니다.

자각의 변화도 또한 경계해야 합니다. 이는 몸이 가벼워지 거나 편안한 휴식과 같은 신체적인 감각을 느끼는 걸 의미합니 다. 시각적으로 주변의 세상이 더 밝게 보일 수 있고, 익숙한 광 경이 갑자기 새롭게 볼 만한 가치를 지니게 될 수도 있습니다. 그 런 경험이 우리를 깨어 있음의 상태로 더 가까이 인도한다는 것 을 기억해야 합니다.

기본적인 내용을 모두 다루었으니 이제 남은 건 시작하는 것뿐입니다. 우선 인내심이 필요할 겁니다. 왜냐하면 통찰력을 찾는 것은 새롭고 대부분의 사람들에게 매우 낯설기 때문입니다. 그러므로 자신의 진정한 자아에게 갑자기 통찰력을 요구하려고 하면, 원하는 결과를 얻지 못할 수도 있습니다.

이미 익숙해진 자아의 성격인 '나는'과 진정한 자아 사이에는 간극이 있습니다. 이 간극을 메우기 위해 우선 명상을 시작할 수 있도록 매일 실행할 수 몇 가지 통찰력으로 시작해봅시다. 어떤 것들은 내가 여행에서 얻은 것이고, 또 다른 것들은 성인, 성자, 세상의 지혜의 전통이 주는 영적 안내의 통찰력입니다. 이 모든 통찰력 안에 있는 말들은 진정한 자아로부터 비롯된 것입니다. 명상을 시작하기 전에 그것들을 읽으면서 하루의 목표에 대한 자신의 마음을 향해 가봅시다. 그 말들을 이미 완성된 통찰력으로 받아들일 필요는 없습니다. 다른 사람으로부터 얻은 간접적인 지혜는 직접적인 통찰을 대신할 수 없습니다.

자신을 가장 높은 영적인 진실과 나란히 맞추는 것보다 더 좋은 것은 없습니다. 오랜 시간 동안 이 영적 진실은 사람들이 깨어나는 데 도움을 주었습니다. "숲을 불태우는 데는 단지 불씨만 있으면 된다"라는 인도의 격언이 있습니다. 이는 일단 진정한 자아에 대한 첫 번째 통찰력을 갖게 되면 완전한 깨어남을 위한 자극을 받을 수 있음을 의미합니다. 완전한 명상은 당신이 불씨가 되도록 합니다. 깨달음의 불꽃은 솟구치기를 기다리고 있고, 당신이 그 불꽃입니다.

오늘의 목표
완전히 안정적이고 안전하다고 느끼기

오늘의 통찰력
당신은 당신이 느끼는 만큼만 안전합니다.
당신의 진정한 자아는 절대 위협받지 않습니다.
세상은 내면의 안정 또는 내적 불안을 반영합니다.
당신이 온전한 전체일 때, 당신은 완전히 안전합니다.
안전하다는 것은 여기 그리고 지금 존재하는 것입니다.

진정한 자아의 단계에서 당신은 완전히 안전하고 안정적입니다. 이 지식에서 당신의 진정한 자아를 흔들 수 있는 위협은 없습니다. 그것은 순수한 의식에서 비롯된 선천적인 것이기 때문입니다. 분명 일상생활에서 정반대로 느껴지는 상황을 마주하게 됩니다. 재앙과 임박한 위험에 대한 이야기가 뉴스를 가득 채웁니다.

위협을 느낄 때 최악의 시나리오가 우리의 마음을 관통합니다. 스트레스 그 자체는 적은 양으로도 위협이 됩니다. 도피하거나 신체적으로 위험(싸움)에 맞서면서 위협에 대처하는 것도 스트레스를 유발하기 때문입니다.

완전한 명상에서는 획기적인 변화가 일어나는데, 안전하다는 것이 자각의 상태라는 진실을 경험하기 때문입니다. 오늘날 우리는 자신을 안전하고 안정적으로 만드는 자각의 상태에서 살아가는 것에 더 가까이 다가갑니다.

중요한 3가지 질문

오늘 당신은 중요한 3가지 질문을 곰곰이 되새김으로써 안전과 안정을 고취할 수 있습니다. 한 가지 질문을 선택하는 것이 아마도 가장 효과적일 겁니다. 자신에게 큰 소리를 내며 다가오는 문제들에 먼저 관심을 두어야 합니다.

내가 잘 하고 있는 것은 무엇인가?

ㅇ 내가 안전하다고 느끼게 하는 어떤 움직임도 옳습니다. 부담스럽거나 불안감을 느끼기 시작할 때마다 명상 모드로 들어가는 것이 가장 기본입니다. 그렇게 하면 의식을 스트레스로부터 멀리 떼어놓을 수 있습니다.

ㅇ 조용한 장소에서 심호흡을 몇 번 하고, 몸이 주는 신호에 주의를 기울입니다. 긴장감, 부담감, 불편함, 고통을 느낄 때, 이런 감각을 돌보며 신경을 씁니다. 천천히 차분하게 호흡하면서 불편한 부분에 관심을 기울입니다. 어떤 것도 강요하지 않습니다. 인내심을 가지고 자신의 의식이 자연스럽게 불편함을 놓아주도록 합니다.

ㅇ 주변의 사람들과 그들의 의식 상태에 주목합니다. 스트레스가 아

chapter 9_삶을 통찰하기 위한 7일의 명상 코스

주 쉽게 바이러스처럼 퍼집니다. 자신에게 부담이 되거나 압박을 가하는 사람들과 함께 보내는 시간을 최소화하고 싶어 합니다.

O 우리는 모두 나쁜 소식, 자연재해, 모든 종류의 재난에 매료되는 습관이 있습니다. 그런 이야기에 최소한으로 주의를 기울이는 습관을 갖도록 합니다. 그런 소식이 자신을 불안하게 하거나 위험하다고 느끼게 하면, 조용히 "난 여기에서 위험하지 않아"라고 말하고 다시 안전하다고 느낄 때까지 기다립니다.

O 자신이 안전하다고 느끼며 자신감을 갖고 있는 사람들 곁에 있도록 합니다. 그들은 조용하지만 가장 위로가 되는 사람들입니다.

O 내면의 보안 상태를 반영하는 주변 환경을 만듭니다. 평화와 고요함, 질서정연함, 시각적 아름다움과 빛에 집중합니다.

내가 잘못하고 있는 것은 무엇인가?

O 불안감을 느끼게 만드는 움직임은 당신에게 효과가 없습니다.

O 걱정하거나 불안해하는 것은 상황을 해결하지 못합니다. 걱정이 시작되는 신호가 오면, 중심을 잡고 침착함을 되찾도록 합니다.

O 불안정하고, 불안해하고, 방어적인 사람들 주변에 있을 때 자신이 더 강하다고 느끼거나 소속감을 느낄 수 있습니다. 그러나 그것은 잘못된 관계입니다. 그것은 세상이 안전하지 않으며 당신도 그 안에서 안전하지 않다는 믿음을 강화합니다.

O 최악의 시나리오에 집착하는 건 효과가 없습니다. 불필요하게 당신을 내적 편안함에서 내쫓는 것에 시간과 에너지를 낭비할 뿐입

니다.

○ 다른 사람에게 당신 자신을 정당화하고 싶은 충동을 피합니다. 방어적인 것은 보호가 아닙니다. 방어적일수록, 내면의 삶은 더 불안정해집니다.

○ 다른 사람에게 굴복하는 것은 당신이 스스로를 충분히 강하지 않다고 느끼게 합니다. 당신을 동등하게 대우하지 않는 사람은 피합니다.

○ 외부의 위협을 개인적으로 받아들이는 건 당신을 안전하게 하지 못합니다. 만약 나쁜 소식이 실제로 당신에게는 영향을 주지 않는다면, 그것에 영향을 받을 사람들에게 희망적이고 동정어린 생각을 보냅니다. 그리고 당신의 주의를 다른 것에 돌립니다.

○ 다른 사람의 힘에 매달리는 것은 당신을 더 안전하게 만드는 데 도움이 되지 않습니다. 당신은 의존적이 될 것이고, 자신을 옹호해야 할 때마다 자신을 의심하고 불안감을 느끼게 될 겁니다.

○ 자신을 안전하게 만들기 위해 많은 돈, 지위, 권력, 소유물에 의존하는 것은 효과가 없습니다. 당신은 자신의 두려움과 불안감으로부터 숨어 있을 뿐입니다. 항상 내면의 안전을 목표로 합니다.

다음 단계는 무엇인가?

○ 우선순위: 당신이 잘 하고 있는 것이 무엇이든 그것을 더 많이 합니다. 당신한테 효과가 없었던 것이라면 무엇이든 하지 않습니다.

○ 심장 부위에 하얀빛을 상상합니다. 조용히 앉아서 그 빛과 교감을

합니다.

O 완전히 평화롭고 안전하다고 느껴지는 곳으로 갈 시간을 따로 남겨둡니다. 외부의 위협이나 압력을 차단하고 그 장소에 은신합니다. 그 장소의 느낌을 당신과 어우러지게 합니다. 그래서 내면과 외부 모두 같은 평화를 누리게 합니다.

O 지인 중에 도움이 필요한 사람을 지원할 수 있도록 시간을 냅니다. 그 사람에게 위안이 되고, 도움이 된다는 느낌을 갖습니다. 이런 방식으로 당신은 내면의 안정감을 공유합니다. 다른 사람을 위한 정신적 지주가 된다는 건 내면의 힘과 안전을 표현하는 겁니다.

O 가장 스트레스를 심하게 받는 영역, 즉 직장, 가족, 인간관계를 바라봅니다. 오늘 스트레스를 줄일 수 있는 방법을 한 가지 찾아봅니다. 예를 들어, 스트레스를 유발하는 사람과 대화하고 침착하게 도움을 요청합니다.

편을 들지 않고 누구에게나 당신 자신을 내어주면서 사무실 정치를 피합니다. 집에서 소음과 산만함을 줄입니다. 남을 탓하고 비난하는 걸 피하면서 상대방과 정직하게 감정을 공유합니다.

오늘의 통찰력

2부_깨어 있는 삶을 위한 연습

2일차 〉 성공과 성취감 느끼기

오늘의 목표
자신이 하는 일을 통해 의식을 발산하기

오늘의 통찰력
일은 당신의 의식 수준을 나타냅니다.
(일에는 낮 시간에 하는 주요 활동이 포함됩니다.)
일과 삶은 함께 확장되거나 위축됩니다.
일에 더 많은 의식을 가져갈수록, 더 많은 성취감을 얻게 됩니다.
당신이 하는 일은 당신이 당연히 누릴 자격이 있다고 생각하는
것을 나타냅니다.
깨어 있는 것은 가장 큰 성공입니다.
일과 삶은 당신이 깨어 있을 때 같은 기쁨을 가져다줍니다.

만약 당신이 진정한 자아로서 일을 한다면, 어떤 일이든 성취감을 느낄 수 있습니다. 대부분의 사람들에게 2일 차는 직업에 초점을 맞추는데, 이때 성공은 은퇴한 사람들과 집에 있는 부모들에게도 적용됩니다. 나이와 상관없이 우리는 모두 매일 자신의 행동을 통해 만족감과 성취감을 얻으려고 노력합니다.

당신은 인식을 넓히는 방법을 매일 발견할 수 있고, 그렇게 함으로써 일과 전반적인 일상생활에서 더 깊은 의미를 찾을 수

있습니다. 확장된 인식을 통해 스트레스와 지루함은 과거의 것이 될 것입니다. 동화 같은 이야기가 아닙니다. 수백만 명의 사람들이 직장에서 스트레스를 받고, 지루해하고, 성취감을 느끼지 못하는 이유는 자신이 기대하는 것을 실현하고 있기 때문입니다. 이것은 대부분 무의식적으로 일어나지만, 조금만 깊이 들여다보면 다음과 같은 진실을 발견하게 됩니다. 일은 권위가 지배하고 불안감이 싹트는 곳으로 여겨지고 있습니다. 일에 싫증이 나지만 직장을 잃을까 두려워하는 사람들은 고개를 숙이고 출근을 하며 주말만을 기다립니다.

물론 모든 직장이 매일 이렇게 나쁜 것은 아닙니다. 일을 최대한 활용하려는 건 자연스러운 성향이고, 일반적으로 사람들은 그들이 하는 일을 좋아합니다. 하지만 여기에서도 우리가 직장으에 데려가는 자아는 사회적 자아입니다. 잘 어울리기 위해 우리가 투영하고 싶은 이미지입니다. 모든 이미지는 인공적입니다. 진정한 자아에 가까운 어떤 것도 표현하지 못합니다.

진정한 자아는 당신이 무엇을 하든 관계없이 자신의 의식을 확장하고, 깨어나고, 성취감을 찾기 위해 존재합니다.

우리는 직장에서 자신의 의식을 확대하거나 축소할 수 있는 선택권을 갖고 있습니다. 어떤 것도 진정한 자아를 표현하는 것을 방해하지 않습니다. 사실, 우리가 친절, 공감, 수용, 모두에 대한 존중, 그리고 깨어 있음의 신호를 표현한다면 환영받을 겁니다. 일은 자신의 의식 수준을 나타냅니다.

완전한 명상에 돌파구가 생기는데, 왜냐하면 일과 삶은 함께 확장되거나 위축된다는 진리를 경험하기 시작했기 때문입니다. 이 사실을 피할 수는 없습니다. 위축된 의식은 직장에서 뿐 아니라 당신의 삶 전체에서 성취감을 제한합니다. 확장된 의식은 당신에게 일을 통해 진화할 수 있는 기회를 주며, 내면으로부터 성공과 성취감을 발견하게 합니다.

중요한 3가지 질문

오늘 당신은 중요한 3가지 질문을 곰곰이 생각하면서 성공과 성취감을 촉진할 수 있습니다. 한 가지 질문을 선택하는 것이 아마도 가장 효과적일 겁니다. 자신에게 큰 소리를 내며 다가오는 문제들에 먼저 관심을 두어야 합니다.

내가 잘 하고 있는 것은 무엇인가

○ 성취감을 더 느끼게 하는 어떤 움직임도 옳습니다. 명상 모드로 들어가며, 당신은 내면의 고요함과 침묵을 경험합니다. 이것은 실제로는 성취감의 문턱일 뿐입니다. 진정한 자아는 이미 성취되어 있기 때문입니다.

○ 성취감은 행복으로 표현됩니다. 모든 행복한 경험은 성공의 표시입니다. 행복한 경험에 높은 가치를 두고, 당신이 일을 할 때 어떻게 느끼는지가 중요하다는 것을 깨닫습니다.

○ 당신이 하는 일에 자부심을 느낄 시간을 갖고, 다른 사람이 한 일

을 칭찬하여 그들이 자신에게 자부심을 갖도록 합니다.

o 지루함을 느낀다면, 명상 모드로 들어가 행복감을 회복합니다.

o 직장 동료나 가족들의 감정에 공감을 표현합니다. 개인적으로 누 군가와 더 친해지고 싶은 충동이 생길 때 (사무실의 로맨스에 대해 말 하는 것이 아닙니다), 그 충동에 마음을 엽니다.

o 혼자만의 시간과 한가한 시간을 갖기 위해 직장에서 혹은 낮에 잠 시 휴식을 취합니다. 기회가 있다면, 기분 전환을 위해 자연이 있 는 밖으로 나가 걷습니다.

o 몸에 활력을 유지하기 위해 낮 동안 규칙적으로 자리에서 일어나 걷습니다.

o 회의에서 당신이 진심으로 소중하게 생각하는 계획을 지원합니 다. 긍정적인 가치가 있을 때 기꺼이 당신의 진심을 말합니다.

o 직장에서 근무하거나 또는 집안일로 매우 바쁠 때, 당신의 감정 수준이 어떤지 알기 위해 자주 확인합니다. 이건 깨어남의 필수적 인 부분입니다.

o 프로젝트에 대한 당신의 기여도를 넓히는 새로운 과제를 받아들 입니다.

내가 잘못하고 있는 것은 무엇인가?

o 일에서 막히고, 좌절하고, 성취감을 느끼지 못하게 하는 어떤 조 치도 당신에게는 효과가 없습니다.

o 일어나고 있는 일이 실제로 마음에 들지 않을 때 수동적으로 따라

가는 것은 당신에게 도움이 되지 않습니다.

○ 불평하고, 험담하고, 사무실 정치에 관여하는 것은 내면의 불만을 증가시킬 뿐입니다.

○ 너무 오랜 시간 일을 하거나 집에 일을 가져오면서 직장이 요구하는 것에 집중하고 싶은 충동을 억누릅니다. 이런 습관들은 일을 압박과 의무감의 근원으로 바꾸는데, 이는 성취감과는 아무런 관련이 없습니다.

○ 단지 매일 먹을 빵을 벌기 위해 이를 악물고 당신이 싫어하는 일을 억지로 강행하는 것은 도움이 되지 않습니다. 이 경우 당신이 얻을 수 있는 유일한 것은 당신의 의식을 위축시키는 것입니다. 당신이 더 위축될수록, 고된 일에서 더 벗어날 수 없습니다.

○ 가장 고되게 열심히 일하는 동시에 생산적이 되려면 그 과정에서 자신의 가치와 성취감을 느껴야 합니다. 당신이 강요당한다고 느끼면 효과가 없습니다. 그것은 곧 자신을 마치 기계처럼 대하고 있는 것입니다.

○ 사람들을 승자와 패자로 낙인찍고 싶은 충동에 저항합니다. 승자 중 한 명이 되려고 노력해도 패자 중 한 명이 될 것이라는 두려움에 시달리게 됩니다.

○ 만약 당신이 계속해서 주말을 기대하고 있다면, 잘못된 직장에 다니거나 당신에게 맞는 직장이지만 강제로 일하고 있다는 증거입니다. 직장에서 강박적으로 일하면 당신의 나머지 인생도 강박적으로 살게 됩니다.

다음 단계는 무엇인가?

○ 우선순위: 당신이 잘하고 있는 것이 무엇이든 그것을 더 많이 합니다. 당신에게 효과가 없었으면 그것이 무엇이든 덜 합니다.

○ 당신이 직장에서 신뢰하는 누군가에게 당신이 자신의 잠재력을 성취하고 있는 것 같은지 묻고 솔직한 의견을 달라고 요청합니다.

○ 당신과 개인적으로 가까운 사람에게 당신이 일할 때 행복해하고 일에 대해 긍정적으로 말하는 것 같은지 물어봅니다.

○ 퇴근 후 술이 필요하거나, 직장 동료에 대해 불평을 하거나, 지루하거나, 피곤한 표정을 짓거나, 어떤 꿈을 갖고 있는 지에 대해 거의 이야기를 한 적이 없는 등 충족되지 못한 것에 대한 무의식적인 증상들을 확인합니다.

○ 꿈의 목표를 가지고, 아무리 사소하고 작은 것이라도 그것을 성취하기 위해 한 걸음 앞으로 나아갑니다.

오늘의 통찰력

3일차 ▷ 사랑과 소속감 느끼기

오늘의 목표

조건 없는 사랑을 경험하기

오늘의 통찰력

사랑은 순수한 의식의 표현이고, 그 의식은 영원합니다.

당신의 진정한 자아는 무조건적인 사랑을 전달합니다.

조건 없는 사랑에서 당신과 다른 사람 사이에는 아무런 차이가 없습니다.

사랑은 나누고 싶어 하고, 그렇게 다른 사람들과 연결되기를 열망합니다.

헌신은 무조건적인 사랑의 태도입니다.

헌신의 절정은 끊이지 않는 행복입니다.

행복의 모든 순간이 조건 없는 사랑을 경험하게 합니다.

진정한 자아로 살 때, 당신은 조건 없는 사랑을 주고받을 수 있습니다. 그러기 위해서는 완전히 깨어 있어야 합니다. 깨어 있을 때, 자신의 진정한 자아와 항상 연결되어 있고, 그래서 사랑의 흐름이 결코 사라지지 않습니다. 당신이 때로는 깨어 있고, 때로는 깨어 있지 않아도, 사랑은 오고갑니다. 이것은 자연스러운 것입니다. 사랑을 경험하지 못하면 잠시 길을 벗어날 수도 있지만, 사랑의 모든 순간에서 목표를 볼 수 있습니다. 그래서 사랑은 가장 긍정적인 길 중 하나입니다.

당신이 완전히 깨어나기 전에는 당신이 주는 사랑과 당신이 받은 사랑은 조건부입니다. 그것은 변하거나 시야에서 사라질 수 있습니다. 오늘날 많은 사람들에게 사랑은 거래가 되었습니다. 누군가와 주고받는 것이 되어버린 것입니다. 연인은 사랑하는 사람의 자아 인격을 만족시켜야 합니다. 명상 모드에는 주고받음의 끝이라는 돌파구가 있습니다. 대신 자신을 조건 없는 사랑의 원천으로 경험하게 됩니다. 이런 깨달음이 깊어지면, 상대에게 의존하거나 무언가를 요구하는 일 없이 다른 사람을 사랑할 수 있습니다. 자신 안에 충분히 존재할 때 당신의 사랑은 아무런 조건 없는 선물이 됩니다.

조건 없는 사랑은 영원하기 때문에 결코 오고가는 법이 없이 언제나 똑같습니다. 이 변함 없는 사랑은 당연히 받아야만 하는 것이 아니기 때문에 품위과 동일하게 생각됩니다. 그것을 신성한 품위라고 부르든, 순수한 의식의 품위라고 부르든 관계없이 당신이 결정할 일입니다. 많은 사람들이 기도를 하기 위해서라면 인간의 형태인 신성한 어머니나 아버지를 찾는 것보다 하느님께 기도하는 것이 더 쉽다고 생각합니다. 가장 순수한 지혜의 전통에서 하느님은 순수한 의식의 형태이고, 당신은 진정한 자아에서 온전히 품위와 행복을 경험할 수 있습니다. 당신이 사랑으로 채우는 것이 무엇이든 당신에게 옳은 것입니다. 모든 사람들이 조건 없이 사랑하는 길은 유일무이하기 때문입니다.

사랑이 당신으로부터 분리될 수 없다는 것만이 기억해야 할 전부입니다. 사랑을 잃는 건 당신과 당신의 진정한 자아 사이의 간극을 보여주는데, 완전한 명상에서 당신은 이 간극을 영원히 치유할 수 있습니다. 다른 사람과 유대감을 형성하려는 열망은 진정한 자아 안에 영원히 머무르기를 원하는 가장 깊은 충동을 상징하고 있습니다.

중요한 3가지 질문

오늘 당신은 중요한 3가지 질문을 곰곰이 생각해보며 조건 없는 사랑에 더 가까워질 수 있습니다. 한 가지 질문을 선택하는 것이 아마도 가장 효과적일 겁니다. 자신에게 큰 소리를 내며 다가오는 문제들에 먼저 관심을 두어야 합니다.

내가 잘 하고 있는 것은 무엇인가?

○ 사랑에 대한 경험을 주는 어떤 움직임도 옳습니다. 명상 모드로 들어가며, 당신은 내면의 침묵에서 쉽게 생기는 행복에 대한 충동을 경험하게 됩니다. 아무리 짧은 순간이라도 행복, 기쁨, 황홀감을 느낀다면 조건 없는 사랑을 할 수 있습니다.

○ 다정다감하고 호의적일 수 있는 기회를 포착합니다. 다정다감한 행동은 그 대가로 아무것도 요구하지 않고, 사심 없는 사랑을 표현하기 때문입니다. 무조건적인 사랑이란 언제나 이타적입니다.

○ 헌신은 사랑의 표현입니다. 당신이 누구에게 또는 어떤 것에 헌신 하든 그것이 사랑에서 나온 것이라면 당신에게 옳습니다.

○ 심장은 사랑과 관련이 있는 몸마음에서 가장 예민한 영역입니다. 오늘 여러 번 심장에 주의를 기울이며 그 따뜻하고 사랑스런 빛을 느끼기 위해 휴식을 취합니다. 따뜻하고 사랑스런 느낌이 약하거나 심지어 아예 없다면, 다시 되살릴 수 있는 경험을 스스로에게 선사합니다. 최고의 선택은 당신이 사랑하는 누군가와 연결되는 것입니다(하루에 적어도 한 시간씩 하는 것이 이상적입니다). 그러나 자연, 예술, 음악, 놀이터의 아이들, 또는 영감을 주는 글쓰기 등 어떤 즐거운 경험도 심장에 활력이 됩니다.

○ 친구나 가족을 포함해서 당신이 유대감을 느끼는 사람을 여섯 명 생각합니다. 가장 좋은 건 직접 얼굴을 보는 것이지만 일주일에 적어도 한 번 이상, 전화를 통해서라도 관계를 새롭게 할 시간을 갖습니다.

○ 관계를 맺을 때마다 웃음과 호의적인 말로 시작하며 너그럽게 자신을 내어줍니다.

○ 마음속에 있는 사랑을 발산해봅니다. 당신이 사랑을 보내는 사람을 상상하고 그 사람과 당신을 연결하는 빛의 결합을 바라봅니다. 이런 심장과 심장의 연결은 고요하며 그저 짧은 순간만을 필요로 합니다. 그러나 진정한 자아의 단계에서 당신은 자신과 다른 사람을 풍요롭게 합니다.

○ 아주 가까운 관계 밖에 있는 사람에게 사랑스러운 생각과 연민을 보

냅니다. 그들의 상황에 감동할 때마다 이렇게 합니다. 사랑의 행동으로 하면 훨씬 더 좋습니다. 그 대상이 심지어는 낯선 사람일지라도, 당신이 충동을 느낄 때마다 고요한 행복을 줄 수 있습니다.

○ 사랑이 없는 생각이나 충동이 자체적으로 반복되기 시작하는 것을 알아차리면, 명상 모드로 들어가 내면을 고요하게 하고 그런 생각이 더 이상 필요하지 않다고 말합니다. 그런 생각이나 충동이 사라질 때까지 반복합니다. 사랑이 결여된 생각에 맞서 싸우지 말고 당신이 더 이상 수용할 수 없다는 것을 알립니다.

내가 잘못하고 있는 것은 무엇인가?

○ 사랑을 억제하고 싶게 만드는 어떤 조치도 당신에게는 효과가 없습니다.

○ 자신을 고립시키는 것은 당신이 경험할 수 있는 사랑의 흐름에서 당신을 차단합니다.

○ 당신의 사랑을 얻으려는 목적으로 당신이 원하는 것을 다른 사람에게 부탁하는 것은 결국 효과가 없을 것입니다. 상대방은 언제나 다른 사람과 더 나은 거래를 할 수 있기 때문입니다.

○ 궁핍은 다른 사람들이 당신을 사랑하도록 하는 데 도움이 되지 않습니다. 그들이 의무감으로 연민의 마음을 갖더라도 분노가 쌓이기 시작할 겁니다.

○ 당신이 자신을 포기할 의사가 없다면, 이타적인 사랑을 경험할 수 없습니다. 이타적인 사랑이야말로 당신의 진정한 자아가 당신에게

주려고 애쓰는 바로 그것입니다.

○ 성관계를 포함하여 복수의 형태로 사랑을 주지 않으려는 건 사랑의 관계를 파괴할 겁니다.

○ 의미가 없는 성관계는 결코 사랑으로 가는 길이 아닙니다. 성적인 것은 그 자체로는 만족스러울 수 있지만, 사랑과 결합될 때 성관계를 통해 의미, 가치, 성취감을 얻을 수 있습니다.

○ 당신이 아무리 원해도 자신이 다른 사람에게 줄 수 있는 것이 없는 사람들에게 사랑을 요구하는 것은 소용이 없습니다.

○ 사랑을 받는 것보다 주는 것이 훨씬 더 쉽다고 생각하면, 당신의 사랑은 불안감에 근거할 가능성이 있습니다. 당신은 당신이 사랑스럽지 않다는 깊게 뿌리내린 감정에 보상을 하고 있습니다.

다음 단계는 무엇인가?

○ 우선순위: 당신이 잘 하고 있는 것이 무엇이든 그것을 더 많이 합니다. 당신에게 효과가 없었으면 그것이 무엇이든 덜 합니다.

○ 당신에게 편안한 방법으로, 다른 사람들에게 더 많은 감사를 표현합니다.

○ 만약 당신이 다른 누군가와 유대감이 형성되고 있다는 걸 느끼면, 애정과 연민으로 그 상황을 격려합니다. 어떤 것도 기대하거나 예측하지 않습니다. 그 유대감이 저절로 발전하도록 합니다.

○ 다른 사람을 판단하지 말고 있는 그대로 그들로 내버려둡니다. 당신이 다른 사람에 반대하는 판단을 하면, 최소한 중립적인 태도를

가져야 합니다. 당신이 아는 모든 사람을 사랑하라는 것이 아닙니다. 그러나 반감의 기미나 사랑을 주지 않는 행위를 멈출 수는 있습니다.

O 조건 없는 사랑을 능가하는 감동적인 글을 읽습니다. 그렇게 하는 것은 여기 이 땅에서 경험했던 영원한 사랑에 대한 당신의 비전을 새롭게 할 것입니다.

O 봉사활동 등을 통해 이타적인 사랑을 발산할 수 있는 방법을 찾아봅니다. 다른 사람의 외로움, 고립감, 가난에 도움의 손을 내미는 것은 조건 없는 사랑을 향한 걸음을 떼는 것입니다.

O 자아 판단의 징후를 알아차리기 시작합니다. 자신을 사랑하려고 애쓸 필요가 없습니다. 그것은 보통 자신의 이미지를 강화하려고 노력하는 자아의 인격일 뿐입니다. 대신 명상 모드로 들어가 자아 판단이 사라지도록 합니다. 그것과 싸울 필요가 없습니다. 그저 듣는 걸 멈추면 됩니다.

오늘의 통찰력

----

chapter 9_삶을 통찰하기 위한 7일의 명상 코스

오늘의 목표

자아 존중감에 대해 확신을 갖고 살기

오늘의 통찰력

자아 존중감은 진심으로 살면서 성취됩니다.

진정한 자아를 바라볼 때, 당신의 삶은 의미를 가집니다.

진정한 자아 안에 있는 모든 가치는 삶의 의미에 또 다른 층을 더합니다.

모든 사람들의 삶의 궁극적인 목적은 완전히 의식적이 되는 것입니다.

완전히 깨어 있을 때, 당신은 모든 진실을 표현합니다.

삶의 의미는 현재에 그리고 당신이 그것에 어떻게 반응하는지에 있습니다.

순수한 의식은 무한한 가능성의 저장고, 목적과 의미의 원천입니다.

당신이 존재하는 한, 당신의 삶은 의미를 갖습니다. 완전한 의식은 모든 세포를 통해 흐르고 있습니다. 전 우주가 현재의 순간을 가능하게 만들기 위해 공모하고 있습니다. 진정한 자아의 단계에서 이 개념들의 진실은 매우 분명합니다. 자신이 얼마나 가치 있는 사람인지에 대해서는 착각을 할 수 없습니다. 삶은 단순히 인식하고 있는 것을 통해 모든 개인에게서 목적을 발견합니다. 그러나 의식이 제한적일 때, 자아 존중감에 대해 의심하게 되고, 자아의 인격은 진정한 자아와 단절된 상태에 놓입니다.

그러므로 그것이 가치가 있는지 항상 의심합니다. 자아로 사는 것은 당신이 정말 중요한지에 대해 의문을 갖는 것입니다.

완전한 명상에서 내면의 고요함과 침묵의 상태는 스스로를 정당화합니다. 그것을 위해 일을 할 필요가 없습니다. 명상 모드 밖에서도 같은 원리가 적용됩니다. 깨닫기만 해도 당신의 존재는 이 세상에 태어난 이후 매 순간 의미가 있습니다. 깨달음이 관건입니다. 자신이 얼마나 가치 있는지를 보고 느껴야 합니다. 대부분 사람들은 그걸 검증하기 위해 엉뚱한 장소를 찾으려 합니다. 그들은 자아 존중감을 느끼기 전에 외부에서 승인을 구하고 있습니다. 그리고 승인이 비판으로 바뀌면 엄청난 충격을 받습니다. 타인의 승인과 비판에 얽매이면 지속적이면서도 흔들리지 않는 자기 존중감을 성취할 수 없습니다.

가치 있다고 느끼는 자아 인격의 능력은 불안하고 일시적인 것입니다. 전형적으로, '나'는 가치가 있다는 걸 증명하기 위해 돈, 소유물, 직위와 같은 외부적인 것을 쳐다보지만, 그것들은 겉모습에 불과합니다. 자아가 진정으로 가치 있다고 느끼는 유일한 순간은 그것이 진정한 자아의 가치와 연결되었을 때입니다. 모든 사람들은 때때로 이 연결고리를 경험합니다. 이 연결고리는 진정한 자아가 우리와 소통하기 위해 항상 노력하고 있다는 것을 보여줍니다.

그것이 우리가 다정하고 싶은 충동, 자신을 의심하지 않는 것, 감사하는 마음을 보여주고 싶은 욕망, 완전한 행복감을 느끼는 이유입니다. "나로 충분해"는 가장 근본적인 태도입니다. 일단 완전히 깨어났을 때 생기는 연결고리를 영구적으로 만듦으로써 자신이 독특한 위치에 있다는 것을 발견하게 됩니다. 당신의 삶은 자아가 성취하려고 노력하는 모든 것을 자기 중요성을 통해 표현합니다. 하지만 실제로는 당신은 겸손하고 이타적이라고 느낍니다. 그 진실을 세상으로 발산하면서 당신은 더 고양된 의식의 도구가 될 수 있습니다.

중요한 3가지 질문

오늘 당신은 3가지 중요한 질문을 곰곰이 생각하면서 흔들리지 않는 자기 가치와 의미에 더 가까워질 수 있습니다. 한 가지 질문을 선택하는 것이 아마도 가장 효과적일 겁니다. 자신에게 큰 소리를 내며 다가오는 문제들에 먼저 관심을 두어야 합니다.

내가 잘 하고 있는 것은 무엇인가?

O 당신에게 목적의식을 주는 어떤 조치도 옳습니다. 명상 모드로 들어가서, 매우 간단하지만 아주 중요한 어떤 것, 즉 자아감을 경험합니다. 당신이 무엇을 생각하고, 말하고, 느끼고, 하든 당신의 자

아에 대한 감각은 조용히 지켜보고 결코 변하지 않습니다.

○ 당신 그대로의 모습을 즐깁니다. 여기 있는 것이 얼마나 좋은지 느껴봅니다. '나는'은 진정한 자아의 근본입니다.

○ 모든 것에서, 즉 당신의 느낌과 일은 물론이고 가정 내의 역할에서도 자립을 목표로 합니다. 이것들은 당신만의 것입니다. 그것들을 감사하게 생각하고 가치를 부여합니다.

○ 다른 사람들이 당신을 칭찬하고, 당신에게 고마움을 표현하도록 합니다. 사랑과 칭찬을 받는 것이 힘들 수도 있습니다. 하지만 그것들이 당신 내면의 가치를 반영합니다.

○ 당신에게 정말로 의미가 있는 프로젝트를 맡습니다. 자아의 중요성은 세상으로 나가서 자신을 표현할 필요가 있습니다. 당신이 얼마나 위대할 수 있는지, 혹은 당신이 얼마나 하찮은지에 대해서 묵묵히 생각하는 것은 자아에 의해 만들어진 가짜입니다. 의미 있는 프로젝트에 몰입할 때, 내면의 가치가 확장되고 진화할 수 있습니다.

○ 자신에 대해 겸손하다는 것은 이런 감정이 진정한 자아에서 나왔음을 나타내는 거대한 자긍심의 표식입니다.

○ 원칙은 당신이 자신을 존중하는 것처럼 다른 사람을 존중하는 것입니다. 이것이 진정한 자아의 자연스러운 태도인데, 모든 사람에게 진정한 자아는 평등하기 때문입니다.

내가 잘못하고 있는 것은 무엇인가?

○ 당신을 작고 하찮게 느끼게 만드는 어떤 조치라도 당신에게는 효과가 없습니다.

○ 강하고 성취감을 느끼는 사람을 가까이하는 건 좋은 경험이 될 수 있지만, 당신의 자부심에 도움이 되지는 않습니다. 대부분의 경우 당신은 자신의 빈자리를 채우려고만 할 것입니다. 그 강한 사람을 떠나보내면, 그 빈자리는 이전과 마찬가지로 비어 있을 것입니다.

○ 다른 사람을 더 작게 보이도록 함으로써 자신을 크게 보이게 하는 건 효과가 없습니다. 당신은 아무도 설득하지 못할 것이고, 당신의 행동은 분노를 만들어낼 것입니다. 누군가를 당신보다 열등하게 만드는 건 당신 자신이 불안하기 때문입니다.

○ 자아상은 진정한 자아와 같지 않습니다. 당신의 자아상을 다듬어 나가면 진정한 자아에서 단절되고 자아의 인격만을 만족시킬 뿐입니다. 자아는 스스로 수치스러워하고 다른 사람에게 보이고 싶지 않은 않는 것을 숨기면서 자신이 이익을 보고 있다고 생각합니다. 그러나 더 큰 손실은 자아상이 어떤 나약함이나 상처를 치유할 수 있는 진정한 자아를 숨긴다는 것입니다.

○ 다른 사람 눈에 중요하게 보이려고 노력하는 건 효과가 없습니다. 그들은 공정하든 그렇지 않든 항상 당신에 대해 사적인 의견을 갖게 될 겁니다. 다른 사람들이 당신을 훌륭하다고 여기든 그렇지 않든 상관하지 않습니다. 그건 당신의 일이 아닙니다.

다음 단계는 무엇인가?

○ 당신이 잘 하고 있는 것이 무엇이든 그것을 더 많이 합니다. 당신에게 효과가 없었으면 그것이 무엇이든 덜 합니다.

○ 당신에게 편하고 쉬운 방법으로, 잘난 체하지 않고 겸손하게 행동합니다. 진정한 자아의 수준에서 순수한 의식은 당신을 당신의 자아가 아닌, 있는 그대로의 당신으로 만듭니다.

○ 당신이 최고의 수준으로 존재하는 것이 당신이 할 수 있는 최고의 것을 하는 것보다 중요합니다. 물론 최선을 다하는 것은 바람직하지만, 의식의 상태를 의미하는 당신의 존재가 당신이 앞으로 하게 될 모든 것을 뛰어넘어 자아의 가치를 결정합니다.

○ 당신의 근원이 준 모든 선물에 감사하는 마음을 갖습니다. 어느 누구의 자아도 자신이 삶에서 소중하게 여기는 것을 창조하지 못합니다.

○ 만약 당신이 '나'라는 단어를 매우 자주 반복하고 있다는 것을 발견한다면, 명상 모드로 들어가서 실제의 당신과 다시 연결합니다. 당신의 진정한 본성은 이타적입니다.

오늘의 통찰력

오늘의 목표
당신의 삶을 발견의 여정으로 만들기

오늘의 통찰력
호기심을 따라가는 한, 당신은 결코 늙지 않을 것입니다.
부활은 인생의 영원한 비밀입니다.
당신이 주목하는 모든 것은 수수께끼를 갖고 있습니다.
세계를 탐험할 때, 당신은 실제로는 자신을 탐험하는 중입니다.
모든 새로운 발견은 또한 자기 발견입니다.
의식은 그 본질상 창조적이고 호기심이 많습니다.
창조적인 삶을 살기 위해서는 변화에 매료되어야 합니다.
매 순간이 당신을 새로운 발견의 문턱으로 데려갑니다.

　　우리는 태어나는 순간부터 창조적인 삶을 할당받았습니다. 그 과제는 본질적으로 알고 이해하는 것을 갈망하는 의식에서 비롯된 것입니다. 이것이 아이들이 세상에 그렇게도 매료되는 이유입니다. 그들은 새로운 것을 알아가는 경이로움에 빠져 있습니다. 삶은 우리에게 보여줄 새로운 것을 절대로 고갈시키지 않습니다. 당신이 주의를 기울이는 것이라면 무엇이든 당신이 예전에는 결코 알지 못했던 것을 드러낼 수 있습니다. 그러나 당신이 관심을 기울이는 걸 멈춘다면 경이로움은 사라지고 삶은 예측 가능하고 일상적인 것이 됩니다.

당신은 변화를 두려워하나요, 아니면 그것에 매료되어 있나요? 변화에 저항하는 사람들은 남몰래 변화를 두려워합니다 (몰래가 아닐 수도 있습니다). 사람들은 삶을 가능한 한 일상적이고 예측 가능하게 만드는 것이 안전이라고 생각합니다. 하지만 삶은 언제나 변하기 때문에 이 전략은 현실에 직면할 수밖에 없습니다. 하루하루가 새로운 세계입니다. 이 사실을 깨닫고 받아들이지 않으면 제한된 의식 안에서 더 많이 지루해하고 자신의 삶에 싫증을 느끼며 살게 될 겁니다.

당신의 진정한 자아는 발견의 여정으로 삶을 바라봅니다. 그것은 매일매일을 새롭게 만드는 모든 가능성을 탐구하고 싶어 합니다. 여기에는 비밀이 없습니다. 진정한 자아는 그저 당신이 태어날 때부터 가지고 있던 호기심과 경이로움을 표현하고 있습니다. 깨어 있는 것은 예측할 수 없는 상태입니다. 의식은 매 순간 창조성을 발산할 수단을 추구하기 때문입니다.

텔레비전이나 소셜미디어를 통해 우리는 7일간 24시간 내내 뉴스를 볼 수 있습니다. 다른 사람들에게 무슨 일이 일어나고 있는지 듣고 싶어 견딜 수 없지만, 어쨌든 우리는 자신에 대한 뉴스에 채널을 맞추지는 않습니다. 자아의 인격은 내면을 너무 깊숙이 들여다보는 걸 두려워하고, 혹시 발견하게 될지도 모를 것에 대해 걱정합니다. 진정한 자아를 발견하는 걸 회피하기 위해 자아는 과거에 기반한 이야기를 들려주고 있습니다. '나'는 옛 추억으로 구성되어 있습니다. 어제와 같은 이야기를 반복하기 위해 침대에서 일어난다면 그것은 그저 오래된 와인을 새 병에 담는 것일 뿐입니다.

진정으로 갱생하기 위해서는 출발의 장소가 명상 모드에 있어야 합니다. 진정한 자아와 연결될 때, 모든 자각이 신선하고 새롭게 느껴집니다. 진정한 자아는 현재의 순간에 살아 있으며, 현재의 순간이야말로 발견이 일어나는 유일한 장소입니다. 영원한 지금이 영원한 당신입니다. 그것이 누구라도 할 수 있는 가장 중요한 발견입니다.

중요한 3가지 질문

오늘 당신은 3가지 중요한 질문을 곰곰이 생각하면서 자신을 새롭게 만들 수 있습니다. 한 가지 질문을 선택하는 것이 아마도 가장 효과적일 겁니다. 자신에게 큰 소리를 내며 다가오는 문제들에 먼저 관심을 두어야 합니다.

내가 잘 하고 있는 것은 무엇인가?

○ 당신의 호기심을 따르는 어떤 조치도 옳습니다. 명상 모드로 들어가며, 당신은 침묵 속에서 마음을 상쾌하게 합니다. 오직 신선하고 새로운 마음만이 신선하고 새로운 자각을 가질 수 있습니다. 이것이 모든 발견이 시작되는 방법입니다.

○ 선입견이나 판단 없이 당신이 만나는 모든 사람들에게 열려 있도록 합니다. 당신이 일단 의식을 열면, 그들은 당신이 자신에게 매혹적인 것만큼 매혹당하게 됩니다.

○ 주의를 기울이는 습관을 갖도록 합니다. 삶은 매 순간 새로운 것에 주의를 집중하는 걸 멈출 때만 지루해집니다.

○ 다음의 놀라운 발견을 기다리며, 매 순간 자신 안에 중심을 둡니다. 내면의 침묵이 깨어 있기 때문에, 새로운 무언가가 바로 코앞에 놓여 있다는 것을 끊임없이 의식하고 있습니다.

○ 무언가 정말로 의미 있는 것을 발견할 때, 그것은 완전히 개인적인 것으로 느껴집니다. 당신은 '거기 밖에' 있는 세계에 비추어진 자신을 보고 있습니다. 결국, 모든 사람을 가장 기쁘게 하는 것은 그들 안에서 새로운 것을 발견하는 겁니다. 당신이 보고 있는 것이 갑자기 당신을 놀라게 하거나, 기쁘게 하거나, 매혹시킬 때, 당신은 진정한 자아의 자질들을 드러내는 중입니다.

○ 세상을 탐색하는 것보다 자신을 탐색하는 것이 더 중요합니다. 삶의 모든 진정한 가치, 즉 진실, 아름다움, 의미, 사랑, 연민 또는 다른 정신적 가치 등이 진정한 자아 안에서 기다리고 있습니다.
진정한 자아 안의 가치들과 더 많이 접촉하는 것이 자아를 발견하는 여정을 출발할 때 당신의 목표가 됩니다.

내가 잘못하고 있는 것은 무엇인가?

○ 삶이 지루하고, 일상적이고, 예측 가능하다고 느끼게 하는 어떤

조치도 당신에게 효과가 없습니다.

o 다른 사람들을 당연하게 여기는 것도 효과가 없습니다. 당신은 그들이 새로워질 수 있는 능력을 부인하고 있는 겁니다. 새로워지는 능력이야말로 당신이 자신에게 원하고 있는 것입니다.

o 더 이상 어떤 것에도 흥미가 없거나 어떤 것도 당신을 흥분시키지 못한다면, 당신은 자아의 인격 단계에서 살고 있는 것입니다. 일상 속에 빠져들었는데, 상황이나 사물이 똑같이 유지된다는 건 자아의 주된 방어 메커니즘이 작동하기 때문입니다. 이것은 예측 가능한 삶을 통제하고 있다는 잘못된 감각을 '나'에게 줍니다. 현실에서 자아는 매우 제한된 존재로 자리를 잡습니다.

o 변화에 저항하는 것은 결국 아무런 효과를 가져오지 못합니다. 자아의 불안과 공포를 강화할 뿐입니다. 현실은 영원한 변화의 과정에 있습니다. 이 사실을 받아들이면, 걱정 없이 변화를 수용하기 시작할 수 있습니다. 이 사실에 저항하면, 변화는 불안감을 만들어내는 걸 멈추지 않을 것입니다.

o 변하는 걸 원하지 않는 사람들에게 굴복하는 건 효과가 없습니다. 다른 누군가가 당신이 난처한 상황에 놓이기를 바랄 수도 있겠지만, 당신을 그런 상황에 놓게 할 수 있는 사람은 오직 당신 자신뿐입니다. 지쳤을 때 당신은 상자 안에 갇혔다는 걸 알게 됩니다. 함께 가고, 어울리고, 다른 사람의 인정을 받고, 사회적 관습에 복종하고 싶을 때, 자신에게 싫증을 느끼게 됩니다.

다음 단계는 무엇인가?

○ 우선순위: 당신이 잘 하고 있는 것이 무엇이든 그것을 더 많이 합니다. 당신에게 효과가 없으면 그것이 무엇이든 덜 합니다.

○ 당신에게 편안한 방법으로 새로 알게 된 사람들과의 경험에 더 열린 자세로 대합니다.

○ 모든 인간관계에서 새로운 것을 발견합니다. 새로운 관심이 생기지 않는 것은 다른 사람이 변해서입니다. 그것을 알아차리고 주의를 기울일 때 관심이 생깁니다.

○ 반복되는 성향은 그냥 어깨를 한 번 으쓱하고는 무시합니다. 똑같은 낡은 생각, 똑같이 낡은 태도, 똑같이 오래된 선택은 똑같은 것, 잠드는 것의 증상입니다.

○ 삶의 빛을 즐기는 시간을 가져봅니다. 그것은 어린이, 예술, 음악, 자연의 경이로움, 순수한 의식의 빛, 그리고 존재의 가벼움에서 나타납니다.

오늘의 통찰력

오늘의 목표

소중한 영적 가치를 발산하기

오늘의 통찰력

모든 사람들의 더 높은 목표는 완전히 깨어나는 것입니다.

더 고양된 의식과 영성은 같습니다.

단절되어 산다는 것은 깨어나야 할 환상입니다.

순수한 의식에 대한 연관성은 항상 존재합니다.

진정한 자아는 신성한 존재를 발산합니다.

당신의 가장 큰 목표는 당신이 무엇을 하느냐가 아니라 당신이 누구냐에 달려 있습니다.

당신의 존재 바로 그 안에서 무한한 가치를 지닌 사람입니다.

모든 영적 성취는 깨어나기를 기다리는 진정한 자아에서 발견됩니다.

당신의 진정한 자아는 당신이 경험하기를 열망하는 모든 정신적 가치를 발산합니다. 깨어났을 때, 노력을 기울이지 않고도 사랑, 연민, 자비, 공감, 용서의 동일한 가치를 발산합니다. 이미 당신은 자신 안에서 이런 가치들을 짧게 경험했습니다. 완전한 명상을 실천함으로써 이런 짧은 경험을 더 깊고 더 빈번하게 만들면서 그것을 확장합니다.

현대 생활에서 많은 사람들이 끔찍한 딜레마에 직면해서 좌절합니다. 그 딜레마란 영성을 갈망하지만, 영적인 삶으로 이끄는 것에서 차단되었다고 느끼는 것입니다. 체계적인 종교가 여러 면에서 만족감을 주지 못하면서, 영성은 사람들에게 커다란 희망과 내면의 여행에 대한 불확실성을 채워주는 외로운 모험이 되었습니다. 게다가 모든 사람들이 바쁘고 정신없이 생활하며 이 생활의 요구사항과 복잡함 때문에, '영적으로 될' 시간을 찾기가 어렵습니다.

이 딜레마에 대한 대답은 영적 핵심, 즉 완전한 명상을 통해 펼쳐지는 의식의 상태를 항상 유지하는 것입니다. 세속적인 것과 영적인 것 사이에 실질적인 분리는 없습니다. 비록 수세기 동안 체계화된 종교가 우리를 그런 분열을 존중하는 습관에 빠지게 하고, 심지어는 세속적인 존재를 신과 헌신에 반대되는 존재로 비난하기까지 했습니다. 그러나 모든 것은 의식 속에서 일어납니다. 가족을 부양하고, 일을 하러 가고, 식료품을 사는 하나의 의식이 있고, 기도를 하고 헌신을 실천하는 또 다른 의식이 있는 게 아닙니다.

진정한 자아는 가장 소중한 인간의 가치를 표현합니다. 진정한 자아의 관점에서 보면 사랑은 사랑이고, 헌신은 헌신입니다.

이런 식으로 보면, 사람들이 경험하기를 열망하는 영적인 가치는 일상생활 속에 매끈하게 엮여 있으며, 단지 깨어 있음으로써 접근할 수 있습니다. 더 깨어 있을수록, 정신을 더 많이 발산하게 될 것입니다. 진정한 자아는 당신이 하는 모든 일을 통해 빛을 내는데, 중요한 부분은 행동이 아닙니다. 중요한 부분은 존재입니다. 당신이 실제로 누구인가가 가장 경건한 생각과 행동보다도 더 많은 영적 가치를 갖고 있습니다. 진정한 자아가 당신에게 주는 것은 존재감입니다. 우리는 그것을 신성한 존재라고 부를 수 있지만, 나는 순수한 존재는 현존하는 것이라고 생각합니다. 하느님과 순수한 존재는 둘 다 절대적이고, 무한하고, 모든 것을 알며, 모든 힘을 다하고 있습니다. 그들은 창조의 원천에 대한 그저 다른 이름일 뿐입니다.

당신의 근원에 더 가까울수록, 창조의 근원에 더 가까워집니다. 그 둘은 같습니다. 이 사실은 당신의 존재에 무한한 가치를 줍니다. 당신은 진정한 자아를 성자와 성인과 공유합니다. 일단 당신이 이것을 사실로 수용하면, 영적인 여행은 더 이상 좌절감을 주거나 멀리 떨어져 있지 않습니다. 진정한 자아에 대한 모든 짧은 경험은 당신이 진짜로 누구인지를 말해주기 때문에 당신이 굳이 그것을 발견하기 위해 힘든 여정을 따를 필요가 없습니다.

중요한 3가지 질문

오늘 당신은 중요한 3가지 질문을 곰곰이 생각하면서 당신의 영적 핵심으로 살아갈 수 있습니다. 한 가지 질문을 선택하는 것이 아마도 가장 효과적일 겁니다. 자신에게 큰 소리를 내며 다가오는 문제들에 먼저 관심을 두어야 합니다.

내가 잘 하고 있는 것은 무엇인가?

○ 당신 자신에게 영적 존재감을 느끼게 만드는 어떤 조치도 옳습니다. 명상 모드로 들어가면 당신은 모든 영적인 가치들을 발산할 수 있는 통로를 열게 됩니다.

○ 모든 사람들이 진정한 자아를 공유한다는 것을 받아들이는 것이 옳습니다. 이것은 모든 사람이 사랑, 연민, 용서의 더 고양된 가치를 표현할 수 있는 잠재력을 갖고 있음을 의미합니다. 모든 사람이 깨어 있음을 짧게라도 경험합니다. 비록 이 경험들이 마땅히 받아야 할 만큼의 가치를 지니지 못하더라도 그렇습니다.

○ 진정한 자아를 조금이라도 눈치채고 그 진가를 인정하는 습관을 들이도록 합니다. 당신은 스스로에게 "이것이 진짜 내 모습이야"라고 말하기 위해 잠시 멈추어 휴식을 갖게 될지도 모릅니다.

○ 다른 사람들을 그들의 행동, 기분, 습관, 약점을 통해 규정하는 것은 옳지 않습니다. 모든 사람이 진정한 자아와 단절되는 것 때문에 고통을 받습니다. 다른 사람을 판단하지 않고 당신의 단절된 관계를 치유하는 것에 감사합니다.

○ 가능한 한 마음에서 우러나오는 행동을 합니다. 이것이 당신의 진정한 자아와 다시 연결될 수 있는 가장 확실한 방법입니다. 심장은 상처를 치유하고 수용을 장려하는데, 이것은 우리 모두에게 필요

합니다.

내가 잘못하고 있는 것은 무엇인가?

○ 당신에게 고립감, 외로움, 자신이 하찮다고 느끼게 하는 어떤 조
치라도 당신에게는 효과가 없습니다.

○ 영적으로 되려고 노력하는 건 효과가 없습니다. 애서 노력하지 않
아도 본질상 영적인 진정한 자아를 대신할 수 없습니다.

○ 다른 사람을 가치 없다고 느끼게 하는 것은 효과가 없습니다. 당
신은 그들이 진정한 자아를 가졌다는 걸 부정하고 있는 겁니다. 할
수 있을 때마다 인내하고 용서합니다. 이것은 당신이 자신의 진정
한 자아와 완벽하게 연결되어 있지 않다는 것을 잊지 않아야 더 쉬
워집니다. 모든 사람은 치유될 준비가 되어 있습니다.

○ 무자비하고, 복수심이 강하고, 쉽게 용서하지 않는 신을 숭배하는
것은 효과가 없습니다. 신은 인류를 위한 본보기로 여겨지고 있고,
은혜와 자비가 없다면 이 세상은 지옥이 될 것입니다.

○ 만약 당신이 자신이 정말로 중요하다는 믿음을 잃는다면, 진정한
자아와 단절을 느끼고 있는 것입니다. 당신은 무한한 가치를 지니
고 있으며, 그것을 느끼기 위해 진실과 연결하기만 하면 됩니다.
당신의 영적인 가치에 대한 신뢰를 유지하는 것이 믿음을 가장 잘
활용하는 방법입니다.

다음 단계는 무엇인가?

○ 우선순위: 당신이 잘 하고 있는 것이 무엇이든 그것을 더 많이 합니다. 당신에게 효과가 없었으면 그것이 무엇이든 덜 합니다.

○ 당신 안에 있는 최고의 것으로 자신을 규정해봅니다. 품위를 떨어뜨리는 생각은 거부합니다. "난 네가 필요하지 않아. 이것이 진짜 내 모습이야"라고 말하면서 정말로 그렇게 생각하는 것이 효과가 있습니다.

○ 겸손은 영적인 자질이지만, 자기 비하는 그렇지 않습니다. 그것은 당신이 자신을 반대하는 방향으로 판단하고 있다는 표시입니다. 당신을 초라하거나 가치보다 더 낮게 만드는 어떤 논평이나 농담에도 절대 동참하지 않습니다. 당신은 다른 사람의 비판과 인정을 모두를 초월한다는 것을 알아야 합니다.

○ 편하게 느껴지는 방법으로 당신이 자신을 가치 있게 생각하는 것만큼 다른 사람들도 그들을 가치 있다고 느끼게 합니다.

오늘의 통찰력

당신의 목표
완전한 자유와 행복 안에 존재하기

오늘의 통찰력
진정한 자아는 태어나지도 않고 결코 죽지도 않습니다.
영원하면, 당신은 완전합니다.
무한하면, 당신은 완전합니다.
여기 지금 있는 것만으로도 충분합니다.
이것을 깨달으면 더 이상 추구해야 할 것이 없습니다.
순수한 의식은 완전하며 당신은 순수한 의식입니다.
빛과 어둠, 선과 악을 초월하여 모든 반대되는 것들이 녹아 없어
집니다.
그러면 당신의 존재는 순수한 행복입니다.
온전한 전체 속에서 당신은 자유롭습니다.
거기에는 당신을 반대하는 것도 없고 당신이 반대해야 할 것도
없기 때문입니다.

　　당신은 많은 것들을 위해 노력할 수 있고, 삶은 모든 종류
의 성취로 가득합니다. 당신이 노력할 수 없는 것이 한 가지 있다
면 그건 온전함입니다. 당신은 온전하거나 그렇지 않거나 둘 중

하나입니다. 온전함은 당신이 지금까지 했거나 앞으로 하게 될 어떤 것으로 측정되지 않습니다. 온전함은 당신이 깨닫는 것입니다. 그것은 마치 영적 거울을 들여다보고 당신에게 반사된 진실을 보는 것과 같습니다.

완전히 깨어날 때까지 온전함을 상상하기는 어렵습니다. 우리는 모두 분리되어 살도록 훈련을 받았습니다. 우리는 우리의 경험을 선과 악, '너'와 '나', 좋아하고 싫어하는 온갖 종류의 것들처럼 서로 대립되는 쌍으로 나눕니다.

X를 받아들이고 Y를 거부하는 지속적인 활동은 끊임없이 자아의 인격을 차지하고 있습니다. '나'를 우리가 받아들이고 거부하는 모든 것들이 뒤죽박죽 섞여 있는 것으로 규정하는 것 외에 다른 선택이 없어 보입니다. 자아의 인격과 자신을 동일시하는 한 당신의 정체성은 그런 식으로 고정될 것입니다.

그러나 대안이 있습니다. 그저 '괜찮다'라고 단순하게 표현하는 겁니다. '괜찮다' 안에는 자유가 숨겨져 있습니다. 모든 것이 괜찮다면, 투쟁, 저항, 두려움, 한계가 끝날 수 있어야 합니다. 그런 것들은 오직 자아의 인격이 어떤 것들을 괜찮지 않다고 보기 때문에 존재합니다. 자신을 '나'와 동일시하는 한 모든 것이 괜찮다는 건 불가능하고, 우리 모두가 '나'와 동일시하기 때문에 다른 관점에 도달하는 건 거의 불가능하거나 적어도 혼란스러울 겁니다.

'괜찮다'는 건강한 몸의 자연스러운 상태입니다. 모든 세포가 서로 연결되어 있고, 모든 내부의 과정이 하나의 전체로 맞물려 있는 상태입니다. 이런 온전한 전체를 남아 있는 나머지 삶으로 옮기는 것이 왜 그렇게 힘들까요? 인간의 본성이나 세상의 한심한 상태를 탓하는 게 아닙니다. 둘 다 분리에만 맞추어진 의식의 상태를 반영합니다. 세상은 반대되는 것의 충돌로 진행됩니다. 우리가 자신의 삶을 이런 식으로 접근하기 때문입니다.

나는 독자들이 '괜찮다'에 본능적으로 반대하며 반응하게 될 거라는 걸 깨달았습니다. 우리 모두 분리 상태를 헤쳐나가도록 훈련되어 있기 때문입니다. 우리는 나쁜 것을 보면 그것을 바로잡기를 원합니다. 좋은 것을 보면 그것을 격려하고 싶어집니다. 그렇게 사는 것이 옳은 것처럼 보이지만, 깨어남의 전체 시점이 다르고 내적인 변화를 요구합니다.

온전함은 신체에 자연스러운 것만큼 마음에도 자연스러운 상태입니다. 몸마음은 하나이기 때문입니다. 몸마음의 어느 한 측면이 불균형을 이룰 때 스스로 균형을 찾아갑니다. 약간의 불균형이 제자리에 고착되어 있기 때문에 온전함으로 돌아가는 건 시간이 걸립니다. 그러나 온전함으로 돌아가는 과정은 언제나 우리와 함께 합니다. 자아의 인격 외에는 아무것도 불균형을 악화하거나 영구적으로 만들 수 없습니다.

온전함의 특징이 당신 안에 존재합니다. 당신은 자유, 차분함, 고요함, 행복의 순간들에서 온전함을 봅니다. 행복이 특히 눈에 띄는 이유는 다른 징후들이 수동적이기 때문입니다. 고요하고 차분하다는 것은 소동이 없는 상태입니다. 행복은 활기찬 경험입니다. 우리의 진정한 목표는 영원하고 변하지 않는 행복입니다. 진정한 자아는 이미 그것을 느끼고 있으며, 깨어나면서 당신은 진정한 자아와 합쳐지고, 행복은 결코 빼앗기지 말아야 할 항시적인 것이라고 느낄 겁니다.

중요한 3가지 질문

오늘 당신은 3가지 중요한 문제를 곰곰이 생각하며 당신의 행복으로 살아갑니다. 한 가지 질문을 선택하는 것이 아마도 가장 효과적일 겁니다. 자신에게 큰 소리를 내며 다가오는 문제들에 먼저 관심을 두어야 합니다.

내가 잘 하고 있는 것은 무엇인가?

○ 당신을 행복하게 느끼게 하는 어떤 조치도 옳습니다. 명상 모드로 들어가는 것이 그것을 마음대로 할 수 있도록 합니다.

당신은 조용히 앉아서 과거에 즐거웠던 순간과 기뻤던 순간을 회상하며 행복의 경험을 촉발할 수 있습니다. 당신은 심리학자들이 "부당한 행복"이라고 부르는 것을 유도하는 중입니다. 즉 당신이 행복을 실현하고 있다는 것을 의미합니다. 당신도 모르고 있지만, 이것은 항상 진실입니다. 행복은 의식 안에서 일어납니다. 다른 어떤 곳에서 생기지 않습니다.

○ 행복해지려면 내면의 갈등이 없어야 합니다. 내면의 갈등은 저항

하거나 타인에게서 저항감을 느끼거나 케케묵은 불만을 숨기면서
자신에 대한 의심과 엇갈린 감정의 형태를 취합니다. 이러한 징후
들이 나타날 때를 의식합니다. 그리고 그들을 사라지게 하겠다는
의도를 분명히 합니다. 그것들에 연연하지 않습니다. 당신이 느끼
게 될 수도 있는 어떤 원한도 품지 말아야 합니다.

o 폭넓게 감싸안는 습관을 키웁니다. 온전함은 거절의 장벽을 세우
  지 않고, 진정한 자아도 마찬가지입니다.

o 행복을 쫓는 자신만의 방식을 만들어냅니다. 온전함으로 가는 길
  은 거기에 있습니다. 하루에 여러 번 시간을 내면 더 좋지만, 그렇
  지 못하더라도 매일 시간을 내어 자신의 행복감을 새롭게 합니다.

내가 잘못하고 있는 것은 무엇인가?

o 내면에서 갈등을 느끼게 하는 조치는 당신에게 효과가 없습니다.

o 당신은 우리 대對 그들이라는 생각을 하면서 갈등을 부추기고 있
  습니다.

o 만약 당신이 세계에 맞서는 사람이라고 믿는다면 갈등에 휩싸일
  것입니다.

o 행복은 다른 사람을 위한 것이라고 믿는 것은 효과가 없습니다.
  행복은 '난 괜찮아'라는 느낌의 자연스러운 결과입니다. 당신의 불
  행의 근본 원인은 자아 판단에 놓여 있습니다.

o 쓴맛을 단맛과 함께 기대하는 것은 인생에서도 단맛만큼이나 자
  주 쓴맛이 나기를 기대한다는 징후입니다. 진정한 자아에는 쓴맛

이 없는데, 쓴맛은 과거의 후회와 회한에서 생겨나기 때문입니다. 삶의 어려움 속에서도 의식의 본질이 행복이라는 사실을 잊어서는 안 됩니다. 사과 한 개가 너무 시다고 해서 모든 사과를 버려서는 안 됩니다.

다음 단계는 무엇인가?

○ 우선순위: 당신이 잘 하고 있는 것이 무엇이든 그것을 더 많이 합니다. 당신에게 효과가 없었으면 그것이 무엇이든 덜 합니다.

○ 목표를 가능한 한 가장 높은 것, 즉 자유와 행복으로 규정합니다. 자신에게 부과한 한계를 넘어설 때마다 자신에게 축하합니다.

○ 어떤 상황도 승자와 패자, 우리 대 그들과 같은 분열의 형태로 바꾸지 않고 그 상황을 생각하도록 최선을 다합니다. 모든 분열은 당신 내부에서 일어나고 당신 내부에서 사라집니다.

○ 황홀함과 자유의 영감을 주는 문학에 빠져봅니다. 원할 때마다 행복을 증가시키는 수단으로 그만큼 강력한 것은 없습니다.

오늘의 통찰력

chapter 10

침묵을 진동시키는 52개의 만트라

이 장에서 52개의 만트라를 살펴볼 것입니다. 52개의 만트라들은 만트라 명상에서는 1년 과정으로 활용되거나 또는 한 번에 하나씩 선택해서 내면 생활을 풍요롭게 하는 데 활용되고 있습니다. 우선 만트라의 가치를 먼저 살펴보겠습니다.

침묵을 이용하는 최고의 방법은 무엇일까요? 이 질문은 수천 년 전에 침묵하는 마음이 존재한다는 것이 처음 발견되었을 때 제기되었습니다. 앞에서도 언급했듯이, 침묵은 유용하거나 쓸모없거나 둘 중 하나입니다. 그것 자체로는 특별한 가치를 갖지 않습니다. 마음이 단지 끊임없는 활동을 멈추는 겁니다. 그러나 일단 침묵이 고대 역사 어딘가에서 발견되자, 두 번째 발견이 이루어졌습니다. 즉 침묵은 정지 그 이상이라는 사실입니다. 그것은 높은 자각의 상태이고, 이 상태에서 우리는 특별히 창조적인 기회를 갖게 됩니다.

사실상 우리는 눈에 보이지 않는 침묵으로부터 무엇이라

도 만들어낼 수 있습니다. 우리는 이미 생각과 감정을 창조하는데 이 능력을 사용해왔습니다. 사소한 것이든 지구가 흔들릴 정도의 것이든 모든 생각은 침묵에서 나옵니다. 당연히 우리는 최고의 것이 나타나기를 원합니다. 당신의 생각이 더 창조적이고 삶을 더 잘 지탱해줄수록, 당신은 더 잘 살게 될 것입니다.

전체 진동과학(산스크리트어로 '음성 소리'라는 의미의 '사브다 Shabda'로 알려져 있습니다)은 내면의 침묵을 특별히 풍부하게 하기 위해 인도에서 생겨났습니다. 이 과학의 특징은 만트라로, 이 단어는 진동의 이치 때문에 명상에서 사용되었습니다. 여기서 진동이라는 단어는 우리가 흔히 생각하는 소리 진동과는 완전히 다릅니다. 이 용어는 양자물리학에 훨씬 더 가까우며, 모든 물질과 에너지를 양자장 내의 진동이나 파동으로 축소합니다. 고양이가 고양이이기 전에 그것은 원자로 만들어졌습니다. 원자는 원자보다 작은 입자로 이루어져 있고, 이 입자들은 눈에 보이지 않는 파동 또는 진동으로 양자장 안으로 사라집니다.

이것으로부터 우리는 진동이 창조적이라는 것을 알 수 있습니다. 그리고 이 진동이 바로 사랑, 평온, 연민, 공감, 창조성 그리고 그 밖의 많은 것들, 즉 의식의 가치를 한 사람의 자각 속으로 가져가는 침묵의 특질을 창조하기 위한 만트라의 목적입니다. 침묵을 진동시키면서 만트라는 외부 삶에서 일어난 많은 결과로 한 사람의 내면을 풍요롭게 합니다.

만트라를 활용하는 방법

각각의 만트라를 두 가지 형태로 소개하려 합니다. 산스크리트어로 조용히 반복하기 위한 정신의 소리, 그리고 만트라의 효과라고 여겨지는 것의 확언, 이렇게 두 가지 형태입니다. 어떤 만트라는 '옴Om'처럼 한 음절로 아주 간단해서 조용히 반복하기에 편합니다. 그러나 어떤 것들은 다섯 개 혹은 그 이상의 음절로 되어 있습니다. 긴 만트라가 기억하기 어렵다면, 만트라 대신 확언 쪽을 편하게 이용해도 됩니다.

총 52개의 만트라가 있기 때문에, 1년 동안 일주일에 한 개씩을 이용하며 체계적으로 전체를 살펴볼 수 있습니다. 하지만 어떤 사람들은 무작위적으로 만트라를 펼쳐서 어떤 만트라가 나오든 그것을 이용하는 걸 더 선호하기도 합니다.

만트라를 이용하는 건 아주 간단합니다.

1. 이용하고 싶은 만트라를 정합니다.
2. 눈을 감고 그 만트라를 5분에서 10분 동안 명상합니다. 괄호 안에 정확한 발음을 적어놓았습니다.
3. 만트라와 함께 제시된 확언을 보고 만트라의 유익한 효과와 당신 자신을 나란히 맞추기 위해 그것에 대해 생각합니다.

리듬을 만들기 위해 속으로 만트라를 암송할 필요는 없습니다. 그저 만트라가 사라졌다는 걸 알아차릴 때마다 만트라를 말합니다. 당신이 할 수 있는 한 많이 반복하려고 애쓰지 않습니다. 그렇게 하는 건 효과가 없습니다.

전체 과정이 편안하고 쉬워야 합니다. 단지 그 만트라를 마음에 떠오르는 다른 단어들처럼 내버려둡니다. 당신의 의식 속으로 스스로 알아서 들어오고 나가도록 합니다. 당신에게 편하게 느껴지는 것이라면 무엇이든 열정적으로 작동할 겁니다. 만트라 명상을 하는 데 잘못된 방법은 없습니다.

만트라 명상으로 들어가기

만트라는 산스크리트어로 기본적인 소리이며, 영적인 성장을 촉진하기 위한 에너지와 의도를 담고 있습니다. 그것들은 영적인 변화의 자연스러운 과정을 뒷받침하는 깨어남을 위한 도구입니다. 여기에는 순수한 의식의 고유한 지성이 작동하고 있습니다. 이 책에서 배운 것처럼, 당신의 마음은 무한한 자각인 침묵 속에서 그 근원으로 가고 싶어 합니다. 만트라 명상은 더 오랜 시간 동안 명상 모드를 유지하는 데 도움이 됩니다.

당신은 아마도 사람들이 하나의 만트라를 자신의 것으로 이용한다는 얘기를 들어본 적이 있을 겁니다. 실제로는 수천 개의 만트라가 있지만, 개인적으로 할당되는 소위 씨앗, '비자bija'

만트라가 시작하기에 편리합니다. '비자'는 씨앗을 뜻하는 산스 크리트어이며, 이 만트라는 순수한 자각의 가장 기본적인 진동 또는 원초적인 소리입니다. 그것들은 생각이나 심지어는 감정보 다도 훨씬 더 근본적인 마음의 단계에 존재하고 작동합니다.

원초적인 소리는 언어가 발달하기 전에 존재하며 자연에 서 기본적인 소리로 여겨지기 때문에, 비자 만트라는 우리가 생 각할 수 있는 어떤 것도 대변하지 않습니다. 그것들은 뚜렷한 의 미를 갖지 않습니다. 오히려 비자 만트라는 우리가 매우 순수한 방법으로 명상할 수 있는 소리와 관련된 의식의 기본적인 주파 수입니다. 이런 이유로 나는 비자 만트라로 시작하려 합니다. 이 만트라들은 한 사람의 삶을 자연의 창조성과 지성에 대한 충동 에 맞추고 있습니다.

이후의 만트라는 좀 더 특별히 응용된 것으로 각각에 대한 설명이 필요합니다. 만트라 명상은 모든 명상 실천 중 가장 광범 위하고 가장 지대한 영향을 가져올 연구 성과를 축적해왔습니 다. 불안감을 완화하고, 혈압을 낮추고, 스트레스를 효과적으로 관리하는 등 만트라를 통해 얻을 수 있는 정신적, 육체적 이점들 이 잘 정리되어 있습니다. 그러므로 이 만트라를 실험해보라고 권하고 싶습니다. 이 만트라들은 완전한 명상의 더 넓은 세계 안 에서 많은 것들을 약속하고 있습니다. 만약 긴 만트라를 말하는 것이 어렵다면 중심이 되는 생각을 명상으로 이용합니다.

2부_깨어 있는 삶을 위한 연습

1. 옴
OM [Ohm]
순수한 의식은 창조의 원천이다.

이 비자 만트라는 특별한 의미를 갖고 있지 않습니다. 이것은 태고의 진동 옴으로 표현되는 모든 것을 포함하는 존재와 연관되어 있습니다. 이것은 창조성 안에서 생성되는 모든 과정을 관통한 의식의 소리 또는 진동입니다.

2. 하림
HRIM [Hreem]
나는 진실이고 기쁨이다.

이 비자 만트라의 소리는 사람의 영적 심장과 연관된 의식의 에너지입니다. 이것은 진실, 힘, 사랑, 팽창, 그리고 행복의 빛을 발산합니다.

3. 칼림
KLIM [Kleem]
나는 사랑과 성취의 힘이다.

이 비자 만트라의 소리는 영원히 창조되고, 영양을 공급하고, 신선하고, 활력을 주고, 끌어당기고, 즐거움을 주는 자각의 흐름입니다. 이것은 사랑뿐 아니라 깨어남의 궁극적인 성취를 위한 심장의 가장 깊은 욕망을 충족시키는 에너지입니다.

4. 슈림

SHRIM [Shreem]
나는 아름답고, 풍성하고, 기쁘다.

이 비자 만트라의 소리는 풍요의 품질, 관대함, 헌신, 즐거움, 아름다움 그리고 기쁨을 표현하는 순수한 의식의 에너지입니다. 이것은 인간 자각에 있어서 양육과 보살핌의 가치를 뒷받침하는 온화한 에너지입니다.

5. 호옴

HUM [Hoom]
나는 변화의 힘이다.

이 비자 만트라의 소리는 자각의 변화력을 표현합니다. 이것은 거짓, 네거티브, 일시적인 것을 정화하고 제거하면서 진실과 영속성을 밝히고 단언하는 영적인 불씨라고 할 수 있습니다.

6. 크림

KRIM [Kreem]
나는 진화의 힘이다.

이 비자 만트라의 소리는 의식의 조직력을 표현합니다. 모든 세포를 작동하게 하고 생각을 질서 있게 만드는 에너지입니다. 같은 에너지는 마음과 몸을 성장하고 진화하는 하나의 전체성으로 통합합니다.

7. 검
GAM [Gum]
나는 온전함과 조화이다.

이 비자 만트라의 소리는 장애물을 해결하고 성공에 이르는 방법으로 인식을 확장합니다. 이 만트라는 닫힘이 있는 곳에서 해결의 단계, 진정한 자아의 단계로 인식을 열어줍니다.

8. 이아임
AIM [I'm]
나는 창조성과 영감이다.

이 비자 만트라의 소리는 영적 이해, 통찰력, 창조적인 영감에 성공을 가져다주는 내면의 인식을 일깨웁니다. 이것은 특히 학습, 교육, 연구, 예술, 음악과 관련된 사람들을 돕습니다.

9. 도움
DUM [Doom]
나는 두려움이 없고 강하다.

이 비자 만트라의 소리는 모성 보호, 격려, 힘, 권능의 에너지를 지원합니다. 어려움을 해결하고 저항을 극복하는 진정한 자아를 대변합니다.

10. 헤엔

HAUM [How'm]

나는 열려 있고, 무한한 의식이다.

이 비자 만트라의 소리는 긍정적이거나 부정적인 경험에 의해서 당신의 근본적인 본성이 조건화되거나, 제한되거나, 정의되지 않는다는 것을 확언합니다. 진정한 자아는 언제나 그리고 모든 상황에서 무한한 가능성의 장으로 남아 있습니다.

11. 이아임 크림 소우

AIM KLIM SAUH [I'm Kleem Sow](암돼지처럼)

내 심장은 온전하고 충만하다.

이 만트라는 한 사람의 진심어린 욕망을 실현하기 위한 소리의 조합입니다. 또한 심장을 새롭게 하면서 스트레스, 불안, 고통, 슬픔의 오랜 문제를 해결합니다.

12. 하림 슈림 칼림

HRIM SHRIM KLEEM [Hreem Shreem Kleem]]

나는 지혜, 사랑, 그리고 관대함이다.

이 만트라의 소리는 당신의 내면의 욕망을 충족시키는 영적 심장의 에너지를 활성화합니다. 이것은 모든 것을 알고 있는 순수한 의식의 자질에 끌립니다.

13. 옴 호옴 잠 세
OM HAUM JUM SAH [Om How'm Joom Sawh]
나는 지혜와 진실의 치유 빛으로 채워진다.

이 만트라의 소리는 고통과 괴로움을 완화하며, 몸마음에 치유를 가져다줍니다. 이것은 슬픔과 절망의 부정적인 감정을 제거하는 데 도움이 됩니다. 이것은 변하지 않는 진정한 자아에 대한 인식을 발전시키면서 변화의 두려움을 사라지게 합니다.

14. 옴 하림 슈림 디움
OM HRIM SHRIM DIUM [Om Hreem Shreem Doom]
나는 힘 있고, 겁이 없으며, 현명하다.

이 만트라는 힘, 용기, 그리고 지성의 내적 근원을 만들어내는 소리를 모아 당신에게 오는 어떤 도전과도 맞서게 합니다.

15. 람
LAM [Luhm]
나는 안정되었고 안전하다.

람은 척추를 따라 마음속에 그려보는 차크라, 영적 에너지 중심에 집중하는 6개의 차크라 만트라 중 첫 번째입니다. 그 씨앗 소리는 척추 아래에 있는 첫 번째 차크라를 생기 있게 하고, 이것은 삶의 안정과 안전의 근원으로 우리를 연결합니다. 이것은 우리가 지구에 안전하게 뿌리를 내리도록 하는데, 물리적 존재를 나타냅니다.

16. 밤
VAM [Vuhm]
나는 완전하고 만족한다.

이 만트라의 씨앗 소리는 골반 부위에 위치한 두 번째 차크라에 생기를 불어넣습니다. 두 번째 차크라는 창조성, 성욕, 욕망, 그리고 즐거움과 관련된 에너지의 중심입니다.

17. 람
RAM [Ruhm]
나는 자신감과 힘이다.

이 만트라는 명치 부위에 있는 세 번째 차크라를 위한 씨앗 소리입니다. 이것은 힘과 자아 존중감의 근원에 우리를 연결시킵니다. 당신은 진정한 자아의 단계에서 신뢰와 자신감을 얻게 됩니다.

18. 얌
YAM [Yuhm]
나는 사랑이고 기쁨이다.

이 만트라는 네 번째 또는 심장 차크라, 느낌과 감정의 공간에 생기를 불어넣는 씨앗 소리입니다. 당신이 현재의 순간에 살 수 있을 때, 심장 차크라는 사랑과 기쁨을 경험할 수 있도록 열려 있습니다.

19. 헴
HAM [Hum]
나는 진리의 표현이다.

이 만트라는 말과 자기 표현의 중심인 다섯 번째 또는 목구멍, 차크라에 생기를 불어넣는 씨앗 소리입니다. 이 차크라가 열릴 때, 당신의 진실은 당신이 무엇을 말하고 생각하더라도 명확하고 완전하게 표현할 수 있습니다. 당신은 진정한 자아의 영원한 진리와 연결되어 있습니다.

20. 크샤미얌
KSHAM [K'shum]
나는 순수한 앎의 빛이다.

이 만트라는 미간에 위치한 여섯 번째 차크라에 활기를 불어넣습니다. 이 씨앗 소리는 순수한 의식의 무한한 지식과 당신을 연결시킵니다. 이 에너지 중심이 활성화되면, 당신의 생각, 느낌, 그리고 행동은 내면으로부터 힘들이지 않는 흐름으로 인도됩니다.

21. 프라즈남 브라흐마

PRAJNANAM BRAHMA [Pruh-gyaw-num Brah-muh]
의식은 삶의 전부이다.

이것은 의미가 있는 더 긴 만트라입니다. 그것은 존재의 위대한 진리 중 하나입니다. 이 경우 위대한 진실은 모든 것이 의식이라는 점입니다. 산스크리트어로 '모든 것'은 '브라만Brahman', 즉 하나이고 모든 것입니다. 브라만은 궁극적인 현실입니다. 그것은 순수한 의식의 장으로서 당신의 근원이고 창조성의 원천입니다.

22. 아얌 아트마 브라만

AYAM ATMA BRAHMA [Ah-yum Aht-muh Brah-muh]
나의 근원적인 본성은 브라만이다.

이 만트라는 각 개인의 영혼이 창조 또는 브라만의 모든 것과 통합되어 있다고 선언합니다. 당신의 영혼 또는 아트만은 영적으로 당신의 가장 친밀한 부분입니다. 세상에는 분리된 사람들의 거대한 집합이 있지만, 모든 영혼은 실제로는 온전함의 표현입니다. 이것은 모든 사람들에게 동등한 영적 가치를 주는데, 영적 가치는 무한합니다.

23. 탓 타봔 시

TAT TVAN SHI [Tuht Tvum Ah-see]
나는 모든 사람과 모든 것에서 순수한 의식을 본다.

이 만트라는 '너는 거기 있다'를 의미합니다. '거기'는 우리의 영적 본질을 가리킵니다. 그것을 진정한 자아, 순수한 의식, 혹은 존재라고 부르면서 우리는 같은 본질을 공유합니다. 이 만트라의 소리는 모든 사람에게 동등하게 존재와 본질을 볼 수 있는 능력을 일깨워줍니다. 판단이 완전히 부재한 상태가 되며, 동시에 당신은 모든 사람에게서 진정한 자아의 단계에 무한한 행복이 있음을 보게 됩니다.

24. 에함 브라마스미

AHAM BRAHMASMI [Uh-hum Brah-mah-smee]
나는 브라만이다.

이 만트라는 '나'(당신의 진정한 자아)가 창조성 또는 브라만 안에 있는 모든 것을 포용한다는 걸 의미합니다. 이렇게 선언하면서 당신은 자신의 영적 온전함을 확언합니다. 당신은 당신의 본질이며 정수인 순수한 의식의 빛을 쬐게 됩니다.

25. 에캄 에바 드비티얌 브라마

EKAM EVA DVITIYAM BRAHMA

[Eh-kuhm Eh-vuh Dvee-tee-yum Brah-mah]

브라만은 분열 없는 통합이다.

이 만트라는 말 그대로 브라만은 두 번째가 없는 하나의 현실이라는 것을 의미합니다. 그러므로 당신 또한 하나의 현실입니다. 아무리 당신이 분리되어 있고, 혼자 있고, 고립되어 있다고 느껴도, 온전함은 절대로 당신을 잃지 않습니다. 순수한 의식은 모든 것 안에서 당신을 지원하기 위해 기다리고 있습니다. 순수한 의식보다 더 큰 힘을 가진 것은 없습니다.

26. 소 함

SO HAM [So Hum]

나는 있다.

이 만트라는 너무 간단해서 그 진정한 의미를 알기가 어렵습니다. '나는 있다'는 당신의 진정한 자아가 존재한다는 것을 의미합니다. 진정한 자아가 존재하지 않았던 적은 없습니다. 진정한 자아는 존재하기를 결코 멈추지 않습니다. 그래서 당신이 '나는 있다'를 확언할 때, 당신은 다름 아닌 바로 당신의 영원한 불멸의 존재를 표현하고 있는 겁니다.

27. 사르반 칼비담 브라마

SARVAM KHALVIDAM BRAHMA[
Sahr-vum Kahl-vee-dum Brah-mah]
사실 이 모든 것은 브라만이다.

이 만트라는 우리가 경험하는 모든 것, 우리가 생각하고 느끼는 모든 것이 순수한 의식의 활동이라는 것을 강조합니다. 당신의 진정한 자아의 관점에서, 창조물의 다양성은 모든 것(브라만)이 같은 근원에서 온다는 사실을 숨길 수 없습니다. 순수한 의식은 창조의 근원입니다.

28. 사트 칫 에캄 브라마

SAT CHIT EKAM BRAHMA [Saht Chit Eh-kum Brah-mah]
현실은 하나의 온전함이다.

이 만트라는 현실이 전체로 온전하다는 걸 확언합니다. 현실은 내적, 외적 경험에서 분리되지 않습니다. 자신이 분리되어 보이지 않는 것에 안심합니다. 당신은 전체의 일부이고, 당신의 삶은 영원한 존재라는 직물로 짜여 있습니다.

29. 옴 타트 사트

OM TAT SAT [Ohm Taht Saht]
의식은 영원한 진리를 포용한다.

이 만트라는 대문자 T로 시작하는 진리를 확언합니다. 이 진리를 발견하기 위해서 단지 의식적이기만 하면 됩니다. 진정한 자아, 완전히 깨어 있는 존재는 오직 진리만을 알고 있습니다. 당신이 여기 그리고 지금 존재하기 때문에 당신은 영원한 진리의 운송 수단입니다. 당신의 삶은 진리를 확언하고, 당신이 깨어날수록 당신의 진리는 더 힘 있고 더 강력해집니다.

30. 사티암 시밤 순다람
SATYAM SHIVAM SUNDARAM
[Saht-Yum Shee-vum Soon-dah-rum]
순수한 존재는 자애로우며 아름답다.

이 만트라는 의식이 모든 선하고, 진실되고, 아름다운 것의 근원이라는 것을 확언합니다. 이 고귀한 가치는 바로 당신의 존재로부터 받은 선물입니다. 당신의 진정한 자아는 당신의 삶을 아름다움과 진실의 흐름으로 봅니다. 깨어 있음에 의해 당신은 언제나 그 흐름 속에 머무릅니다.

31. 옴 감 가네샤이 나마
OM GAM GANESHAYA NAMAH
[Ohm Gum Guh-nesh-uh-yuh Nuh-mah]
나는 자연의 무한한 지성을 초대한다.

이 만트라는 당신의 삶 속으로 자연의 지원을 초대합니다. 자연은 순수한 의식의 창조적인 지능을 풍부하게 가지고 있습니다.

당신의 진정한 자아는 자연이 준 모든 선물을 표현하기 위해 창조되었습니다. 여기에서 선물은 모든 것을 알고 어떤 것이라도 해결할 수 있는 지성입니다.

32. 옴 샤라바나 브바야
OM SHARAVANA BHAVAYA
[Ohm Shah-rah-vuh-nah Buh-vuh-yuh]
나는 변화의 빛을 초대합니다.

당신은 변화와 변혁에 둘러싸여 있고, 이 만트라는 개인적인 변화를 초대합니다. 자아와 진정한 자아 사이의 간극에 부정적인 경향이 나타납니다. 순수한 의식은 그 경향들을 완벽하게 바꿀 수 있습니다. 이 만트라는 모든 변화를 성취하기 위한 의식의 힘을 불러일으킵니다.

33. 옴 둠 두르가야기 나마
OM DUM DURGAYEI NAMAH
[Ohm Doom Dur-gah-yay Nuh-mah]
나는 나의 진정한 자아의 양육과 보호의 힘을 초대합니다.

이 만트라는 내면이 안정되어 있고 안전하다고 느끼는 것입니다. 그 본질상 자아는 진정한 자아와는 완전히 다릅니다. 자아는 안전하지 않고, 불안정하며, 방어적으로 느낍니다. 이와는 대조적으로 진정한 자아는 당신이 성장하고 있고 안전하다고 느낍니다. 진정한 자아는 완전한 안전 속에 존재합니다. 그것만으로도 당신은 완전히 안정적이고 안전하다고 느낄 수 있습니다.

34. 옴 타레 투타르 투레 스와

OM TARE TUTTARE TURE SWAHA

[Ohm Tah-reh Too-tah-reh Too-rei Swa-ha]

나는 내게 필요한 모든 것을 지원해줄 것을 요구한다.

이 만트라는 당신의 진정한 자아가 당신에게 필요한 것을 사랑으로 지원하여 충족시키는 것입니다. 진정한 자아는 자아의 필요, 소망, 욕망, 환상의 잡동사니를 충족시키기 위해 고군분투하는 동안 당신이 번성하고 성장하는 데 필요한 것이 무엇인지를 알고 있습니다.

35. 옴 삿 칫 아난다

OM SAT CHIT ANANDA [Ohm Saht Chit Ah-nahn-dah]

나는 영원한 행복 의식을 초대합니다.

이 만트라는 당신의 존재가 무한한 행복의 의식이라는 것을 확언합니다. 모든 행복의 경험이 바로 이런 맛입니다. 그것 없이는 어떤 행복도 가능하지 않습니다. 당신이 깨어날 때, 행복은 당신이 의식적으로 있는 것을 통해서만 생겨납니다. 그래서 결코 소멸할 수 없는 3가지, 영원, 의식, 그리고 행복이 서로 합쳐집니다.

36. 옴 람 라마예 스와아

OM RAM RAMAYA SWAHA

[Ohm Rahm Rah-my-yah Swah-ha]

나는 자연의 치유력을 초대한다.

이 만트라는 의식의 치유력을 활성화합니다. 치유 반응은 인체의 디자인의 일부이고, 명상 안에서 우리는 이 치유를 마음으로 확장합니다. 치유는 자연의 디자인의 일부입니다. 여기에서 당신은 육체적, 정신적, 그리고 감정적 치유를 당신에게 가져오기 위해 그것을 초대합니다.

37. 옴 나모 나라야나이

OM NAMO NARAYANAYA[Ohm Nah-moh Nah-rye-yah-nah-yah]

나는 균형과 온전함을 초대한다.

이 만트라는 마음과 몸의 균형을 이루기 위해 당신을 자연의 힘과 맞춥니다. 당신은 항상 자연스런 균형의 상태로 돌아갑니다. 그러나 어떤 경험들은 우리를 불균형에 매달리도록 몰아세웁니다. 이 만트라는 이런 불균형을 찾아내서 그것이 무엇이든 간에 바로잡기 위해 의식을 초대합니다.

38. 옴 아르케야 나마

OM ARKAYA NAMAH [Ohm Ark-eye-yah Nuh-mah]
나는 자신의 힘을 북돋운다.

이 만트라는 순수한 의식의 무한한 힘과 당신의 의식을 나란히 일치시킵니다. 온전하고, 순수한 의식에는 스스로를 방어하거나 대항할 것이 없습니다. 그것의 힘은 절대적입니다. 이 만트라로 당신은 오직 온전함만이 가져올 수 있는 힘과 용기를 초대합니다.

39. 옴 망갈라야 나마

OM MANGALAYA NAMAH [Ohm Muhn-guh-lye-yah Nuh-mah]
나는 에너지와 열정을 초대한다.

자연은 무한히 역동적이고 에너지로 터질 듯합니다. 이 만트라는 당신이 열정을 가지고 살아갈 수 있도록 당신의 삶에 에너지를 초대합니다. 열정은 감정 그 이상입니다. 열정은 당신 안을 흐르며 순수한 의식의 무한한 역동성을 표현합니다.

40. 옴 엠 사라스와티예 스와아

OM EIM SARASWATIYEI SWAHA
[Ohm I'm Sar-uh-swa-tee-yay Swa-ha]
나는 지혜와 영감을 초대한다.

이 만트라는 내면의 지혜를 활성화합니다. 지혜는 지식이나 오랜 경험 이상의 것입니다. 그것은 진리를 구현하고, 당신 내면의 깊은 곳에서부터 매일매일의 상황에 그 진리를 적용하고 있습니다. 이 깊은 곳이 당신의 진정한 자아입니다. 여기 당신은 그 지혜의 혜택을 당신에게 주기 위해 그것을 초대합니다.

41. 옴 쉬림 마하 락스미예 나마

OM SHRIM MAHA LAKSHIMIYEI NAMAH[Ohm Shreem Mah-ha Lahk-shmee-yay Nuh-mah]
나는 풍요로움과 번영을 초대한다.

이 만트라는 삶의 충만함에 관한 것입니다. 자연에는 모든 선한 것이 풍부하고 당신의 진정한 자아는 당신을 순수한 의식의 무한한 풍부함으로 연결합니다. 진정한 자아에서는 부족함이 느껴지지 않습니다. 이 만트라와 함께 당신이 느낄 수도 있는 어떤 부족함이라도 극복하면서 그 관점과 당신을 일치시킵니다.

42. 옴 흐룸 미트라야 나마

OM HRAUM MITRAYA NAMAH
[Ohm H'rouwm Mee-trah-yah Nuh-mah]
난 삶의 모든 것과 나 자신을 연결한다.

삶을 숭배하는 것은 영원한 영적 가치입니다. 이 만트라는 삶이 어디에 있든 그 삶을 지탱하는 에너지를 초대합니다. 당신은 생명의 직물로 엮어지고, 그 직물을 짜는 실은 사랑스럽고 힘이 됩니다. 순수한 의식이 당신을 사랑스럽게 지원하듯이, 당신 역시 당신 주위의 모든 삶으로 이런 지원을 확장할 수 있습니다.

43. 옴 감 구루뵤 나마

OM GAM GURUBHYO NAMAH

[Ohm Gum Goo-roob-yo Nuh-mah]

나는 내 심장으로 영적 빛을 초대한다.

이 만트라는 자각의 길을 밝혀줍니다. 당신의 존재에는 믿을 수 없는 가벼움이 있습니다. 당신이 이 가벼움을 당신의 심장에 품을 때, 당신은 기쁨과 낙관을 가지고 그 길을 걷습니다. 그러면 여행 자체가 성취감을 가져다줍니다. 최종 목표인 완전한 깨어 있음을 기다릴 필요가 없습니다. 깨어 있음의 모든 순간에는 빛과 생기가 있습니다.

44. 옴 쉬림 쉬리야 나마

OM SHRIM SHRIYEI NAMAH[Ohm Shreem Shree-yeh Nuh-mah]

나는 완전한 성취를 위해 나의 의식을 열어준다.

이 만트라는 완전한 내적 성취감을 불러옵니다. 자아는 완벽한 성취감을 알 수 없고, 당신을 그곳으로 이끌 수도 없습니다. 이 만트라로 당신은 당신 삶의 모든 면에서 성공, 풍요, 아름다움, 사랑, 그리고 은총의 자질을 증폭시킵니다. 그래서 당신은 완전한 성취감이 멀리 있는 목표가 아니라, 진정한 자아의 본성이라는 것을 알게 됩니다.

45. 아룰 카룬예 다야

ARUL KARUNAI DAYA [Ah -ruhl Ka-roon-eye Dah-yuh]
나는 사랑스런 친절과 공감을 초대합니다.

이 만트라는 당신의 심장에 연민과 수용의 공간을 만들어냅니다. 마음속에 연민이 커지면, 당신의 삶은 더 편해지고, 더 즐겁고, 은혜와 친절로 축복받게 됩니다.

46. 옴 나마 시바야

OM NAMAH SHIVAYA [Ohm Nuh-mah Shee-vah-yah]
나는 순수한 침묵과 초월을 초대한다.

영적인 삶은 일상을 초월해서 순수한 침묵, 평화, 그리고 존재의 방향으로 나아갑니다. 그 너머로 가는 것은 모든 영적인 길의 일부였습니다. 우리를 끌어당기고 계속 나아가게 하는 것은 우리 내면 깊숙한 곳에 존재하는 모든 암묵적인 합의를 통과시키는 평화입니다. 이 만트라는 당신 내면의 침묵을 깊게 하여 초월이 자연스럽고 힘들지 않게 합니다.

47. 시드호 함

SIDDHO HAM [Sid-oh Hum]

나는 깨어 있다.

이 만트라는 현재 인식이 항상 완벽하고, 열려 있고, 온전하고, 수용적이라는 것을 확언합니다. 당신의 존재에는 어떤 것도 부족하거나 결여되어 있지 않습니다. 그것은 당신이 지금 이 순간에 있는 그대로 완벽하다는 진실을 확고히 합니다. 이 진실은 당신에게 우주에서의 당신의 가치와 필요한 장소를 제공합니다.

48. 나라시마 타바다 소 함

NARASIMHA TAVADA SO HAM

[Nah-rawh-sim-ha Tah-vah-dah So Hum]

나는 아무도 꺽을 수 없는 의식이다.

나의 의식은 모든 부정성을 최고의 선으로 변화시킵니다. 이 만트라는 가장 다루기 힘든 문제까지도 해결과 유용한 진화적 결말로 바꿀 수 있는 우리의 의식의 측면을 활성화합니다.

49. 쉬리 단반트레 나마

SHRI DHANVANTRE NAMAH [Shree Don-von-trey Nuh-mah]

나는 과거의 상처를 치유해주기를 요구한다.

이 만트라는 과거의 상처와 트라우마를 치유하는 데 도움을 줍니다. 그런 상처는 자아가 도달하기에는 너무나 깊습니다. 그것은 과거의 고통으로 되돌아가는 것을 두려워합니다. 그러나 진정한 자아는 고통 없이 치유됩니다. 조사할 것도 심지어는 생각할 것도 없습니다. 의식의 치유력은 침묵 속에서 무한한 관심을 갖고 작용합니다.

50. 쉬보 함
SHIVO HAM [Shee-voh Hum]
나의 본질적인 본성에서 나는 신성하다.

이 만트라는 '나는 신성하다'를 의미합니다. 그러나 문제의 '나'는 자아가 아닙니다. 그것은 당신의 진정한 자아이고, 이 진정한 자아는 전적으로 영혼으로 이루어졌습니다. 당신에게 있는 신성과 일치하면서, 당신은 영원한 존재의 단계에 점점 더 가까워집니다. 거기서 당신은 당신이 실제로 누구인지를 깨닫게 됩니다. 그러면 속세와 신성 사이에 구분이 사라집니다.

51. 에함 프레마
AHAM PREMA [Uh-hum Preh-mah]
나는 사랑이다.

이 만트라는 당신의 진정한 정체성, 즉 당신은 사랑이라는 또 다른 면을 보여줍니다. 이것을 알면, 당신은 더 이상 사랑을 추구할 필요가 없습니다. 그것은 당신의 바로 그 본성 안에 있기 때문입니다. 당신이 외부에서 받는 사랑은 당신의 사랑이 반영된 것입니다. 당신이 사랑이라는 것을 더 많이 인식할수록, 당신은 모든 것에 표현되어 있는 영원한 사랑을 더 많이 보게 될 것입니다.

52. 옴 샨티 옴

OM SHANTI OM [Ohm Shahn-tee Ohm]
나는 평화를 전파합니다.

샨티는 마음의 평화, 세계의 평화, 존재 그 자체의 평화라는 모든 면에서 평화를 위한 소리입니다. 이 만트라는 감정적인 몸을 진정시키고, 마음을 누그러뜨립니다. 그것에는 어떤 동요와 갈등의 감정도 진정시키는 효과가 있습니다. 명상을 하며 옴 샨티 옴을 반복하는 것은 우주의 평화가 당신의 본질적인 본성이라는 조용한 확언입니다.

마스터 명상

1단계 • "나는 내가 보는 모든 것에 존재한다."
눈을 감고 조용히 앉아서 중심을 잡습니다. 아함(아홈이라고 발음합니다)이라는 만트라를 5분 동안 명상합니다.
마음이 차분하게 안정되면, 눈을 뜹니다. 그러나 내면에 머뭅니다. 시선을 어느 특정한 물체에 집중하지 말고 주변 환경에 닿게 합니다.
자신에게 "나는 내가 보는 모든 것에 존재한다. 내가 없으면 아무것도 보이지 않는다"라고 말합니다.

2단계 • "나는 내가 듣는 모든 것에 존재한다."
눈을 감고 중심에 머뭅니다. 이제 잠시 동안 주변의 소리가 다가오도록 합니다.
자신에게 "나는 내가 듣는 모든 곳에 존재한다. 내가 없으면 아무것도 들리지 않는다"라고 말합니다.

3단계 • "나는 내가 만지는 모든 것에 존재한다."

여전히 눈을 감고 중심에 머뭅니다. 이제 손가락으로 가볍게 당신의 피부, 옷, 당신이 앉아 있는 의자 등 근처에 있는 물건들이라면 어느 것이라도 만져봅니다.

자신에게 "나는 내가 만지는 모든 것에 존재한다. 내가 없으면 아무것도 만질 수 없다"라고 말합니다.

4단계 • "나는 내가 맛보는 모든 것에 존재한다."

눈을 계속 감고 있습니다. 여전히 중심에 머뭅니다. 이제 입 안의 맛을 봅니다. 레몬을 반으로 잘라, 주스 방울을 뿜어내는 걸 마음의 눈으로 봅니다. 레몬의 신맛을 맛봅니다.

자신에게 "나는 내가 맛보는 모든 것에 존재한다. 내가 없으면 아무것도 맛볼 수 없다"라고 말합니다.

5단계 • "나는 내가 냄새를 맡는 모든 것에 존재한다."

눈을 여전히 감은 채 중심에 머뭅니다. 이제 부드럽게 당신 주변에서 나는 냄새를 들이마십니다. 그것이 무엇인지는 중요하지 않습니다.

자신에게 "나는 내가 냄새를 맡는 모든 것에 존재한다. 내가 없으면 아무 냄새도 나지 않는다"라고 말합니다.

6단계 • "나는 내가 생각하는 모든 것에 존재한다."

눈을 계속 감고, 여전히 중심에 머뭅니다. 이제 잠시 동안 마음이 원하는 곳으로 가도록 내버려둡니다. 어떤 무작위적인 감각, 이미지, 느낌, 또는 생각으로 가도록 합니다. 그것들이 어떻게 되든 상관없습니다.

자신에게 "나는 내가 생각하는 모든 것에 존재한다. 내가 없으면 마음도 없다"라고 말합니다.

7단계 • "나는 어디에나 존재합니다."

여전히 눈을 감은 상태로, 마지막 단계를 위해 중심에 머뭅니다. 자신의 심장이 있는 부위에 주의를 기울입니다. 보이지 않는 파동이 심장에서 사방으로 솟구치는 것을 봅니다. 그것들이 사라질 때까지 가능한 한 멀리까지 그것들을 따라가봅니다. 잠시 동안 파동이 사방으로 뻗어나가는 것을 봅니다. 연못의 고요한 표면을 상상하는 것이 도움이 될 수도 있습니다. 빗방울이 수면을 때리고, 동그란 물결이 시야가 닿는 곳까지 멀리 퍼져가며 가라앉고, 연못은 다시 한 번 완전히 고요해집니다.

자신에게 "나는 어디에나 존재한다. 내가 없으면 아무것도 있을 수 없다"라고 말합니다.

명상이 끝나갈 때, 침묵을 지키고, 움직이지 않으며, 무한하고 진정한 자신으로 존재하는 당신의 존재에 대한 의식 속에 앉아 있습니다.

완전한 명상의 완성

완전한 깨어남의 상태를 묘사하는 데에는 많은 방법들이 있습니다. 무한한 대양 속의 한 방울 물처럼 녹아버리거나 또는 삶의 빛을 발산한다고 말하기도 합니다. 완전한 명상의 과정에서 우리가 볼 수 있는 것은 무한함입니다. 이런 설명이 도움이 되기는 하지만, 한 가지 치명적인 단점은 표현할 수 없는 것을 표현하려 노력한다는 것입니다. 이 책은 우리의 마음이 명상으로 자연스럽게 들어갈 수 있다는 생각에 근거를 두고 있습니다. 나는 다른 명상 관련 책들이 이 기본적인 사실을 놓치고 있다고 생각합니다. 나에게는 이것이 아주 심오하게 느껴집니다.

우선 자신이 목표로 하는 것에 대한 비전을 갖는 것이 중요합니다. 그렇지 않으면 우리는 목표에 도달할 수 없습니다. 만약 완전한 명상의 목표가 지금 여기에서 완전히 깨어 있는 것이라면, 최종적으로 우리는 그것을 상상할 수 있을까요? 나는 최종적인 명상을 통해 그렇게 할 수 있으리라고 믿습니다. 그것은 다른 모든 명상을 전부 포함하는 마스터 명상 같은 것입니다. 그 명상에서 우리는 의식의 바닷속으로 사라지지 않습니다. 오히려 그 반대입니다. 바로 이 순간에 우리는 자신이 어디에나 존재한다는 것을 아주 분명하게 경험할 수 있습니다.

이 책에 나와 있는 이전의 명상들과는 달리, 마스터 명상은 한 발자국만 더하면 됩니다. 사실 이 한 발자국은 7단계 이상이어서 명상을 완전히 완료하는 데 5~10분 정도 걸립니다.

하지만 일단 여러 번 연습을 하다 보면 마스터 명상은 간단해집니다. 그러나 그것이 무엇을 의미하는 것일까요? 의미는 당신의 의식 상태에 따라 달라집니다. 목표는 모든 사람에게 똑같습니다. 즉 자신이 실제로 누구인지를 스스로에게 보여주는 것입니다. 우리는 끊임없이 자신의 정체성을 바꾸고 있기 때문에 가까운 시일 내에 이 연습을 해 보는 것이 좋습니다.

우리는 갓난아기도, 어린이도, 청소년도, 청년도 아닙니다. 인생의 이런 단계들은 자신의 자아를 규정합니다. 각 단계의 자아는 잠정적인 것입니다. 비록 그 자아가 영원한 척하고 자신이 누구인지를 규정하는 척하는 걸 좋아할지라도 그 단계의 '나'는 일시적일 뿐입니다.

변화와 일시성의 노예인 자아는 우리가 누구인지를 말할 수 없습니다. 우리의 삶이 아무리 변해도 무언가가 일정하게 유지된다는 것을 알아차릴 때 비로소 진실을 흘끗 볼 수 있습니다. 나는 그것을 자아 감각이라고 부릅니다. 이 조용한 동반자를 알아차리기 위해 바쁜 일상에서 잠시 멈춰서는 사람은 많지 않습니다. 당신의 자아 감각은 곧 당신의 존재이며, 그저 존재할 뿐입니다. 그것은 스스로의 존재를 '나는 존재한다'라고 표현할 수밖에 없습니다.

'나는 존재한다'라는 말은 별것 아닌 것처럼 들립니다. '나'는 A라는 경험을 선택하지 않고, B라는 경험을 거부하지 않습니다. 그것은 좋고 싫음이 없습니다. '나는 존재한다'라는 말 속에는 비밀이 숨겨져 있습니다. 마스터 명상에서 발견했듯이 우리는 자아 감각 덕분에 모든 곳에 존재합니다.

우리는 우리가 보는 모든 것에 존재합니다. 존재하지 않으면서 무엇이든 보려고 노력합니다. 그것은 불가능합니다. 존재하지 않는 자신을 상상조차 할 수 없을 겁니다. 존재하지 않고 소리를 들으려고 해봅니다. 이것 또한 불가능합니다. 우리는 장님과 코끼리에 관한 우화 속의 장님들처럼 오감과 마음을 경험했습니다. 그리고 그 각각의 경험이 당신에게 당신이 모든 경험에서 어떻게 존재하는지를 보여줍니다.

우리가 우화 속에서 장님인 이유는 온전함(코끼리)을 경험하지 않는 한 오감과 마음은 현실을 파악할 수 없기 때문입니다. 현실을 파악하는 것이 곧 마스터 명상의 7단계에 해당합니다. 사방으로 퍼져나가는 파동은 의식 안에서 일어나는 잔물결입니다. 잔물결은 오르락내리락하고, 창조는 그것의 모든 풍요로움과 웅장함 속에 나타납니다. 우리는 인간이 인지할 수 있는 현실의 모든 면에 존재합니다.

존재하지 않는 것을 상상해보려고 해봅니다. 자신이 태어나기 전이나 죽은 후의 시간을 상상해봅니다. 하지만 그런 상상은 불가능하다는 걸 알게 될 것입니다. 왜냐하면 우리는 영원히 지속되는 요소에 통합되기 때문입니다. 시간, 공간, 물질, 그리고 에너지는 수십억 년 동안 존재했지만, 영원과는 다릅니다. 영원은 변하거나 빼앗길 수 없는 두 가지, 즉 존재와 의식으로 구성되어 있습니다. 실제로 '나는 존재한다'라는 이 짧은 문장이 자신의 존재와 의식을 표현하기 때문입니다.

우리가 변하듯이 마스터 명상은 변합니다. 예를 들어, 대부분의 사람들은 1단계에서 자신이 보는 모든 것에 자신이 존재한다는 것을 이해하기가 쉽다는 걸 알게 됩니다. 빛의 전달자인 광자는 눈에 보이지 않습니다. 빛 그 자체는 밝지 않습니다. 색깔도 없습니다. 그래서 자신이 보는 모든 것에 자신이 존재하지 않는 한 아무것도 볼 수 없습니다. 뇌에는 심지어 빛도, 색깔도, 모습도 없습니다. 보고 있는 것은 뇌가 아닙니다. 보고 있는 것은 바로 자기 자신입니다.

의식이 깨어날수록 이 진실은 더 친밀해지고, 개인적이고, 강력해질 것입니다. 마음이 위치를 벗어날 공간이 있습니다. 자신에게 "내가 없으면 아무것도 보이지 않아"라고 말할 때, 우리의 자아는 반응하려고 합니다. 그것은 "말도 안 돼. 내가 없어도 당연히 별들은 보이지. 별들은 내가 태어나기도 전에 이미 수십억 년 동안 존재해왔어"라고 말할 겁니다. 그러나 명상은 자아 주변을 몰래 둘러보는 방법을 가지고 있습니다. 다음 번에 자신에게 "내가 없으면 아무것도 보이지 않아"라고 말하면, 당신의 자아가 비웃지 않을지도 모릅니다. 그저 주저하면서 "음"이라고 말할 수도 있습니다. 그래서 그것은 직선으로 가지 않고, 사방으로 퍼져나갈 것입니다.

우리는 자아, 다시 말해 제한적이고, 고립된 것을 당황하게 하는 관념과 태어날 때부터 자신과 동일시해온 '나'를 분리하는 관념들과 마주하고 있습니다. 다행히도 깨어 있음은 실제입니다. 그것은 제한된 자아에 대한 믿음을 잃도록 만듭니다. 자신에게 "내가 없으면 아무것도 보이지 않아"라고 말할 날이, 당신이 저항하지도 주저하지도, 고민하지도 혼란스러워하지도 않을 날이 올 겁니다. 어쩌면 곧 올지도 모르고, 어쩌면 시간이 흘러야 올지도 모릅니다.

당신이 줄곧 볼 수 있는 모든 것의 본질일 때, 당신은 안전하다고 느끼기 위해 할 수 있는 모든 것을 하면서, 이 작고 하찮은 '나'를 당신이라고 줄곧 생각했던 것입니다. 아무리 미세하더라도, 당신은 보는 것을 가능하게 만드는 의식입니다. 아무리 장대할지라도 당신은 보는 것을 가능하게 만드는 본질입니다.

경이로움의 순간에 당신의 눈에서 비늘이 떨어지고, 조건부의 마음은 떠나가고, 당신은 조용히 당신의 본모습과 합쳐집니다. 이것은 인간 경험의 정점입니다. 그것은 기록된 모든 역사 동안 존재해왔습니다. '나는 존재한다'를 벗겨내고, 모든 발견이 의식의 내부에 포함되어 있다는 사실을 알게 되는 것보다 더 매혹적인 것은 없습니다. 그러나 나는 황홀감을 표현할 수 있는 신비주의자와 시인들을 보며 훨씬 더 깊은 궁금증을 가진 것에 감동합니다. 그들은 영원한 창조의 행복 안에서 살기 위해 경이로움을 넘어섰습니다.

오, 맙소사

나는 사랑을 발견했다!

얼마나 놀라운지, 얼마나 좋은지, 얼마나 아름다운지!

난 경의를 표한다

각성한 열정의 영혼에게

그리고 이 우주 전체를 흥분시켰던 열정의 영혼에게

그리고 그 안에 있는 모든 것에.

그것은 틀림없는 루미Rumi의 목소리지만, 깨어 있는 삶 속에서 우리는 모두 그의 목소리로 말할 겁니다. 그는 우리의 본모습에 대한 창문을 열고 있습니다. 우리가 잠든 상태에 있을 때 기적은 우리가 그 기적을 느낀다는 것입니다. 사랑과 열정으로 만들어진 창조물은 결국 매우 인간적으로 들립니다. 그래야만 하는 이유가 있는데, 우리는 창조물의 본질이고, 결코 그것을 잊어서는 안 되기 때문입니다.

이 책은 전 세계적으로 코로나19가 퍼져나갔던 그 끔찍한 몇 개월 동안 쓴 것입니다. 나는 어느 때보다도 나의 대가족이 되어준 분들께 감사드립니다. 초프라 파운데이션, 나의 출판사인 초프라 글로벌, 그리고 특히 나와 오랫동안 함께했던 편집자인 게리 얀센과 개인적인 인연과 헌신적인 유대감을 갖고 있습니다. 우리가 함께 일하는 동안 게리 얀센은 놀라울 정도로 공정했고 빈틈이 없었습니다. 케롤린 렌젤은 지칠 줄 모르는 헌신적 태도를 유지해주었습니다. 모두에게 마음 깊이 감사합니다. 나의 아내인 리타와 나의 아이들과 손주들에게 둘러싸여 있는 것이 축복이라고 느낍니다. 그들은 그들이 이 세상으로 왔던 그날만큼이나 지금도 우리에게 소중합니다. 세계가 다시 치유하는 법을 배우는 것처럼 이 유대감이 강화되기를 바랍니다.

옮긴이 최린

고려대학교 독어독문학과 졸업 후 뜻하지 않은 계기로 프랑스에서 오랜 기간 유학 생활을 했다. 파리 10대학 에서 지정학DEA(박사준비과정) 학위를 받았으며 마른라발레대학 유럽연합연구소에서 박사과정을 수료했다. 귀국 후 번역을 하며 출판사에 발을 들여놓게 되었고 기획과 편집, 번역을 하며 지금까지 출판에 관련된 일을 하고 있다. 인문과 심리, 마음을 치유하는 도서들, 지리에 관심이 많다.
옮긴 책으로 『에크하르트 톨레의 이 순간의 나』, 『리얼 노르딕 리빙』, 『프랑스 엄마 수업』, 『매일 조금씩 자신감 수업』, 『당신의 무기는 무엇인가』, 『지정학: 지금 세계에 무슨 일이 벌어지고 있는가?』 등이 있다.

완전한 명상

초판 1쇄 발행 2021년 12월 23일
초판 4쇄 발행 2024년 6월 10일

지은이 디팩 초프라
펴낸이 정덕식, 김재현
펴낸곳 (주)센시오

출판등록 2009년 10월 14일 제300-2009-126호
주소 서울특별시 마포구 성암로 189, 1707-1호
전화 02-734-0981
팩스 02-333-0081
메일 sensio@sensiobook.com

편집 오순아
디자인 Design IF

ISBN 979-11-6657-050-6 03320

소중한 원고를 기다립니다. sensio@sensiobook.com